投資一年

経済と政治のニュースが面白いほどわかる本

エコノミスト
崔 真淑
Sai Masumi

大和書房

はじめに

近年、欧米を中心に経済的自立を果たして早期リタイアする、いわゆる「FIRE」(Financial Independence, Retire Early）というライフスタイルが注目されています。事業で成功して、あるいは遺産を相続して資産を得る、といった従来のリタイアのイメージとは異なり、現役時代からコツコツと金融資産に投資し、リタイアの前も後も質素でシンプルな暮らしをするといった点などから、ミレニアル世代（1980～95年の間に生まれた世代）ならではの価値観を感じ取ることができます。

日本でも、バブル経済崩壊以降のいわゆる「失われた30年」を生きてきた若い世代のなかには、ほとんど利息がつかずなかなか増えない預貯金ではなく、投資をして早めにそれなりの資産を築いておきたいと願っている人もいるでしょう。

指南書やインターネット、動画による解説など、今はありとあらゆる投資の情報を簡単に探すことができます。しかし**「ほったらかし」、「高配当株」といったキーワードを鵜《う》呑《の》みにして投資する、インターネットで投資情報を流し読みして投資し、気まぐれに見える相場の変動に一喜一憂する、といったことはないでしょうか。**実は、そこには抜け落ちてしまっている視点があります。それは、日本と世界の政治・経済の動向です。

政治・経済のニュースは、為替や株価すべての金融資産の動きに大きな影響を与え、もちろん投資とも深く関係しています。絶対だとはいえないものの、政治・経済のニュースが為替や株価などの金融資産にどう影響するかは、学術研究からも一定のパターンが報告されています。

ですから、**ニュースによく出るトピックスでそのパターンをおおまかに把握しておけば、それらの関係性が読み取りやすくなり、**

価格変動のある投資の世界をより深く理解できるようになるのです。専門的な領域に入ってしまう部分もありますが、その入り口をわかりやすく、そして、経験やエビデンスに基づいて伝えたい、それが、私が本書を執筆しようとした動機です。

たとえばテレビや新聞、インターネットなどで見聞きする、「円高・円安」「失業率」「消費増税」「M&A」「SDGs」「決算発表」といった社会で話題になっていることが、まわりまわって為替や株価などさまざまな金融資産の変動にどのように関わることになるのか。本書では、投資を始めようとしている、または始めたばかりという読者にとって、**政治・経済の動きと金融商品の関係性を読み解くための基礎となりうる重要トピックスをまとめています。**

さらに、「株式公開のメリットって何？」「デフレで物価が下がり続ければ消費者は助かるのに、なぜ政府はデフレから脱却したいのだろう」など、改めて問われると、すっきり簡潔にこたえるのが難しい質問もあります。このように、**社会人として最低限知っておきたい政治と経済を理解するためのポイントについても、やさしく解説しています。**

投資にはさまざまな要素が絡み合うので「必ずこうなる」という因果関係を定めることは難しいのですが、**「なぜだか株価が上がった（下がった）」ではなく、自分なりに予想を立てて投資し、「なるほど、今回はこのニュースの影響が大きいのか」と客観的に金融市場を見ることができるのは大きな強みです。**自分なりの相場観をもち、日々のニュースから、株価や為替などのマーケットのその後を予測する楽しさを身につけていただければと思います。

本書が、皆さんのこれからの資産運用の一助になりますように。

CONTENTS

第1章

投資の入り口に立つための超基本

第2章

政治で投資環境はどう変わる？

第3章

金融の仕組みをまるごと理解しよう

第4章

国際貿易を読み解けるようになろう

第5章

ビジネスニュースと株価の関係をおさえよう

第6章

銘柄選定に使える数字の読み方を知ろう

第1章

投資の入り口に立つための超基本

そもそも株とはなんだろう

本書では、投資の仕組みを確認するとともに、個別株の投資判断にも役立つ知識を解説していきます。ここではまず、そもそも株とはどんなものなのか、さらに、株式が取引のための市場に「上場」して、取引されることの意味合いも確認しておきましょう。

会社はなんのために「株式」を発行するのか

あなたがこれからビジネスを始めたい、あるいは、自分のビジネスをもっと大きくしたいと思っているとします。そのためにはお金が必要ですが、手持ちの資金だけでは足りない場合、どのような資金の調達のしかたがあるのでしょうか。

すぐに思いつくのが、銀行などの金融機関から融資を受ける（お金を借りる）ことでしょう。ただ、住宅などのローンで経験のある方もいるかもしれませんが、いつでもどんな場合でも希望する全額を借りられるとは限りません。そして借りたお金は、もちろん決めた期限までに、利子をつけて返済しなければなりません。ビジネスを拡大したいのに、返済のために借りた以上の金額のお金が出ていってしまうのは、正直、厳しいものです。

もうひとつの方法が、これから学んでいく「株」です。これは、**ビジネスを応援してくれる人（投資家）に資金を出資してもらい、それを証明するものとして「株式」を発行して渡す**、という仕組みです。

お金を出してもらうという点では同じですが、経営する側にとって、この２つは大きく違います。融資が、いつか返さなければならない「負債」であるのに対して、**株で得た資金は「資本金」、つまりビジネスの元手のお金として分類され、原則として返済す**

る必要はありません。

このように、株によって資金調達を行うことができ、それによって経営する会社のことを**「株式会社」**といいます。もちろん株式会社は、株式だけでなく、融資その他の方法でも資金調達ができ、その割合は会社の経営方針に任されます。

企業が資金を調達する方法は主に2つある

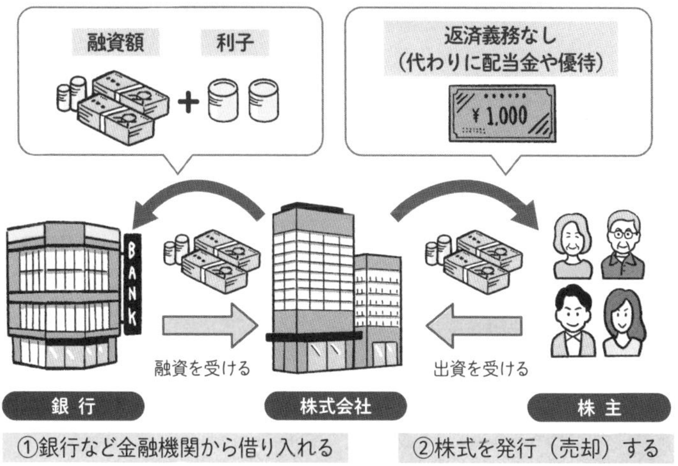

株主は「会社の所有者」

株式会社の株を保有している人を、その会社の**「株主」**といいます。しかし、いくらその会社を応援したいからといって、融資とは違って返済もされないお金を快く出資して株主になってくれる人が、どれほどいるのでしょうか？

実は株主には、たくさんの権利があります。**株主になるということは、その会社の「持ち主」の一人になるということ**なのです。経営方針や重要な事柄の多くは、株式会社の最高意思決定機関である株主総会で、株主の承認を経て決めなければなりません。

株主の権利は、**「自益権」**と**「共益権」**に大きく分けることができます。自益権とは、会社が上げた利益に応じて、その分け前ともいえる配当金を受け取ることができる「利益配当請求権」や、会社が解散する際に残った財産が分配される「残余財産分配請求権」といった、株主個人の権利です。また日本企業の特徴として、多くの会社が自社製品などを株主に提供する**「株主優待」**を設けています。

それに対して共益権とは、ある株主が権利を行使した結果が、株主全体の利益につながるものを指します。代表的なものが株主総会の**「議決権」**で、会社の経営に参画する権利です。

共益権には、株主総会での議決権のように一株しか持たない株主でも行使できる「単独株主権」と、「株主総会招集権」や「解散請求権」のように、一定以上の株式を保有している場合にしか行使できない「少数株主権」があります。

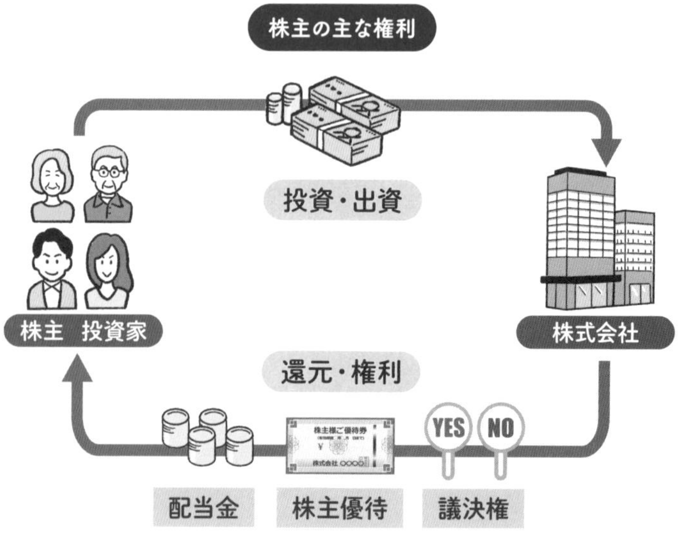

「株式上場」とはどういうこと？

株式会社が、市場で株式を公開し、売買が自由に行えるようになることを**「上場」**といいます。企業にとって一般の投資家から広く資金調達が行えることはもちろん、会社としての信用度が上がる、人材獲得がしやすくなるなどのメリットもあります。

日本の株式市場の代表は、日本最大の証券取引所である**東京証券取引所（東証）**で、株主数、流通する株式数、上場時価総額、事業継続年数などの細かな基準によって、一部、二部、マザーズ、JASDAQ（ジャスダック）などの市場に分かれています（※2022年4月4日、東証が運営する株式市場は、プライム市場、スタンダード市場、グロース市場の3つの新しい市場区分に再編される予定）。

一般投資家は通常、証券会社を通じて市場に参加し、売買を行います。**株に投資することは、利益を得る手段であるとともに、その会社を応援し、経済活動に参加すること**でもあるのです。

東京証券取引所の株式市場の種類

市場第一部・市場第二部　国内外を代表する大企業・中堅企業が上場する、日本の中心的な株式市場。市場第一部は東京証券取引所が定める厳しい審査基準をクリアした企業。東証に上場する株式の時価総額の9割超を占める。市場第二部は第一部に比べ時価総額が小さく、流動性も乏しい中小型株が上場している。

マザーズ　近い将来、東証一部へのステップアップを視野に入れた成長企業向けの市場。高い成長可能性をもつ企業を対象とし、東証一部の基準に達しない発展途上の企業でも上場することができる点も注目される。

JASDAQ　もともとは各証券会社の店頭で売買される「店頭売買有価証券市場」として、証券取引所の補完的立場を担っていた。市場第一部・市場第二部とマザーズの中間という位置づけだが、アーリーステージの企業でも上場可能。

TOKYO PRO Market　2008年の金融商品取引法改正により導入された「プロ向け市場制度」に基づき設立。直接売買できるのは、特定投資家（いわゆる「プロ投資家」）及び日本非居住者に限られる。

株価はどう決まるのか

投資家として必要な感覚をつかむことが本書の目的ですが、その第一歩として把握しておきたいのは、一つの要因だけで株価が動くのは稀だということです。したがって、情報を組み合わせ、自分なりのストーリーを描いたうえで投資することが重要になってきます。

効率的市場仮説を知っておきたい

株価の話に入る前に、「効率的市場仮説」についてお話しします。この仮説を手短に説明すると、「たとえばある株式市場が効率的、つまりいつでも株を売買でき、売買の壁になる要素がない株式市場ならば、**現時点のある株価には、株式市場で利用可能なすべての情報が即座に反映される**」というものです。したがって、このような市場では、**得られる情報を利用して他人より儲けようとしても、そうした機会は生まれない**ことになります。

この効率的市場仮説は、シカゴ大学のファーマ教授が体系的にまとめた説で、次の３つが存在します。

１つ目が表の**「ウィーク型」**で、「現在の株価には過去の株価情報がすべて織り込まれている」という仮説です。この説によれば、過去の株価から将来の株価を予測しようとするテクニカル分析などでは市場平均以上に投資収益（日経平均やTOPIXなどのインデックス以上の収益）を上げるのは難しいことになります。

２つ目は**「セミストロング型」**で、「現在の株価には、過去の株価情報だけでなく、会計数値など企業の公開情報がすべて織り込まれている」という仮説です。この説によれば、テクニカル分析やファンダメンタル（財務など）分析などでは市場平均以上に投資収益を上げるのは難しいことになります。

３つ目は、**「ストロング型」**で、「現在の株価には過去の株価、公開情報だけでなく、公開されていないインサイダー情報さえ織り込まれている」という仮説です。つまり、インサイダー情報を使っても、市場平均以上に投資収益を上げるのは難しいことになります。

市場の効率性に関する3つの分類

効率性の分類	情報の種類	情報の例
①ウィーク型	過去の株価時系列データ	チャート、ケイ線など
②セミストロング型	利用可能なすべての公開情報	企業の会計情報、経営者予想情報など
③ストロング型	利用可能なすべての公開及び非公開情報	インサイダー情報など

出典：関西大学 太田浩司「企業財務論 2010」及び新井富雄等
「コーポレートファイナンス」より筆者改編

データを使った実証研究では、ウィーク型仮説やセミストロング型仮説が現実に適合しやすいと示す結果が得られています。財務状況など公開情報を利用して市場平均以上に投資収益を上げるチャンスは十分にあるとする研究もあるものの、それだけでは難しい局面があるのも事実のようです。

そのような流れから、株式市場の平均並みに収益を上げるのが最善の投資と考える動きが強まり、株式市場の平均的動向を示すとされる「株価指数」に連動する投資信託（インデックスファンド）が数多く生まれ、世界中で人気を集めています。しかし、こうした株価指数が実際に株式市場の平均的な動向を示しているかどうかは議論が続いています。また、公開情報から収益を上げることも不可能ではないことを考えると、**インデックスファンド（投資信託）だけでなく、自ら投資先を吟味する**ことが投資収益を上げるためにも重要でしょう。

買う人が多ければ、値段が上がる

株式市場に上場されている株式の値段である株価は、基本的には**需要と供給のバランスで決まります。**まさに野菜や果物が市場で取引されるように、そのときに売りたい人よりも買いたい人が多ければ株価が上がるし、逆ならば株価は下がる、といった具合です。

しかしそもそも、株価とは何なのでしょう。理論的には、**その企業の株主が出資した資本（株主資本）を企業が使ってどれだけのリターンが投資家に還元されるか、という投資家の期待を反映したもの**が株価だと考えられています。つまり、その会社がビジネスを行い、そこから将来、投資家が得られると考えられるリターンの合計です。ただ、それは企業の業績を先取りしているので、現在の価値に換算する（割り引く）ことが必要です。数式でシンプルに表すことができるので、イメージを確認してみてください。

株価は何によって決まるのか

いろいろなモデルがあるが、最も オーソドックスな式は

$$P=\frac{D_1}{(1+r)}+\frac{D_2}{(1+r)^2}+\cdots\cdots=\sum_{t=1}^{\infty}\frac{D_t}{(1+r)^t}$$

P=株価
D_t= 期先の配当の期待値
r =将来の配当に対応する割引率

株価の変動は何によって起きるかといえば、

D_t：景気や業績の好転見込みなどで配当が増えるか←主に**【ミクロ視点】**
r ：金融政策などの「国策」による金利の変化や、その他の当該企業に関するリスクプレミアム← 主に**【マクロ視点】**と示せる。

以上のことから、株価の動向を知るためには、ミクロの視点もマクロの視点も必要になる。

もちろん、この数式には、どんな数字を入れ込むかの判断など、計算には難しい面も多々あります。しかし、「PER」や「PBR」（6章で詳説します）など、簡易的に計算された理論株価と現在の株価を比較すれば、株価が割安か割高かを判断する目安になります。また、証券会社などのアナリストからは各企業についての目標株価も発表されています。

政治と経済はどう関係するのか

先に述べた通り、株価がひとつの要因だけで動くことは稀であり、実際はさまざまな要因に左右されます。

たとえば、アメリカで前大統領のドナルド・トランプ氏が台頭してきた当初は、保護貿易といった株の下落要因となりかねない政策や、政治家としての手腕が未知数なことなどが疑問視され、株価にはマイナスだと見られていました。しかし2017年に誕生した同政権は、予想通り保護貿易を加速させたものの、財政出動をするなど貿易とは別の手段で**アメリカ経済の活発化を促し、その結果、アメリカ株は上昇**することになります。その流れから、アメリカと取引する日本企業も株価が上がりやすい環境が整いました。

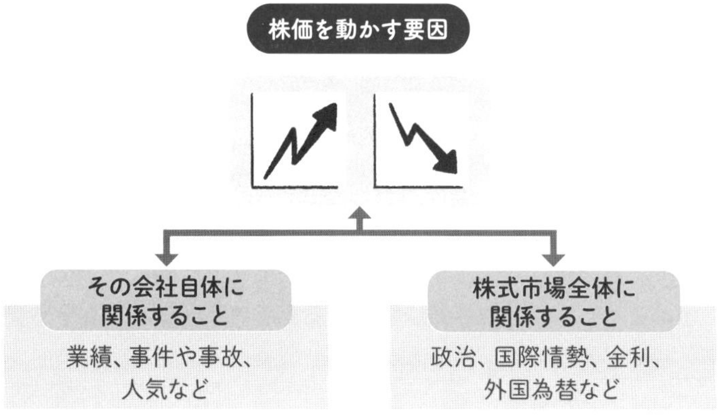

最近では、新型コロナウイルス感染症による株価の下落と上昇があります。まず、世界的なパンデミックの拡大で実体経済が落ち込むとの観測から、株価が一時的に暴落しました。しかし各国政府と中央銀行は、不況が加速しないよう先手を打って、数々の**財政・金融政策**を行いました。赤字に陥っていた会社は資金を借りやすくなり､個人の手元には給付金などによる現金が入ります。この状況下では利上げも起きようがありません。そうしたことから余剰資金は株式をはじめとした投資に流れ、**コロナ禍にありながら、一般の人々の感覚からはかけ離れた、株高へと一変しました。**日本の場合、日経平均株価が一時的にバブル景気以降初めての３万円突破、という状況がもたらされました。

「風が吹けば桶屋が儲かる」的な連想が必要

本書の目的のひとつは、投資家に必要な感覚をつかみ、身につけていくことです｡たとえば｢金利上昇｣が報じられたとき､ニュース解説などでは「金利上昇で株価下落の懸念」と短くまとめられてしまうことがあります。しかし、銀行の貸付金の金利（変動金利）は、債券の長期金利の上昇にあわせて上昇し、金利収入アップ、業績向上といった、銀行ビジネスにプラスの影響をもたらすことも考えられます。また、その会社の有利子負債が多いか少ないかも、被る影響は違うでしょう。

株式投資で大切なことは、情報をひとつ得たら、それだけを鵜《う》呑《の》みにするのでなく、**その知識をベースに柔軟な発想をしていく**ことです。ある事柄が、まったく関係がないように思われることにまで影響を及ぼす「風が吹けば桶屋が儲かる」的な連想が必要です。そして、今は**株を買いたくなる、あるいは売りたくなる要因としてどんなものがあるか**を考え、総合的な視点で投資判断をしていくことが大切です。

投資の基本をおさらいする

高度経済成長期の親世代は日本の預貯金の金利が高かったこともあり、家庭でも学校等でも投資教育を受ける機会のないまま社会に出た、という人は少なくありません。「自己投資」といわれるように、投資とは未来に向けて資金を投じることです。投機との違いを確認しましょう。

投機と投資はどう違うのか

投資と一文字違いの「投機」という言葉があります。たとえばニュースなどで聞く「投機筋」とは、長期的な投資ではなく、為替レートの変動を利用して為替差益を得るなど、短期的な**利益を得ることを最優先に金融市場で短期的な売買を行う投資家**を指します。

	投資 	投機 
目的	価値を創出し続ける企業に対して長期で資金を投じ、主に複利から利益を得る	儲かりそうな「機会」に乗じて、短中期の値動きで生じる価格差から利益を得る
対象	企業のもっている「価値」	株式がもっている「価格」
行動	株式を保有し続けることで、企業価値の増大に伴う価格の上昇を享受する	株価の上下を予想し、頻繁に売買を繰り返していく
リスク&リターン	短期の価格変動にあまり影響を受けず、リスクを一定水準でコントロールしやすく、資産を安定して増やしやすい	短期の価格変動に大きく影響され、多大なリスクを伴う。資産を劇的に増やせる可能性がある一方、一気に失う可能性もある
銘柄の選定基準	キャッシュフローの安定性と成長性	株価を押し上げる材料、市場の環境、株の需給

投機の主な目的は、買い値と売り値の差額によって生じる利益（利ざや）を稼ぐことで、資産の保有期間が短く、ギャンブル的要素が強い、などが特徴とされます。

株式であれば、「目先の株価」だけに注目して短期売買を繰り返すのが投機的な方法であるのに対して、投資とは、**投資先の会社の今後の成長に期待し、株価の上昇や配当といった将来のリターンを予測したうえで、未来を見て資金を投じる**イメージです。そのため一般的に、投資期間はおのずと中長期になっていきます。

長期投資をするメリットは？

短期投資では、決算発表ほか株価を動かす材料を想定して、短期的な売買を繰り返します。さまざまな情報から決算の上振れ・下振れを予想し、株価が動くイベントを先回りして、自分が目標としている株価まで上昇したらすぐ売却します。株価が期待外れになった場合は早々にロスカット（損切り）をして、投資効率を高めます。

それに対して長期投資家の多くは、**会社の業績アップに比例して株価が上がっていくことを期待して投資**します。市況によって株価が下がっても、その会社の本質的価値に対して株価が割安なら買い増します。

もちろん実際の投資では、１人の個人投資家のなかでも、短期的な売買をすることもあれば、長期投資でもっていたい銘柄がある場合もあります。市場全体の上昇、下落といったことにも左右されるでしょう。

投資を始めたばかりの頃は、資産総額がマイナスになるのを恐れて、少し上がるとすぐ手放したくなってしまう、短期売買中心になるかもしれません。しかしそのうち、頻繁に売買しても、手数料や税金を差し引かれるとそれほど利益が上がるものではなく、むしろ**ある程度長くもっているほうが、株価が上がって含み益が増えていく**ことに気がつきます。それほど気負わなくてもいいと知れば、自分のペースがつかめるようになるかもしれません。

まとめると、長期投資のメリットとは、投資した会社の業績が上がれば経営者は配当の額を増やす、利益を設備投資に回して業績をさらに上げ、結果として株価が上がるというように、企業の業績に応じて**株主の利益が積み重なっていく**ことです。また市況などによって一時的に株価が下がっても、**投資している会社自体の経営や財務に問題がなければ、慌てないで済みます。**

その一方で注意点は、長い時間をかけて利益が積み上がることを想定して資金を寝かせる必要があるので、**余剰資金で投資を行うのが前提になる**ことです。

さらに、長期だからといって**「ほったらかし」は厳禁**です。不祥事などが起き、当初抱いていたその企業の未来に対する期待が失われた場合は、ロスカットする判断を迫られることもあります。財務などの基本的な知識を身につけて、送られてくる株主総会資料の決算資料などにもじっくり目を通すことが大切です。

COLUMN

リスクとはなんだろう

リスクと聞くと、危険で避けるべきもの、というイメージがあります。しかし投資の世界のリスクとは、将来の運用結果が当初の見込みより減っても増えても、その上下のブレ、つまり**不確実性**のことを指します。運用結果に上下のブレが出る資産という意味で、株などを**「リスク性資産」**と呼ぶこともあります。

その反対の「安全資産（ゼロリスク資産）」は、厳密にいえば存在しませんが、一般的には国債、預貯金のような元本保証で価格変動が小さい、ローリスク、ローリターンの資産のことを指します。ただ、現在は超低金利です。**資産を増やしていきたいので**

あれば、一定額を「リスク性資産」へ投資していくことも必要になってきます。

どこで売り買いしたらいいのか

株式取引を始めるには証券会社に専用の口座の開設が必要です。証券会社には大きく分けて、実店舗をもつ対面型の会社とインターネット上のネット証券がありますが、売買の手間、スピード、コストの面では、**ネット証券の使い勝手がいい**といえます。

そのなかでどの会社を選べばいいかは、取引手数料が安い、マーケット情報を得やすい、管理がしやすい、などのポイントがあります。今はSNS等で情報発信をする個人投資家等も多いので、そうした情報や口コミも参考に、自分が使いやすそうな会社を選ぶといいでしょう。

ネット証券の多くは、インターネットで口座を開設することができます。「マイナンバーカード」か、「マイナンバー通知カード」と「本人確認書類」を手元に用意し、申し込みフォームに必要事項を入力し、送信すれば開設の手続きができます。後日、IDや仮パスワードなどの情報が郵送されてくるので、ログインすれば口座開設は完了です。口座に入金すれば、取引が可能となります。

なお、証券口座には**「特定口座」**と**「一般口座」**があります。これは主に、税金の支払い方法の違いです。**ビジネスパーソンが口座を開設するなら「特定口座」の「源泉徴収あり」が便利**です。株の売却益や配当金には税金がかかりますが、特定口座では1年の取引をトータルした「年間取引報告書」を証券会社が作成し、さらに「源泉徴収あり」の場合は、利益のなかから税金の支払い（源泉徴収）を自動的に行ってくれます。**一般口座の場合は自分で損益を管理し、確定申告をしなければなりません。**

特定口座と一般口座の違い

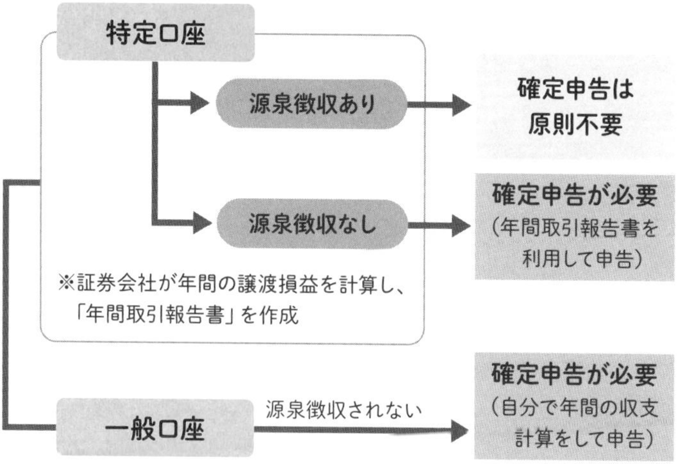

証券口座は、銀行預金口座と同じように、複数の証券会社でもつこともできます。ただし、「つみたてNISA」、「iDeCo（個人型確定拠出年金）」といった非課税口座（開設したい場合は、別途手続きが必要です）は、それぞれ1つの証券会社でしか開設できません（※非課税制度については、69ページでも触れます）。

現在は口座管理料が無料の証券会社が多く、**100円、500円といった単位で投資信託の買い付けができる**場合もあるので、個別株を買うだけのまとまった資金のない場合でも、投資を始めやすいといえます。とはいえ、いきなり始めるのが不安なら、各種のポイントを利用して投資信託を買い付ける「ポイント投資」といった手軽なものもありますので、それらを入り口にする方法もあるでしょう。まず小さな金額から、「リスク性資産」の価値の変動に慣れることが大切です。

どうやって利益を得る?

投資とは、現在もっている資本（資金）を投じて、将来の資産を増やすことです。世の中には主にどんな投資先があり、どのようにして利益を得るのでしょうか。ここではそうした投資の基本を確認します。

安いときに買って高いときに売る

株式投資の基本のひとつは、「安く買って、高く売る」です。つまり、**本来の価値に対して割安になっている株に投資し、保有しているうちに株価が上がったら、売って売却益を得る**ということです。投資家は、将来的に株価が上がりそうな会社の株に投資しようとしますし、まだ利益が出ていなくても、そう予想されるだけで株価が上がることさえあります。

安く買って高く売るには?

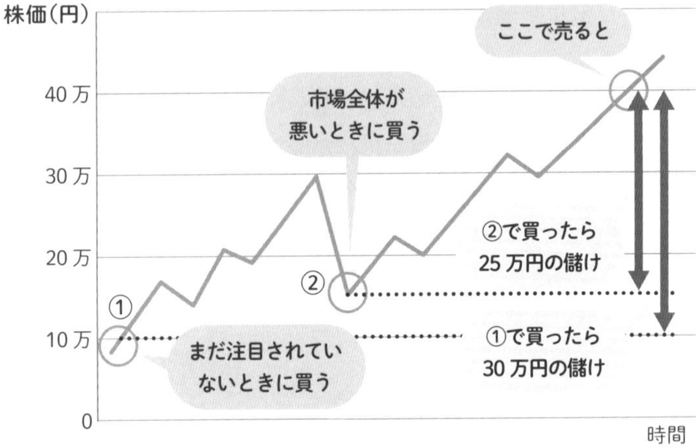

20世紀の著名なイギリスの経済学者、ジョン・メイナード・ケインズは、株式投資を当時の新聞で人気だった美人投票にたとえて説明しました。その投票で賞品を得るには、投票者全体の好みに最も近い人に投票するというルールでした。自分の好みではなく、みんながいいと思う人に投票するわけですから、これを株式投資に当てはめると、**自分が値上がりすると思う会社ではなく、多くの市場参加者にこれから人気が出そうな会社の株に投資する**のが、より有効な投資方法であるということでしょう。

投資家のタイプは主に3つ

それでは、「市場参加者」にはどんな人がいるのでしょうか。日本の株式市場の場合、大きく分けて**国内機関投資家、個人投資家、外国人投資家**がいます。

国内機関投資家とは、証券会社や銀行、生保、損保などの保険会社、年金積立金管理運用独立行政法人（GPIF）をはじめとした年金基金、投資信託、投資顧問、事業法人などです。扱う金額は巨額ですが、会社の方針や決算期を意識せざるを得ないなど、制約を受けることがあります。

個人投資家とは、本書の読者である皆さんのように、個人の資金で投資活動を行う人たちで、一般的には金額や情報面で機関投資家と比べて不利な部分もありながら、投資したいときに投資し、また投資を休むこともできる自由さがあります。

外国人投資家（海外投資家）は、海外の年金基金、外国籍の投資銀行、投資信託、証券会社、保険会社やヘッジファンド、政府系ファンドなどです。彼らはグローバル視点でマーケットを見ていて、その一環として日本株に投資しています。つまり、**日本株が有望なら資金を流入させ、期待が薄ければ資金を引き揚げます。**

ちなみに、金額ベースで見た2020年の東証第一部の「投資部門別株式売買状況」では、証券会社を通した委託取引のうち、外国人投資家の割合が72.5％を占めていました。主な外国人投資家は、海外の機関投資家や海外の年金基金、ヘッジファンドなどで、通常、**日本の株取引の6～7割を占める**といわれています。

ケインズの「美人投票」のたとえ話を考えると、個人投資家も、外国人投資家の動向に注意する必要があります。

キャピタルゲインとインカムゲインの違い

株式投資で、**買ったときの株価よりも高く売って得られた売却益をキャピタルゲイン**（capital gain）、**配当金など株主であることで得られる利益をインカムゲイン**（income gain）といいます。投資家のなかにも、企業の成長性に期待してキャピタルゲインを狙っていく人もいれば、配当を受け取りつつ中長期で株式を保持しながら、もし株価が上がったら売却してキャピタルゲインを得たいと思っている人もいるでしょう。

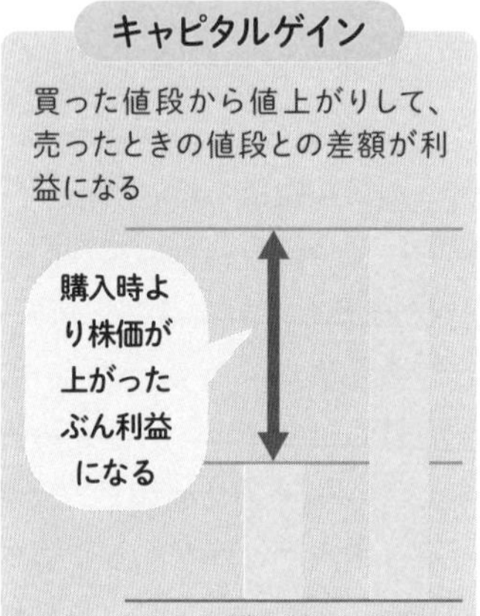

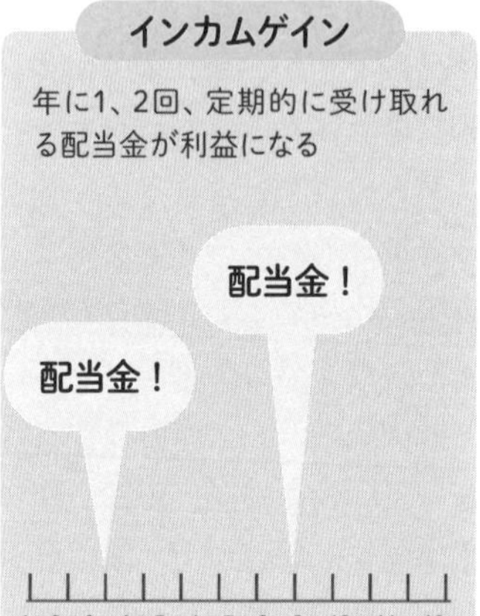

株式投資 → キャピタルゲインとインカムゲイン両方がある

投資信託 → キャピタルゲインとインカムゲイン両方がある

不動産投資 → キャピタルゲインとインカムゲイン両方がある

暗号資産 → 原則キャピタルゲインだけ

FX取引 → メインはキャピタルゲイン

金 → キャピタルゲインだけがある

配当は、企業がビジネスによって稼いだ利益の一部を、株主に還元することです。その期の純利益（税引後利益）のなかから、配当金をどのくらい支払うかという割合（％）を**「配当性向」**といいますが、これは会社の経営方針で決まります。

配当性向（％） ＝1株当たり配当額÷1株当たり当期純利益×100

会社が、税引き後の利益である当期純利益のうち、
どれだけの割合を配当金の支払いに向けたかを示す指標

大きな利益を上げていても、それを設備投資に回して成長を目指す場合もあれば、業績が赤字であるにもかかわらず、株主対策として配当金を支払い続ける会社も存在します。

株式投資の専門誌などでは高配当株、株主優待といった特集が人気です。預貯金ではお金が増えないご時世に、インカムゲインを期待する投資家が多いことの表れかもしれませんが、なぜ高配当なのか、その理由を考えてみることも必要です。

好業績による高配当ならいいのですが、**株価が下がり続けている場合は要注意**です。株価が下がれば、同じ配当金でも配当利回りは上がることになり、一見魅力的です。しかし株価が下落し続けているなら、そこには業績低迷といった原因があるはずです。

配当金にしか注目していないと、会社が突然、配当の金額を減

らす減配や、配当をなくす無配を発表する事態になるかもしれません。その場合、株価はさらに下がることになります。

配当利回り（％） ＝1株当たりの年間配当金額÷1株購入価額×100

株価が下がれば、同じ配当金でも配当利回りは上がることになる

例

株価3000円で年間配当が60円　→配当利回りは2％

⬇

業績悪化で株価が2000円に下落、配当はそのまま60円
→配当利回りは3％

投資はバランスだとこれまで述べてきましたが、キャピタルゲインだけを追求するのも、インカムゲインだけを期待するのも、バランスを欠いた投資といえます。特にインカムゲインを重視する場合、**投資先の企業が、業績が思わしくないにもかかわらず、身の丈に合わない株主還元をしていないか**、きちんとチェックする必要があるでしょう。

インデックスファンドはおすすめ？

本書冒頭の効率的市場仮説でも説明しましたが、株価指数に連動した、インデックスファンド（投資信託）というものがあります。投資信託についてはＰ 47 で詳しく見ていきますので、ここではイメージだけつかんでください。

個別株投資のイメージは、ある一つの企業の株式に投資することです。資金に余裕があり、ある会社がまだ伸びるはずなので応援したい、複数の株に投資してみたい、といった明確な目的があれば、個別株から投資を始める方法もあります。ただし**日本株の場合、通常は単元株（100 株）からの購入になり、1 単元を買うためにはまとまった資金が必要**になります。

一方で、単元株に投資するほど資金に余裕がない、1社を選ぶのは迷ってしまうといった場合は、インデックスファンドを選ぶ方法もあります。たとえば、ニュースでよく聞く**「日経平均株価(日経225)」とは、日本経済新聞社が東証一部に上場する株式会社のなかから選んだ225社の平均株価**です。1社だけに投資する場合に比べれば、225社それぞれの株がリスクを打ち消し合う効果も期待できます。

実際に225社の株式を買うには莫大な資金が必要になりますが、インデックスファンドは株価指数に連動して値動きするように設計されており、**ネット証券などではごく少額から投資することが可能**です。あくまでイメージですが、日経平均のインデックスファンドを1000円ぶん買い付けた場合、そのなかに225社が入っている、といったイメージです。インデックスファンドにはアメリカなど海外の株価指数に連動したものもありますので、世界の株式指数に投資することもできます。

株式市場は値動きするものです。投資に慣れていない場合、時価が投資元本を割り込んでマイナスになったら怖い、と感じてしまっても仕方ありませんが、**インデックスファンドを少額ずつ買うことで、相場は動くのが当たり前、という感覚が身についていきます。**投資環境に慣れるきっかけになるかもしれません。

最後に「個別株投資か、インデックスファンドへの投資か」については、資金などそのときの状況、好みや価値観によっても違いますし、必ずどちらかを選ばなければならないというものではありません。たとえば、毎月一定額はインデックスファンドを定期的に買い付けるようにしておき、それとは別に自分で銘柄を選択し、まとまった資金で個別株に投資してみるといった方法もあります。

分散投資とはなんだろう

「分散」は投資の基本ですが、具体的にはどんな方法があるのでしょう。積立投資などでよく聞く「ドルコスト平均法」には効果があるのでしょうか。経済学の考え方も確認しながら、基本を押さえておきましょう。

現物資産と金融資産の違い

さまざまな投資を大きく2つに分けると、「現物（実物）資産」と、「金融資産」があります。

現物資産は、**土地や建物などの不動産、純金やプラチナなどの貴金属、絵画やアート作品**といった、それ自体に価値があるとされるものが投資対象になります。これらに投資するメリットは、所有することそのものを楽しめる、唯一無二のものも多いため価格が暴落するリスクが比較的少ない、インフレに強い、現金でもっている場合に比べて相続時などの税金対策になる、といったことが挙げられるでしょう。一方で、保有や保管にコストがかかる、保有しているだけでは利益を生まない、流動性が低いため売ろうとしたときに希望の金額で売れないかもしれない、さらに盗難や災害被害にあう可能性なども、リスクとして挙げられます。

他方の金融資産は、**預貯金や外貨、株式投資や各種投資信託（ファンド）**というように、特定の機関によって価値が定義・保証されている資産です。金融資産に投資するメリットは、少額から投資でき、分散しやすく、流動性が高いので換金しやすいことなどです。デメリットとしては、リターンにばらつきがある、通貨危機、金融危機などで価値が急落するリスク、といったことがあります。

このように、どちらにも一長一短があります。1つの方法に偏ることなく、なるべくバランスよく投資をすることが、リスク回避のためにも必要です。

どうして分散したほうがいいの？

有名な投資の格言に**Don't put all your eggs in one basket.(卵は1つのカゴに盛るな)**というものがあります。卵を1つのカゴだけに盛ると、万が一そのカゴを落としてしまった場合には、全部の卵がダメージを受けるかもしれません。でもあらかじめ、**複数のカゴに分散して卵を盛っておけば、たとえそのうちの1つのカゴを落として卵が全部割れてしまったとしても、ほかのカゴの卵は影響を受けません。**これは、値動きのある投資の世界で、なぜ分散が必要なのかをわかりやすく伝えており、だからこそ語り継がれているのでしょう。

投資先を1社にすると、失敗したときに大きな損失を被る可能性大

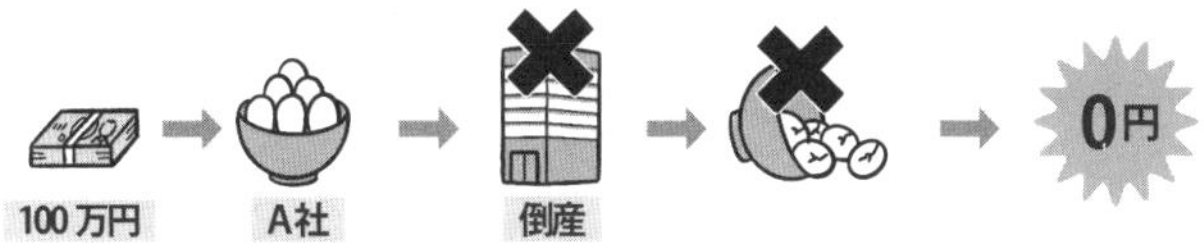

分散して投資すればリスクの軽減を期待できる

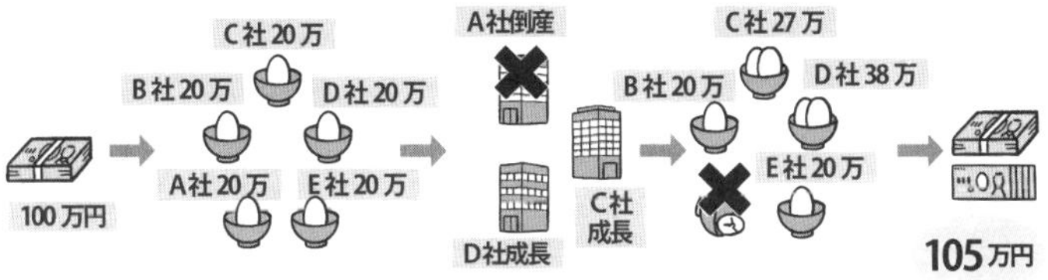

※分散しても、なおリスクはあります。また、想定外のリスクに備える必要もあります

分散といえば、先にも触れた、インデックスファンドで株価指数に投資するといった「**銘柄の分散**」がイメージしやすいでしょ

う。さらに、金融資産と実物資産といった**「資産の分散」**に目を向けて、現金、不動産、株式という種類の異なる３つの資産に分けて運用する「資産三分割法」を提唱している人もいます。

また、北米、欧州、日本を除くアジアなど、投資先をグローバルに分散させる**「地域の分散」**という考え方もあります。

資産の分散とは

それぞれの資産・銘柄は、常に同じ値動きをするわけではないため、特性の異なる複数の資産や銘柄を組み合わせて投資を行う

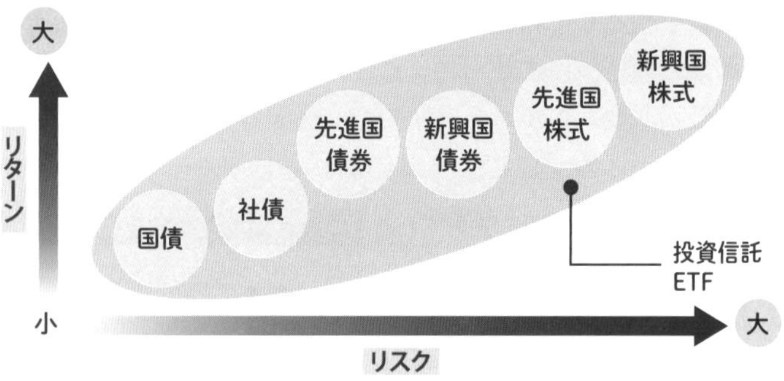

※預金は銀行等の国内金融機関による大量の国債購入に回っているため、
国債リスクに近いが、銀行リスクも加味する必要がある

ドルコスト平均法とはどんなもの？

ところで、分散のなかには、時期をずらして投資する**「時間（時期）分散」**が有効だとする考え方もあります。たとえば、**「ドルコスト平均法」**とは、ある投資信託を毎月一定額ずつ買い付けていく手法で、価格が高いときには少なく、安いときは多く買うことができます。このように、時間をずらして買い付けていくことで、平均購入コストを下げる期待ができる、という点はメリットといえます。

始めやすく続けやすいということもあって、投資信託の積立投資が人気となるなかで、ドルコスト平均法について、時間分散の効果がある、といわれることもあります。しかし過度な期待は禁物で、**「必ずしもリスクが小さくなるわけではない」**という点を指摘しておきたいと思います。

時間分散は投資期間を通して金融商品が必ず正と負を交互に繰り返すという状況（平均回帰性）を前提にしています。しかしながら、**すべての資産価格が長期間にわたって平均回帰性をもっているかについては学術研究でもいまだ明らかではありません。**

さらに、ノーベル経済学賞を受賞したアメリカの経済学者ハリー・マーコウィッツは、時間分散に苦言を呈するコメントを書籍で発表しています。その理由は、購入時点がずれることによって、その時々で計算される理論株価そのものが変化してしまうため、そもそも分散とはいえないからです。もちろん、だからといって積立投資の魅力が薄れるわけではなく、これが長期間続けられる、お財布に優しい投資方法であることは変わりません。

ドルコスト平均法とは

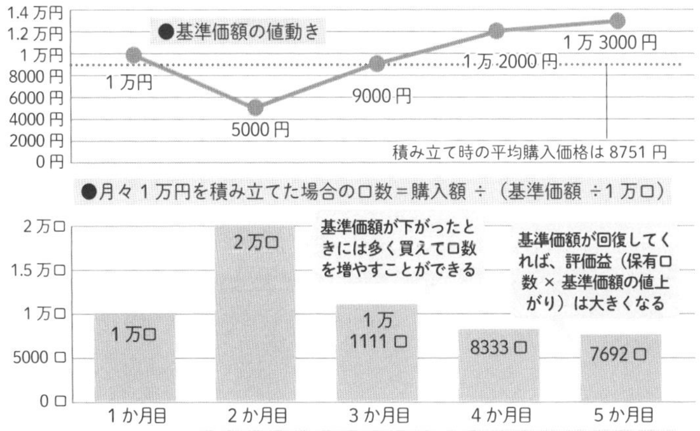

5か月間の累計は5万7136口。評価益は5万7136口×（1.3万円÷1万円）＝7万4276円
最初に一括購入（5万口）の場合は6万5000円

どんな金融商品があるのか

投資に興味がある、また、始めたばかりという人に向けて、主にどんな投資があるのか、簡単に解説します。具体的な内容と、そこにどんなメリットや注意点があるかを押さえておきましょう。

株式投資のキホン

かつて、日本の株式投資の最低売買単位（単元株式数）は8種類も存在していましたが、**現在は100株単位に統一**されています。また、望ましい投資単位として5万円以上50万円未満という水準が示されていますが、1単元100万円を優に超える大型株もあります。

また、株のことを「銘柄《めいがら》」ということもあります。

（1）いつ売り買いできる？

通常、売買単位は、**100株単位（株価× 100 ＝必要最低購入金額）**。東証では現在、**月曜～金曜（平日）の午前9時～午後3時**の間に取引が行われています（午前11時30分～午後12時30分は昼休み）。将来的には、2024年の東証のシステム改修に合わせて、終了時間を30分延長する方向で調整中であると報道されています（2021年9月3日時点）。

また、市場が閉まっている時間に証券取引所を介さず株式を売買できる「私設取引システム」（PTS:Proprietary Trading System）で、夜間取引を行っているネット証券などもあります。

（2）株を買ってみよう

証券会社の担当者に電話で注文を出していた時代を経て、今ではインターネットでの株取引が当たり前になっています。オンラインで取引できるネット証券を使いこなせば、自分のペースで情報収集や取引ができます。買い方の基本を見ていきましょう。

①板情報の簡単な見方

株式投資の「板《いた》」とは、気配《けはい》、気配値《けはいね》とも呼ばれ、証券取引所に出されている売買注文の価格と数量を表しています。**左側には売りの数量、右側には買いの数量、中央には気配値（注文価格）が表示**され、その時点でいくらなら買えるのか、売れるのかがわかります。売り注文と買い注文の数字が隔たっているときは、それを見た売り手､買い手が注文の価格を変えるなどの行動をとり、通常は売買が成立する株価に近づいていきます。

板情報って何?

売数量(株)	気配値(円)	買数量(株)
10	1040	
50	1030	
20	1020	
40	1010	
30	1000	
	990	10
	980	50
	970	20
	960	40
	950	30

売りたい人の行列

1000円で30株の売り注文が出ている

990円で10株の買い注文が出ている

買いたい人の行列

②指値注文と成り行き注文

注文には、大きく分けて「指値《さしね》」と「成行《なりゆき》」があります。

指値は、**価格と株数を指定して、売買の注文を出すこと**です。買い注文であれば指値以下の株価、売り注文であれば指値以上の株価にならなければ約定《やくじょう》（売買成立）しません。たとえば1000円指値で買い注文を出せば、990円、980円といった買い手に有利な株価で約定することはあっても、1000円を超える金額で約定することはありません。

成行は、**価格を指定しない注文方法**です。その名前の通り、注文が即座に成立します。たとえば、取引時間中に成行の買い注文を出した場合、最も低い価格で出ている売り注文に対応して約定します。しかし相場が急激に動いているときは、予期しない株価で約定してしまうこともあります。

③利益確定とロスカット

もっている株式が買ったときより値上がりしている状態を「含み益」といい、**含み益が出ている保有株を売却して利益を得ることを「利益確定」**といいます。反対に、買ったときよりも安い株価で売却する、つまり、**損を確定させることを損失確定または「損切《そんぎ》り（ロスカット）」**といいます。利益確定やロスカットには、自分なりのルールを設けている投資家もいます。

④信用取引の仕組み

信用取引とは、手元にもっていない株式の売買をする取引です。**保証金を証券会社に預けることで、最大その約3.3倍の金額の取引ができます。**

証券会社から買い付け代金を借りて株を買うことを**「買建《かいだて》」**といい、買建てた株を買建玉《かいだてぎょく》といいます。これを通常の取引と同様に株式市場で売って、その利益から手数料などを引いた金額が利益（または損失）になります。代金を払って買建玉を通常の株として引き取る「現引《げんびき》」（「品受《しなうけ》」ともいう）もできます。

信用取引は「売り」から入れるのも特徴で、保証金を担保に証券会社から借りた株を売ることが「**売建**《うりだて》」です。この場合は、株価が下がったときにその株を買い戻せば、利益が出ることになります。売《うり》建玉《だてぎょく》を返し、現金を引き取るのが「現渡《げんわたし》」(「品渡《しなわたし》」ともいう)です。

ところで、信用取引をしている間に大きな含み損が発生したなどの場合、追加証拠金、いわゆる「追証《おいしょう》」が必要になります。

信用買いとは?

取引額の30%以上かつ30万円以上の保証金(あるいは株券)を担保として証券会社から資金を借り、株を買う方法。通常の取引に比べて約3.3倍の金額分の購入ができる。反対売買等で信用取引が終了した際に、証券会社に手数料を払う

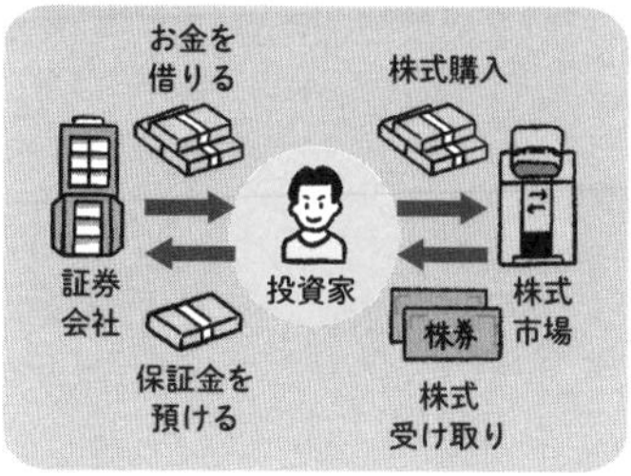

信用売りとは?

左で説明した信用買いの逆が信用売り。証券会社から借りた株を売り、その後買い戻すなどして証券会社に株券を返し、手数料を払う。売却と買い戻しの差額がプラスなら利益、マイナスなら損益が出る。手持ち株の値下がりリスク相殺のために行うことも多い

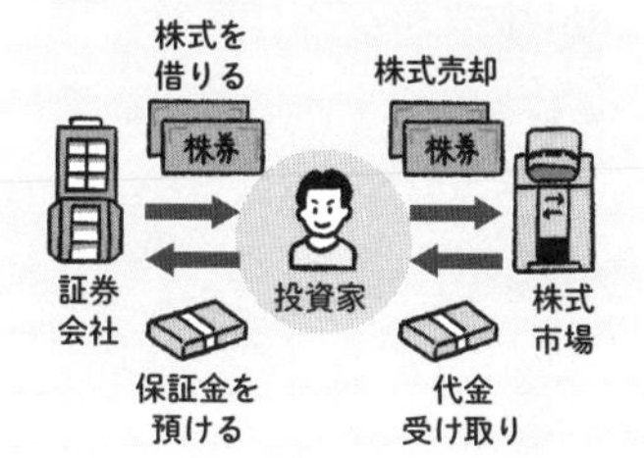

⑤「ミニ株」「るいとう」から始める

「ミニ株(株式ミニ投資)」は、**1単元(100株)の10分の1の単位で売買できるサービス**で、証券会社独自の名前がついていることもあります。「るいとう(株式累積投資)」とは、**毎月定額で株式を購入する投資方法**のことで、株式を積立方式で買うイメージです。

こうした単元未満株は証券会社名義での保有となるので、議決権や株主優待を受ける権利はありませんが、売買単位(100株)に達すると投資家の名義となり、議決権や株主優待の権利を得る

ことができます。

(3) 株主のリターンは主に3つ

株を買って株主となったときの主なリターンは、①購入時の株価と売却時の株価の差分である**「値上がり益」**、②会社が利益の一部を株主に分配する**「配当」**、③条件を満たした株主に会社が自社製品やサービスを提供する**「株主優待」**です。

しかし、②と③については注意が必要です。まず、配当や株主優待を取得するには、株主名簿に名前が記載されていなければなりません。そうした**株主の権利が確定する日が「権利確定日」**ですが、実はこの日に株を買っても間に合わないのです。

株主名簿に記載される期限は、**権利確定日を含めた2営業日前の「権利付最終日」**です。ネット証券などではわかりやすく表示されていますので注意してチェックしておきましょう。

権利付最終日とは

(例) 31日が権利確定日の場合

26(日)	27(月)	28(火)	29(水)	30(木)	31(金)	1(土)
			権利付最終日	権利落ち日 ← 1営業日前	権利確定日	

⇒ 株主として株主名簿に記載されるためには、
2営業日前である29日までに購入する

「権利確定日」とは、株主優待や配当などの権利が得られる日のこと。権利確定日に株を買っても権利を得ることはできないので、注意が必要。権利付最終日が近づくにつれ、権利獲得目的で株を購入する投資家が増えるため、株価は上昇。権利落ち日後は、権利を得て株を売却する投資家が増えるため、多くの場合、株価は下降する動きが見られる

この「権利付最終日」に株式を保有してさえいれば、極端な話、1日しか保有せず翌日にその株を売っても、配当金や株主優待は受け取れるのです。しかし権利付最終日の翌日、いわゆる「権利落ち日」には、通常はその企業の株価は下落してしまいます。利益のなかから株主に還元するのですから、マーケットとしては自然な反応です。

また、先にも触れた通り、配当の金額や株主優待はその会社の経営方針で決まります。たとえ**利益が出ても配当金を抑え、優待制度も設けず、事業に再投資する方針を掲げる企業もあります。**利益を今、配当金として受け取るのか、配当金は後回しでも業績の伸びを優先し、株価が上がることを期待するのか。ここにも、会社と投資家双方の価値観が問われるところです。

(4) 景気敏感株とディフェンシブ株

経済ニュースでは、時々、「景気敏感株(内需関連株)」といった言葉が聞かれます。実は、数多くの上場されている株式会社のなかでも、**業種によって景気の影響を受けやすいといわれるものと、受けづらいといわれるものがある**のです。国内外の景気の影響を受けて大きく変動するセクターを景気敏感セクターといいますが、素材・化学、自動車・輸送機、機械、電機・精密といった業種がこれに該当します。

その対極にあるのが、ディフェンシブ株です。たとえば食品や医薬品、情報通信や運輸・物流といった業種は、**たとえ景気の悪化で消費者の収入が減ったとしても、一定の需要は見込めます。**

必ずしもすべての銘柄に当てはまるわけではありませんが、個別銘柄に投資するときは、その会社がどちらのセクターに含まれるのか、自分が偏った業種に集中投資していないかを確認することも大切です。

（5）初心者におすすめの銘柄選び

古い投資格言に**「乗りやすい馬を選べ」**というものがあります。たとえば、自分がよく利用するサービス、好きなブランドをどこの会社が運営しているのか調べ、その会社のウェブサイトの「IR」のページで**コーポレートメッセージや事業内容**を確かめ、さらに株式情報のウェブサイトで、その会社の株がどんな評価を受けているのかも調べる、といったことをしてみます。利用しているネット証券のツールに、お気に入りの銘柄を登録できる機能があれば、それを利用してもいいでしょう。

また、その株が割高か割安か、**アナリストなどが今後の見通しをどう評価（レーティング）しているのか**といった情報を調べてみてもいいでしょう。会社名でインターネット検索すると、さまざまな情報が出てきます。調べるうちに、ほかにも気になる会社が出てくると思いますから、候補を増やしていきます。

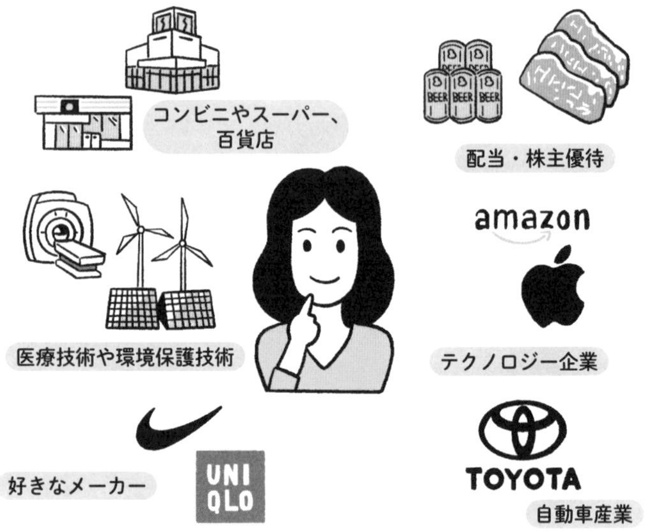

すぐに株を買うのでなく、このように**自分なりに調査し、まずはウォッチングから始めていきます。**また、株式専門メディアなどで推奨されている銘柄も、情報を鵜呑みにせず、同じように自分で調べて、投資銘柄の候補を絞っていきましょう。

（6）株式投資の主なリスク

株式投資には、それ相当のリスクがあります。しかし、たとえば100年前の世界大恐慌で株券が紙くずになった、といったエピソードを耳にすることがありますが、現在の上場株式では、ある日突然、株式の価値がゼロになるということは、まず考えにくいです。したがって、リスクを正しく理解することが大切です。

①価格変動リスク

市場が開いている時間帯には、株価は売買状況に応じて上下しています。購入した株価よりも、株価が上がることも下がることもあります。

②信用リスク

株式市場に上場している企業は厳しい審査を経ています。それでも、経営破綻で上場廃止というケースはあり、これも株式投資のリスクのひとつです。ただし、すぐに上場廃止になるのではなく、投資家への注意喚起や、投資家保護のためのいくつかのステップがあります。

債務超過などで上場廃止の恐れがあるときは「監理銘柄」に指定され、信用取引の新規建てが行えなくなることはありますが、現物での売買はできます。

上場廃止が決まった場合は「整理銘柄」となり、一定期間は売買を行えます。株価はかなり下がっていますが、こうした銘柄を狙って投資する投機的な投資家もいるため、通常はかなり安い株価で取引され、市場の動きが活発化することもあります。**上場廃止になるともはや手軽に売買ができなくなる**ので、そうなる前のロスカットが必要です。

③外国株式には為替変動リスク、カントリーリスクも

近年、米国株や中国株への投資も人気ですが、外貨で投資することになるため、換金時に為替レートの影響を受け、変動によって為替差損が生じる可能性があります。また当該国の政治・経済環境の影響で、価格変動などが起きる可能性もあります。

（7）株式投資のコスト

株式投資の主なコストには、証券会社に支払う売買委託手数料などの各種手数料と税金があります。売却益、配当金には**20.315％が課税**されます。内訳は所得税が15.315％（そのうち0.315％は、2037年までの復興特別所得税）、住民税が5％です。税金は分離課税となるため、給与所得に関係なく、同じ税率が適用されます。

損失が出た場合は、損失額を**株式等の譲渡益と通算**することができます。それでも通算しきれない損失額は、毎年確定申告することを条件とし、翌年以後3年間に限り繰り越すことができます。

債券投資のキホン

債券（公社債）とは、**国や地方公共団体、企業が「発行体」となり、お金を借りるために発行する有証証券**です。債券投資を簡単に説明すると、投資家は債券を買うことで発行体にお金を貸し、決まった利子を受け取り、返済期限（償還日）に投資家のもとに元本がまとめて返済されるというイメージです。

新規に発行される債券は**「新発債《しんぱつさい》」**といい、額面そのままの金額で募集されます。これに対してすでに発行された債券は**「既発債」**といい、既発市場（セカンダリーマーケット）で売買され、流通市場の需給のバランスで価格が変動します。

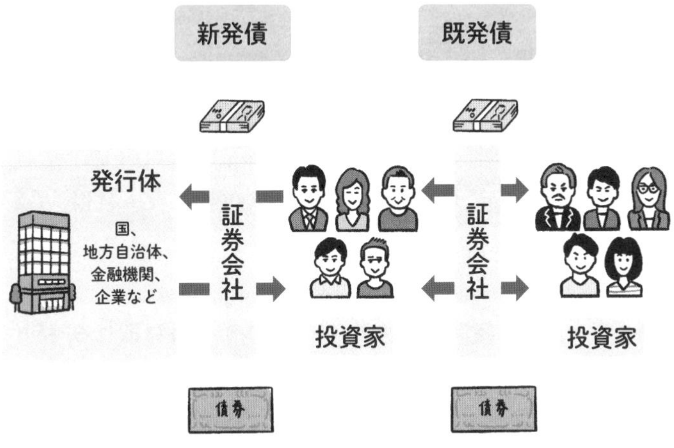

新発債とは新規に発行される債券で、あらかじめ決められた発行価格で取引される。
既発債とはすでに市場に出回っている債券で、市場価格（時価）で取引される

（1）債券の種類は３つ

債券は、発行体によって３つに分けられます。国、地方自治体及び公共機関が発行体の**「公共債」**、民間企業が発行する**「民間債（社債）」**、そして外国の政府・政府関係機関、事業会社が発

行する**「外国債（外債）」**です。さらに、公共債のなかに「国債」「地方債」「政府関係機関債」、民間債のなかに「社債」「金融債」があります。

債券にはどんな種類があるの？

国が発行するものが国債、地方自治体が発行するものが地方債、独立行政法人などの政府関係機関が発行するものが政府関係機関債、企業が発行するものが社債となる

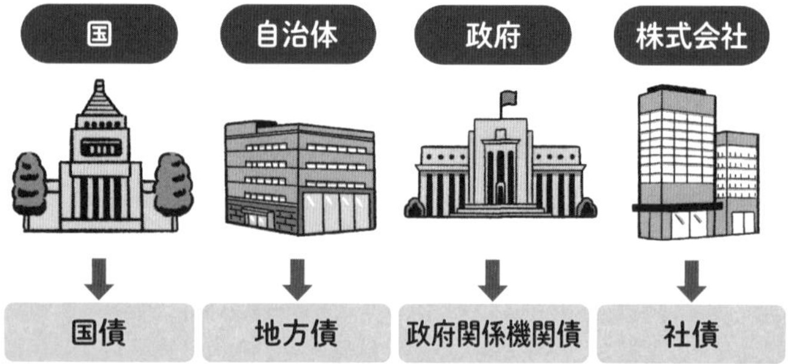

（2）債券の形態

債券といえば、**定期的に利子（クーポン）が受け取れる「利付《りつき》債《さい》」**が最もイメージしやすいでしょう。利付債には、決まった額の利子が支払われる「固定利付債（確定利付債）」、金利変動に応じて支払われる利子が変動する「変動利付債」があります。

また、利払いがない代わりに、**額面よりも低い価格で発行され、額面金額100％で償還される「割引債（ゼロクーポン債）」**というものもあります。この場合は、購入価格と償還されるときの額面価格の差額が利益となるわけです。

そのほか、デリバティブ（金融派生商品）が組み込まれた「仕組債」という、複雑な仕組みの債券もあります。

(3) 債券はどこで買える?

公共債は、証券会社、銀行、信用金庫、信用組合、郵便局(国債のみ)、保険会社などの金融機関で購入できます。民間債、外国債などは証券会社で取り扱っています。

(4) 国債とはどんなもの?

国債とは、**必要な資金を調達するために国が発行する債券**のことです。よく「国の借金」と表現されることがあるように、元本と利子の支払いについては政府が責任を負うため、**信用力の高い金融商品**です。日本国債の場合、売り手は財務省で、銀行、証券、生命保険会社などの金融機関が、入札によって国債の買い手となります。

個人投資家が買いやすいようにアレンジされた日本国債が**「個人向け国債」**です。債券市場の実勢に合わせて半年ごとに金利が見直され、償還まで10年の**「変動10年」**、従来の債券のように固定金利の**「固定5年」「固定3年」**の合計3タイプがあり、どれも1万円から1万円単位で購入が可能です。いずれも毎月募集され、金融機関、ネット証券を含む証券会社で購入できます。

市場金利が下がった場合でも**年0.05%の最低利率が保証**され、発行から1年経過した後は中途換金も可能になるため、通常の債券に比べてフレキシブルです。

COLUMN

投資信託、ETFでも債券投資ができる

個人投資家は証券会社等を経由して地方債、社債などの民間債、外国債を購入することができますし、前述の個人向け国債のような、個人が買いやすいようにつくられた債券もあります。ただ、個人向け国債は1万円から、そのほかの債券についてはまとまった金額からしか購入できないことが多く、また、**新規発行の場合は募集期間が決まっています。**

債券投資をしたい場合、このように債券そのものを買うほか、後述する投資信託、ETF を通じた投資もあります。これらのなかには、債券そのものや、その債券に連動した値動きをするように設定された商品もあります。また、たとえば、１つの投資信託のなかで株式、不動産、債券といった値動きの異なるほかの資産と債券に同時に投資し、価格変動をやわらげるように設計された商品もあります。

投資信託と ETF の特徴や注意点は P47、P55 からの説明に譲りますが、**投資資金が限られている場合や、株式といったほかの金融資産とのバランスをとるために債券にも投資をしたい**場合は、少額から投資でき、比較的フレキシブルに売買しやすい投資信託や ETF を通じた投資を検討してみてもいいでしょう。

最後に、投資信託や ETF も含めた債券投資への注意点です。一般的に株式などに比べてリスクが低いイメージがある債券ですが、**商品によっては比較的ハイリスクなものもあります。**どんな債券なのかについては、必ず説明を読み、リスクを知ったうえで投資を心がけてください。

プラスα 格付けとはなんだろう

債券の信用力や元利金の支払い能力の確実性などを分析し、わかりやすい記号でランク付けしたものを「格付け」といいます。利害関係のない第三者である格付機関がこれを行っており、たとえばムーディーズ（Moody's)、スタンダード＆プアーズ（Standard & Poor's)、フィッチ・レーティングス（Fitch Ratings)、格付投資情報センター（R&I)、日本格付研究所（JCR）が、それぞれ独自の方法で格付けを発表しています。

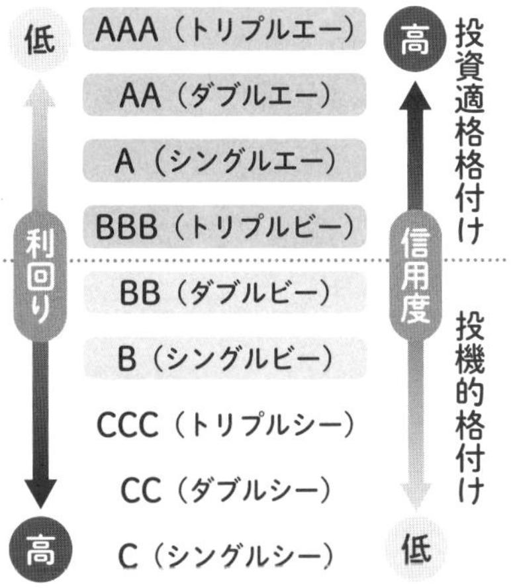

格付けとは、債券の元利金支払いの確実性を格付け会社が評価し、その信用度をA、B、Cなどの簡単な記号でランク付けしたもの。一般的に、格付けの高い債券ほど利回りは低く、格付けの低い債券ほど利回りは高くなる。BBB以上を信用度が比較的良好だと考えられる「投資適格格付け」、BB以下を信用度が低いと考えられる「投機的格付け」という

※表記は格付け機関により異なる

信用度が比較的良好だと考えられる**「投資適格格付け」**、信用度が低いと考えられる**「投機的格付け」**といった判断は、投資する際の参考になるでしょう。ただ、格付けはあくまで民間機関による判断であり、同じ債券であっても格付機関によって評価が異なる場合もあります。

（5）債券投資の主なリスク

債券投資には、主に次のような留意点があります。

①価格変動リスク　債券が満期となる償還日には、額面金額が払い戻されます。ただ、償還前に中途売却したい場合、そのときの市場金利や市場環境の状況によって、価格が下がっていることも（逆に上がっていることも）あります。

②為替変動リスク　債券のなかには、外貨建てのものもあります。こうした債券の利払いや償還を外貨でなく円で受ける際には、為替の影響を受けることになります。たとえば、購入時よりその外貨に対して円高になっているときに円で利払いや償還が行われると、円での受取額が期待していたより減少してしまいます。

③信用リスク（デフォルトリスク）　発行体の国家の財政破綻、会社が資金繰りに行き詰まって利払いが滞るなど、投資金額の全部、また一部が回収できなくなることがあります。投資の際にはあらかじめ信用格付けなど発行体の信用力を確認し、想定されるリスクを把握しておくことが重要です。

ほかにも、その債券の発行体が所在する国や地域の政治状況や戦争、災害、財政悪化や外貨の枯渇といった**経済状況によって債券の支払いが不履行になるカントリーリスク**や、新興国通貨などの取引量が少ない通貨建ての債券の場合は、発行体の市場環境の変化によって**通貨の取引量、換金性などの流動性が低くなり、売却が滞るといった流動性リスク**もあります。

（6）債券投資の主なコスト

株式投資と同様、証券会社に支払う各種手数料と税金がかかります。債券投資で得た利子、譲渡益、償還差益に対しても、株式投資と同様に**20.315％が課税**されます。

損失が出た場合は、**損失額を株式等の譲渡益と通算**することができます。それでも通算しきれない損失額は、毎年確定申告することを条件とし、翌年以後３年間に限り繰り越すことができます。

投資信託のキホン

投資信託（ファンド）とは、投資家から少額の資金を集め、一つのまとまった資金として運用する金融商品です。どのような対象に、どんな方針で投資するかは、投資信託の説明書である「目《もく》論《ろ》見《み》書《しょ》」に記載されています。

(1) 投資信託とはなんだろう

投資信託は以下のように細かく分類できます。覚える必要はありませんが、おおまかに知っておくと、細かな文字が並ぶ投資信託の「目論見書」などを見たときに、慌てずに済むでしょう。

①契約型と会社型

運用会社と信託銀行が信託契約を結ぶことにより運用される投資信託を「契約型」、投資を目的とする法人を設立した投資法人による投資信託を「会社型」といいます。**日本の主流は契約型**で、会社型はJ-REIT（不動産投資信託）を中心に用いられています。

②単位型（ユニット型）と追加型（オープン型）

投資信託の当初募集期間にのみ購入できる単位型(ユニット型)と、原則的に運用されている期間中ならいつでも購入できる追加型（オープン型）があり、**現在は追加型が主流**となっています。

③オープンエンド型とクローズドエンド型

投資家がいつでも自由に売り買いできる投資信託をオープンエンド型といい、**日本の投資信託の多くはこのタイプ**です。それに対して、クローズドエンド型は、一定期間は解約ができません。多少流動性に欠ける資産なども運用対象にしている投資信託で採用されることが多く、J-REITなどはこちらを採用しています。

④株式投資信託と公社債投資信託

約款に**株式に投資できる**旨が記載されている投資信託を株式投資信託といい、約款に**株式には投資しない**旨が記載されている投資信託を公社債投資信託といいます。あくまで約款への記載による区分なので、株式投資信託でも実際は株式に投資していない場合もあります。

（2）投資信託の主なメリット

投資信託にどんなメリットがあるのか、改めてここで確認しておきましょう。主なものは次の４つです。

①複数商品に投資できる

投資信託は、分散投資の考え方から生まれた金融商品です。1つの投資対象に集中して投資するのに比べ、リスクを軽減しやすいと考えられます。

②少額から投資できる

一般的には１万円単位から買い付け可能で、ネット証券などでは 100 円単位から購入できる場合もあります。また、あらかじめ決めた日に同じ金額だけ買い付けていく「積立投資」も可能です。つみたて NISA（少額投資非課税制度）や iDeCo（個人型確定拠出年金）といった制度を利用すれば、非課税での運用も可能です。

③運用方法を考える必要がない

投資する側があれこれ考えなくても、専門家（ファンドマネジャー）が運用します。

④透明性が高い

取引価格である基準価額は、原則として日々公表されています。また、決算ごとに監査法人等による監査を受けています。

投資信託は図のように、**販売、運用、資産保管などの機関が独立**しています。投資家から集めた資金は信託銀行が保管、投資信託を作成する役割の投資信託運用会社は、資金をどう投資するのかを考え、信託銀行に指示することで投資が実行されます。そして販売は、証券会社や金融機関などの販売会社を通して行われます。

また、運用会社が販売会社を通さずに、個人投資家へ投信を販売する、直販型の投資信託もあります。

投資信託のお金の流れ

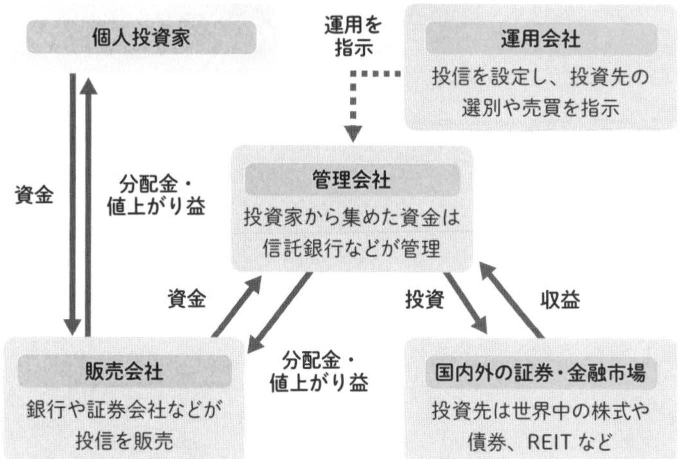

(3) インデックスファンドとアクティブファンド

投資信託にはさまざまな分類がありますが、代表的なものは「インデックス型」と「アクティブ型」です。前者は、日本株なら日経平均株価や東証株価指数（TOPIX）といった株価指数に連動するよう設計されています。株価指数の動向はニュースをチェックしていればつかみやすいので、**投資にまだ慣れていない人でも比較的入りやすい**といえます。

後者は、運用会社やファンドマネジャーが独自の見通しや投資判断に基づいて投資対象、投資銘柄を選び、株価指数など運用指標となるベンチマーク以上の収益を目指すファンドです。

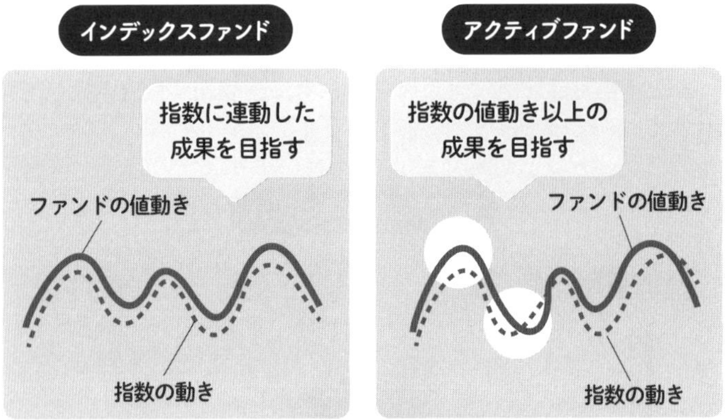

市場平均に連動	投資指標	市場平均を上回る成果目標
市場平均以上は期待できず	リターン	相場低迷時でも期待できる
約 0.1 ～ 1%	信託報酬	約 1 ～ 3%

（4）目論見書とはどんなもの

投資家が投資信託を購入する前に渡され、内容を必ず確認するのが投資信託説明書、いわゆる目論見書です。投資家に必ず交付しなければならない**「交付目論見書」**のほか、投資家から請求があった際に交付しなければならない**「請求目論見書」**（ファンドの沿革や経理状況などを記載）という２冊が作成されています。「交付目論見書」の主な内容は次の通りです。

①ファンドの目的・特色　何を目的として、どの地域に、何に対して投資しているか、仕組みなど。
②投資のリスク　価格変動リスク、為替変動リスク、金利変動リ

スクなど、想定されるリスク。

③運用実績　基準価額や純資産総額の推移、分配金の推移、年間収益率の推移など過去の運用実績。

④手続・手数料等　購入単位、購入時の手数料や運用中の運用管理費用（信託報酬）、税金、諸費用など。

（5）利回りとはなんだろう

利回りとは投資金額に対する収益の割合、つまり総合的な収益率で、通常は1年間の「年利回り」を指します。

利回りは、**「利益（分配金＋売却益）÷投資元本÷運用年数×100」**で計算します（後述する「単利」の場合）。たとえば100万円の金融商品を1年間運用して1万円の利益を得た場合、利回りは1万円÷100万円÷1年×100＝1％となります。

それと混同しやすいのが､投資信託でよく聞く「騰落率《とうらくりつ》」です。騰落率とは、株式や投資信託が一定期間内にどれだけ値上がり、または値下がりしたかを知るために、配当や分配金を考慮した価格の変化率（％）を計算したものです。そのため、実際の運用損益とは異なります。また、あくまでも過去の実績で、将来を予想するものではありません。

プラスα　投資信託のパフォーマンス

投資信託の「パフォーマンス」とは、その投資信託の**運用指標であるベンチマークに対して、良かったか悪かったかを示すもの**です。たとえばTOPIXをベンチマークとした投資信託の運用収益がTOPIXを上回れば、パフォーマンスが良い、ということです。ベンチマークとの比較であるため、総合的な収益率を指す利回りとは異なります。

（6）分配方針にも注目

それぞれの投資信託には、**分配金を支払う頻度や、運用成果のどの程度の割合を分配するかといった方針**が定められています。かつて毎月分配型の投資信託が人気を博しましたが、分配金は投資信託の資産のなかから支払われるため、分配金が支払われると純資産総額が減少します。したがって、純資産総額を総口数で割った基準価額も値下がりします。

分配金とは

投資信託が株式や債券に対して投資し、運用して得た収益を、保有口数に応じて投資家に分配するもの。分配金は、投資信託の信託財産から支払われるため、分配金が支払われると、「純資産総額」および「基準価額」は下落する

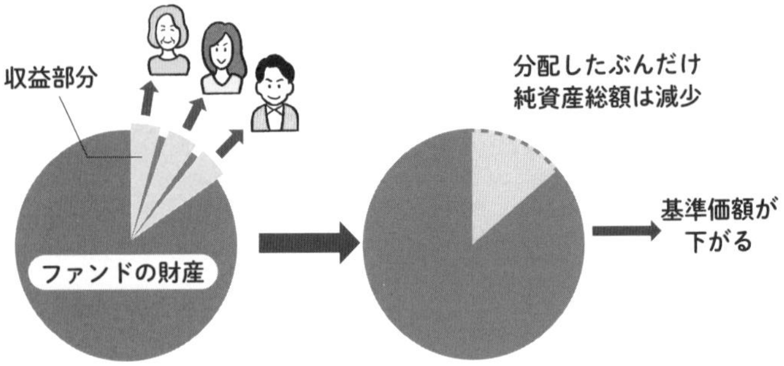

基準価額とは

投資信託の 1 口あたりの価格のことで、投資家が投資信託を購入･換金する際は、基準価額で取引が行われる

$$\frac{\text{純資産総額}}{\text{総口数}} = \text{基準価額}$$（1 口あたりの価額）

投資信託の資産のうち、投資家に帰属する額を「純資産総額」という。この純資産総額を投資信託の総口数で割ると、1口あたりの価額、すなわち「基準価額」が算出される

投資家としては、「いくら分配金がもらえるか」に注目しがちですが、注意点があります。分配金には、儲けから出ている普通分配金と、元本の取り崩しである特別分配金の２つがあるのです。

①普通分配金　普通分配金は、投資信託の元本の運用によって得られた利益から支払われ、課税対象となります。

②特別分配金　特別分配金（元本払戻金）は、元本を取り崩して支払われる分配金で、その額だけ個別元本は減少します。これは元本の取り崩しぶんなので、税金はかかりません。

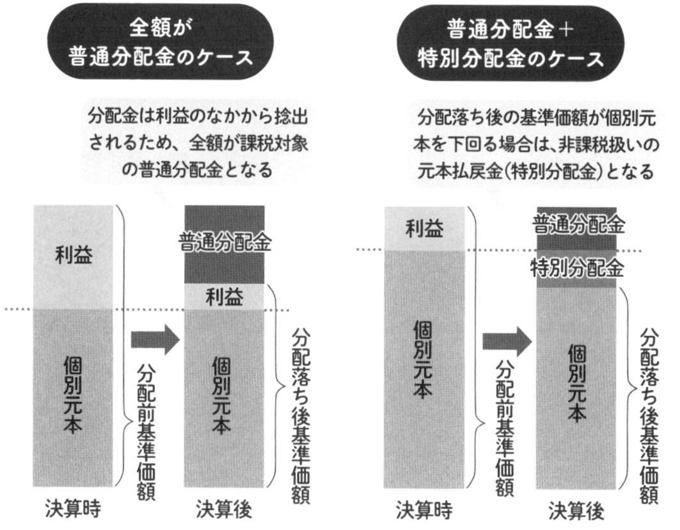

（7）投資信託の主なリスク

基本的には株式の投資信託なら株式の、債券の投資信託なら債券のリスクがあるということになります。投資信託のメリットは分散投資によるリスク分散ができることですが、それでもリスクが存在することは理解しておきましょう。

①価格変動リスク　投資信託に組み入れられている株式や債券の価値が変動するため、投資信託の基準価値も上下します。

②信用リスク　投資信託に組み入れられている株式や債券の発行体が破綻《はたん》する可能性があります。

③為替変動リスク、カントリーリスク　外国の株式や債券に投資する場合、為替レートの変動や、その国の政治・経済環境の影響で、基準価額に変動が起きる可能性もあります。

(8) 投資信託の主なコスト

売買時には証券会社に取引手数料を支払います。それ以外で留意したいのは、投資信託ならではの各種手数料です。購入するときは、販売会社に支払う**「購入時手数料」**、運用期間中には信託財産から間接的に差し引かれる**「運用管理費用（信託報酬）」**や**「監査報酬」**、換金時に**「信託財産留保額」**がかかる場合もあります。運用成績に関係なくかかってくるこれらのコストには、敏感になっておくべきでしょう。近年では、主にインデックスファンドでコストを抑えた商品が登場しているほか、ネット証券などでは取り扱い投資信託の各種手数料を一覧できる場合もあります。

売却益、分配金には20.315%（所得税15%、復興特別所得税0.315%、住民税5%）が課税されます。また損失が出た場合は、損失額を株式等の譲渡益と通算することができます。それでも通算しきれない損失額は、毎年確定申告することを条件とし、翌年以後３年間に限り繰り越すことができます。

ETFのキホン

投資信託でありながら株のように証券取引所に上場し、株式投資と同じ感覚で売買できるのがETF（Exchange Traded Funds＝上場投資信託）です。

（1）日本で取引可能なETF

ネット証券のウェブサイト内で銘柄検索をすれば、数多くの取り扱いETFの情報が出てきます。日本円で取引できる海外資産に投資するETFもあれば、外貨で海外ETFに投資できる場合もあります。それぞれの特徴は次の通りです。

①国内籍ETF

ETFでは多様化が進んでおり、日本の株価指数だけでなく、アメリカや中国の株価指数、外貨、金《きん》などの商品（コモディティ）の指数、デリバティブを活用したものなど、さまざまな種類があり、円で取引できます。また、海外の資産に投資している場合、通常は国内外の二重課税の影響を取り除くために確定申告が必要になりますが、**国内に上場しているETFは外国所得税の部分が控除**されているため、特別な手続きは不要です。

②外国籍ETF

証券会社によっては、海外の取引所に上場しているETFの取引も可能です。アメリカではETFの市場規模が大きく、一般的に、**純資産が大きいほど固定費の比率が下がり、経費率を下げることができます。**また、流動性が高いほど、市場価格とETFの基準価格が乖離《かいり》するリスクを軽減できます。ただし外貨での取引になるため、為替リスクを考慮する必要があります。

(2) ETF と投資信託の違い

日経平均株価のように代表的な世界の株価指数には、その値動きに連動する ETF と投資信託の両方があります。どのように使い分ければいいのでしょうか。

両者の大きな違いは**「スピード」**です。投資信託は、その日の運用が終わった後で算出された基準価額で注文が約定します。つまり、売買を申し込んだ時点ではいくらで売買できたのかわかりません。それに対し、ETF はリアルタイムで値動きしていて株式投資と同じように売買でき、市場が開いている間に株価の急激な上下が起きたときも、迅速に対応することが可能です。

こう見ると ETF のメリットが大きいように思えますが、必ずしもリアルタイムで値動きを知る必要がなく、長期にわたって投資していきたいタイプの投資家もいます。つみたて NISA や iDeCo といった非課税制度を利用し、**毎月一定額で買えるだけの口数を買っていくスタイルでの投資には、投資信託が向いている**といえます（証券会社によっては、ETF も積立購入できる場合があります）。

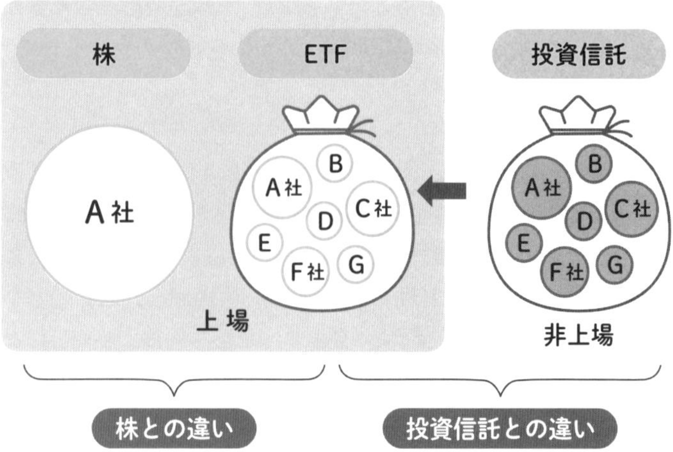

(3) ETF の主なリスク

値動きする投資信託、という特徴が、そのままETFのメリットとリスクになります。特に、そもそも規模が小さいETFであれば、流動性が低い場合もあります。

①価格変動リスク

組み入れた有価証券の価格等が変動することによってETFの価格が変動します。

②流動性リスク

市場の需給によって、売買が成立しない、予想される価格より著しく離れた価格で売買される場合があります。

③乖離のリスク

相場変動や運用によっては、連動を目指す指数の値動きから乖離することがあります。

(4) ETF 取引の主なコスト

売買時に証券会社に取引手数料を支払います。上場されているため、投資信託を購入するとき販売会社に支払う「購入時手数料」はなく、**保有時の手数料は投資信託に比べて一般的に低め**です。

売却益、分配金には20.315%が課税され、売買委託手数料など証券会社への手数料も発生します。また損失が出た場合は、損失額を株式等の譲渡益と通算することができます。それでも通算しきれない損失額は、毎年確定申告することを条件とし、翌年以後3年間に限り繰り越すことができます。

REIT《リート》のキホン

REIT（Real Estate Investment Trust ＝不動産投資信託）とは、不動産投資の専門家が、投資家から集めた資金でオフィスやマンション等の不動産を購入してテナントなどに賃貸し、その賃料収入や売却益から費用を差し引いた残りの収益を投資家に分配する金融商品です。その多くは株式やETFと同じように証券取引所に上場され、リアルタイムで取引されています。

日本のREITは、J-REITと呼ばれています。

（1）現物不動産への投資との違い

現物不動産への投資は、購入にまとまった資金が必要で、市場の流動性が低いためなかなか希望の金額で売買できない、また経験や知識が必要になるのに対して、J-REITは比較的少額からの投資が可能で、上場されているため比較的流動性が高いことが特徴です。売買方法は株式やETFと同じなので、**投資経験者が入りやすい投資**といえます。

（2）主な投資対象

J-REITには、大きく「**単一用途特化型**」と「**複数用途型**」があります。

単一用途特化型では、住居、オフィスビル、デパートやショッピングセンターなどの商業施設、ホテル、物流センターや倉庫などの物流施設、病院や有料老人ホームなどのヘルスケア施設の6つのジャンルがあります。そもそもJ-REITはオフィスビル特化型から始まった歴史がありますが、一般的にオフィスビルは景気動向の影響を受けやすく、賃貸借契約の期間が短い特徴があります。それに対して、ネットショッピングの普及によって需要が高まっている物流施設は長期固定の賃貸借契約を締結しているケースが多く、比較的収益が安定するといわれています。

複数用途型 REIT には、オフィスビルや商業施設、住宅や物流施設など２つの用途の不動産に投資する「複合型」、オフィスビルやホテル・物流施設など３つ以上の用途、または用途を限定しない「総合型」の２つがあります。

より分散した投資がしたいのであれば、ETF への投資という選択肢もあります。たとえば東証に上場する REIT 全銘柄の動向を表す**「東証 REIT 指数」に連動した ETF に投資すれば、日本の J-REIT 全体に投資ができます。**また J-REIT を投資対象とした投資信託もあり、積立投資も可能です。

REITとは

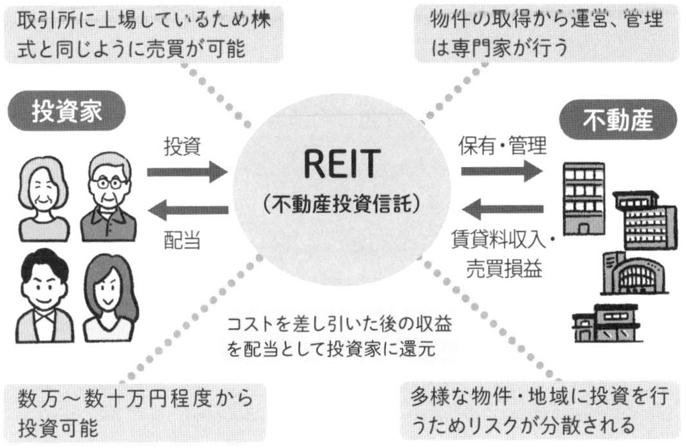

(3) J-REIT の主なリスク

J-REIT の主な留意点は次の通りです。

①不動産市場のリスク

経済情勢、金利環境等による不動産の賃貸市場や売買市場の変動で、J-REITが保有する物件の賃貸料収入の減少、物件の価格下落で価格や分配金が変動する場合があります。

②金利変動リスク

一般投資家から資金を集めるほか、金融機関からの借り入れで資金調達している場合、金利の変動が収益に影響を及ぼし、価格や分配金が変動する場合があります。

③地震・火災等によるリスク

投資対象の不動産が地震や火災によって被災した場合など、予測不可能な事態を受けて価格や分配金が変動する可能性があります。

ほかにも、J-REIT運営法人の倒産リスク、証券取引所が定める上場基準に抵触し、上場廃止になるリスクがあります。

(4) J-REIT取引のコスト

売却益、分配金には**20.315%が課税**されます。また株式投資などと同様に、売買委託手数料など証券会社への手数料も発生します。

J-REITの売却により損失が出た場合は、損失額を株式等の譲渡益と通算することができます。それでも通算しきれない損失額は、毎年確定申告することを条件とし、翌年以後3年間に限り繰り越すことができます。

FXのキホン

FXとは、Foreign Exchangeの略称で、もともとは外国為替取引を意味しましたが、最近では**外国為替証拠金取引**を示す言葉として使われるのが一般的になりました。

投資家は、通貨の交換を専門に扱うFX事業者に、担保金の意味合いをもつ証拠金を預け、**もっている資金以上の金額の通貨を売買することができます。**これを「レバレッジをかける」「レバレッジを効かせる」といい、たとえば「レバレッジ５倍」といえば、証拠金に対しての５倍の金額の取引が可能になります。

そもそもレバレッジという言葉は、重いものを持ち上げるときに用いる「テコ」が語源。レバレッジの数字が上がれば上がるほどハイリスク・ハイリターンの取引となります。

FXは、将来必ず決済（反対売買＝買った外貨を売る、または売った外貨を買う）することを約束する**「差金決済」**という方法を採用した取引のため、売買で生じた損益の金額の受け渡しのみで取引が完結します。損失が発生すれば、預けている証拠金から差し引かれ、利益が出た場合は預けている証拠金に加算されます。

手持ちの資金の25倍まで取引できる

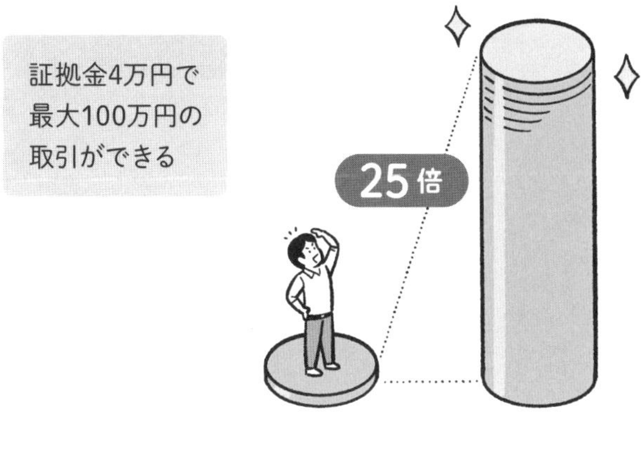

（1）為替差益を狙う

取引対象となる通貨のなかで人気なのは、米ドル、豪ドル、ユーロです。投資の基本は株式投資などと同じで「安く買って高く売る」ことで、たとえば米ドルが上がると予測するなら米ドルを買い、上がったところで売って為替差益を得ます。

また、FXは**「売り」からでも取引を始めることができる**ため、ドルが値下がりすると考えるなら、ドルを売り建てて、下がったところで買い戻して為替差益を得ることも可能です。

しかし、レバレッジをかけた取引のため、**2、3円程度の為替変動で数十万といった損失が出る**こともあります。

利益が出るパターン（買い）

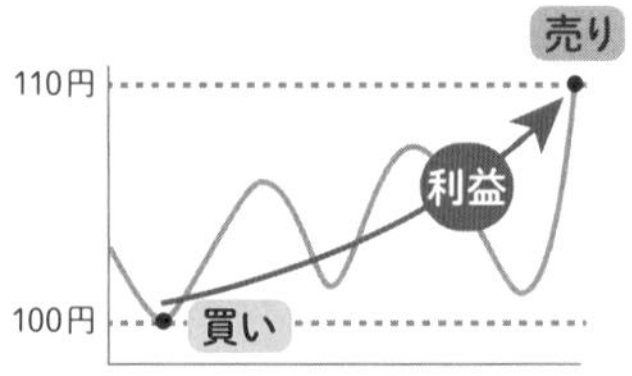

レートが上がると思って1ドル=100円で買い、予測通り1ドル=110円になった

利益が出るパターン（売り）

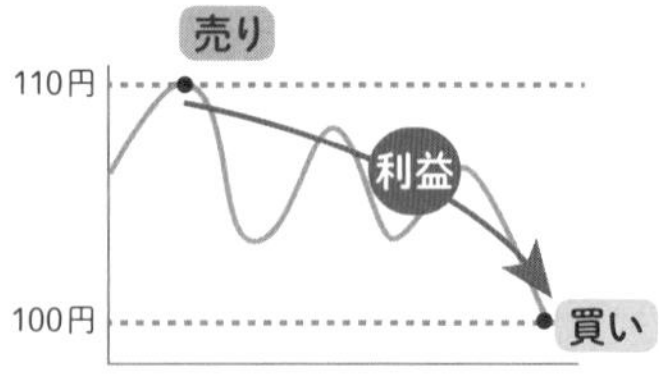

レートが下がると思って1ドル=110円で売り、予測通り1ドル=100円になった

損失が出るパターン（買い）

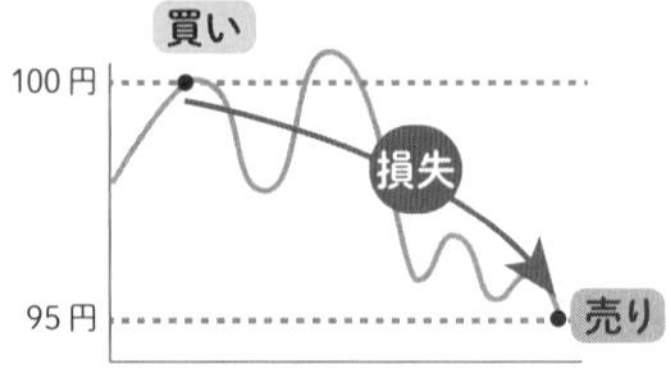

レートが上がると思って1ドル=100円で買ったが、1ドル=95円に下がった

損失が出るパターン（売り）

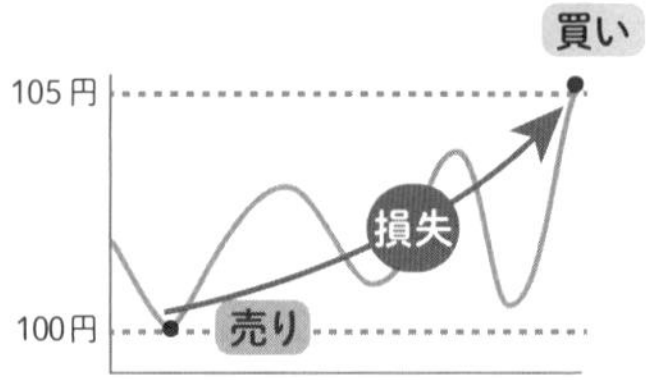

レートが下がると思って1ドル=100円で売ったが、1ドル=105円に上がった

(2) スワップポイントの仕組み

FXの取引では、異なる2つの国の通貨の交換を行うと同時に、**金利の交換**も行われます。金利は各国で異なるため、差額を調整する必要があり、その金利差調整ぶんがスワップポイントです。

FXのスワップポイントは、政策金利（中央銀行が民間の銀行に対して提示する短期金利の利率）に連動しています。

たとえば、**低金利の通貨を売り、高金利の通貨を買えば、スワップポイントが受け取れます。**逆に、高金利通貨を売って、低金利通貨を買った場合はスワップポイントの支払いが発生します。また、低金利通貨と高金利通貨の「通貨ペア」を保有することでもスワップポイントが得られます。

日本円を売って、トルコリラを買った場合

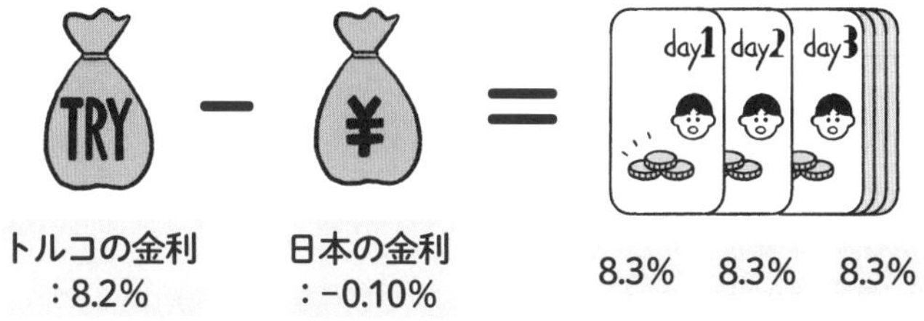

低金利の通貨を売って、高金利の通貨を買った場合に、そのポジションを翌営業日に持ち越す（ロールオーバー）ことで、スワップポイントが受け取れる。反対に、高金利の通貨を売って、低金利の通貨を買ったら、スワップポイントぶんの支払いが生じる

(3) FXの主なリスク

FXの主なリスクには、以下の3つがあります。

①為替変動リスク　FXは為替変動を予測して差益を狙う投資方

法のため、為替が予想通りに動けば利益が出る反面、予想に反した値動きをすれば、大きな損失が出ることになります。

②**金利変動リスク**　スワップポイントは、低金利通貨と高金利通貨を同時に保有しているだけで得られますが、政治的・経済的理由で政策金利が逆転すると、スワップポイントがマイナスになる可能性があります。その場合、通貨ペアを保有している限り、一定の金利を支払わなければならなくなります。

③**流動性リスク**　通貨の取引量が少なく、流動性が低い場合、売り手と買い手が十分にいないため、希望するタイミングでの取引が成立しづらくなります。

そのほかに、注文操作中に相場が大きく変動した場合に注文した価格と約定価格に差が生じるスリッページ、FX事業者のシステム障害により希望するタイミングで決済できず、損失が発生してしまうリスクなどもあります。

（4）FX取引のコスト

FX事業者に支払う手数料のほか、税金の仕組みが少し複雑です。FXの為替差益やスワップポイントは**所得税の「雑所得」のなかの「先物取引に係る雑所得等」に分類されます。**雑所得のなかでは、給与所得などほかの所得とは区分された「申告分離課税」となり、所得税15%、復興特別所得税0.315%、住民税5%の合計20.315%がかかります。また確定申告が必要となる場合もあります。

FXの損益通算は、「先物取引に係る雑所得等」に区分される日経225先物取引、日経225先物・オプション取引、商品先物取引などで可能です。FXの損失は、確定申告することで翌年以降3年間にわたって繰り越せます。繰越控除を適用する場合、FXの損失に関する計算明細書を添付して申告することが必要です。

金《きん》投資のキホン

金（ゴールド）は金地金（ゴールドバー）やコインを売買する実物投資のほか、純金積立、金ETF、金先物取引といった金融商品もあります。世界の貿易で最も多く使われている通貨は米ドルのため、ゴールドの価格は為替の影響も受けます。そのため、ドルが高いときには売られやすく、ドルが安いと買われやすい特徴があります。

（1）リスクヘッジとしての金

金は保有しているだけでは配当や利息を生みませんが、紛争や金融危機などで投資家がリスク回避姿勢を強めたとき、金融資産などに比べて相対的に安全な実物資産としての需要を生んで、価格が上がることがあります。これがいわゆる**「有事の金」**です。

実際、一般的には、**株式が高ければ金は安く、株式が安ければ金は高くなる**傾向があるため、リスクヘッジ資産として重宝されてもいます。

(2) 金投資の主なリスク

金投資には現物、ETF、純金積立とさまざまな方法があり、それぞれのリスクも違います。次に挙げるリスクに加えて、現物資産の金には紛失、盗難の危険もあります。

①為替リスク

基本的に円建ての金の小売価格は、ドル建てを円換算したものです。金価格はドル円の為替レートの変動の影響を受けます。

②現物の金は、利子や配当を生まない

現物の金を保有している場合、それだけでは利益は生まれません。

③純金積立の場合、運営会社の破綻リスク

純金積立で購入した金は運営会社が管理するため、破綻リスクがあります。顧客から預かった純金を区別して保管する「特定保管」を行う会社の場合、倒産時の純金は保証されますが、手数料等が高くなる傾向にあります。そのため、保管中は会社に所有権が移転する「消費寄託」方式をとる会社が多数です。

(3) ゴールド投資にかかるコスト

金地金は**買い付け時には消費税を支払い、売却時には消費税を受け取ります。**売却益は所得税の「譲渡所得」として課税され、確定申告が必要になる場合もあります。

iDeCoやNISAを知っておきたい

投資によって資産を増やすためには、投資にかかるコストについても把握し、いかにそれを抑えていくかという視点も大切です。投資で得た利益を再投資してこそ、複利効果で資金を大きくしていくことができます。

投資にかかる税

所得税は**階段式の累進課税**となっていて、すべての所得を合計したうえで、各種の所得控除を差し引き、適切な累進課税率をかけて納税額を計算します。所得の高い人ほど税金を多く納める仕組みです。

累進課税とは?

課税所得	税率区分	控除額
4000万円以上	45%	479万6000円
1800万円以上～4000万円未満	40%	279万6000円
900万円以上～1800万円未満	33%	153万6000円
695万円以上～900万円未満	23%	63万6000円
330万円以上～695万円未満	20%	42万7500円
195万円以上～330万円未満	10%	9万7500円
0円以上～195万円未満	5%	0円

※給与などの課税所得には、累進課税が適用される
出典：国税庁

しかしそのなかで、ほかの所得と合計せず独自の税率をかけて税金を計算する「**分離課税**」があります。退職金を受け取ったと

きなどに税負担が著しく大きくなってしまうことに配慮してのものですが、株式投資などの税金も、この分離課税が採用されています。これは投資対象によっても異なり、なかには、暗号資産のように、総合課税されるものもあります。

<table>
<tr><th colspan="2">総合課税</th><th colspan="2">分離課税</th></tr>
<tr><td colspan="2">全部で8種類。それぞれの所得を一旦合算し、その合計額に税率をかけて税額を算出する</td><td colspan="2">ほかの所得と合算せず、単独で税率を計算する。内容によっては総合課税となるものもある</td></tr>
<tr><th>給与所得</th><th colspan="2">譲渡所得</th><th>退職所得</th></tr>
<tr><td>勤務先から受ける給料、賞与などの所得</td><td rowspan="2">株式、土地、建物以外の資産（絵画やゴルフ会員権など）を売却したときの所得</td><td rowspan="2">株式、土地、建物などを売却したときの所得</td><td rowspan="2">退職により勤務先から受ける手当、社会保険制度などから支給される一時金などによる所得</td></tr>
<tr><th>事業所得</th></tr>
<tr><td rowspan="2">農業、漁業、製造業、サービス業など、営んでいる事業から生ずる所得</td><th colspan="2">雑所得</th><th>山林所得</th></tr>
<tr><td rowspan="2">公的年金、個人年金、外貨預金による為替差益、副収入の原稿料、講演料などの所得</td><td rowspan="2">先物取引（FX、商品先物、日経225、など）による所得</td><td rowspan="2">山林を伐採する、立木のまま譲渡することで生ずる所得。ただし、山林所得から5年以内は事業所得か雑所得になる</td></tr>
<tr><th>不動産所得</th></tr>
<tr><td rowspan="2">土地や建物など、不動産の貸し付けによる所得</td><th colspan="3">利子所得</th></tr>
<tr><td colspan="3" rowspan="2">預貯金及び公社債の利子、並びに合同運用信託、公社債投資信託及び公募公社等運用投資信託の収益の分配に係る所得。通常は「源泉分離課税」で申告不要</td></tr>
<tr><th>一時所得</th></tr>
<tr><td rowspan="2">生損保の満期金、懸賞やクイズの賞金、競馬の払戻金など、一時的に発生する所得</td><th colspan="3">配当所得</th></tr>
<tr><td colspan="3">株主や出資者が法人から受ける剰余金やその分配、利益の配当、基金利息、投資信託などに係る所得。課税方法が3つあり、条件を満たせば申告不要。もしくは総合または分離で確定申告</td></tr>
</table>

株式投資のキャピタルゲイン、インカムゲインは、給与所得からは分離され、それぞれ**20.315%の税金がかかります。**内訳は、所得税15%、復興特別所得税0.315%（2037年12月31日まで）、住民税5%です。

利益に合計20.315%が課税されると、**売却益や配当金の手取りはその8割の金額に満たなくなります。**また所得によっては、給与などにかかる税率よりも投資の税金のほうが高いという場合もあるでしょう。

個人の投資を促進するために、国が設けている**iDeCo、NISA、つみたてNISA**といった制度を利用して投資すれば、その期間中の税金はかかりません。内容を見ておきましょう。

iDeCoとはどんなもの？

iDeCo（individual-type Defined Contribution pension plan）は「個人型確定拠出年金」の愛称で、企業型確定拠出年金（企業型DC）などと同じく、私的年金の一種です。**60歳になるまで掛金を拠出して資産運用し、以降は老後の年金として受け取ることができます（2022年5月から、条件を満たす場合は65歳未満に拡大）**。2017年1月から大幅に対象者が拡大され、加入資格者は「原則20歳以上60歳未満のすべての人」となっています。

iDeCoの掛金上限

自営業者など
第1号被保険者
月額 6万8000円

会社員
第2号被保険者

第2号被保険者	退職金・企業年金あり	企業型DCのみあり
企業年金に加入している	月額1万2000円	月額2万円
企業年金に加入していない	月額2万3000円	

公務員など
第2号被保険者
月額 1万2000円

専業主婦(夫)など
第3号被保険者
月額 2万3000円

年金という目的から、原則として**途中で資金を引き出せない**という留意点はありますが、税金面からは3つのメリットがあります。

①掛金の全額所得控除

iDeCo の掛金には職業によって上限が設けられていますが、その全額を所得から控除できるため、所得税や住民税の節税につながります。

②運用益の非課税

通常 20.315%かかる税金が非課税扱いになります。

③受け取り時の控除

60 歳以降に老齢給付金として資産を受け取る際にも、「退職所得控除」や「公的年金等控除」の対象となります。

NISAとはどんなもの？

NISA（Nippon Individual Savings Account）は「少額投資非課税制度」の愛称で、少額からの投資を行うための非課税制度です。NISA には大きく分けて、NISA（一般 NISA）とつみたて NISA の 2 種類があります。

NISA 口座では、**毎年 120 万円（2015 年以前は 100 万円）ぶんの株式や投資信託などが購入でき、各年に購入した金融商品を保有している間の配当金や利益は、購入した年から数えて 5 年間、非課税**となります。非課税期間が終了したときは、保有している金融商品を翌年の非課税投資枠に移す（ロールオーバーする）か、一般口座や特定口座に移すこともできます。ちなみにロールオーバーするときに 120 万円を超えていても、そのまま新しい非課税投資枠に移すことができます。

NISA は 2023 年までの制度とされていましたが、後述のように、新制度の概要が発表になったことで、5 年間延長されて 2028 年までとなります。

ロールオーバーとは

NISA（一般 NISA）で購入した株式等の配当金や譲渡益は 5 年間非課税となる。これを新しい非課税投資枠に移行（ロールオーバー）することで、引き続き 5 年間非課税で保有・運用することができる。それによって非課税枠を使い切ることになるため、その年の新規買付はできない

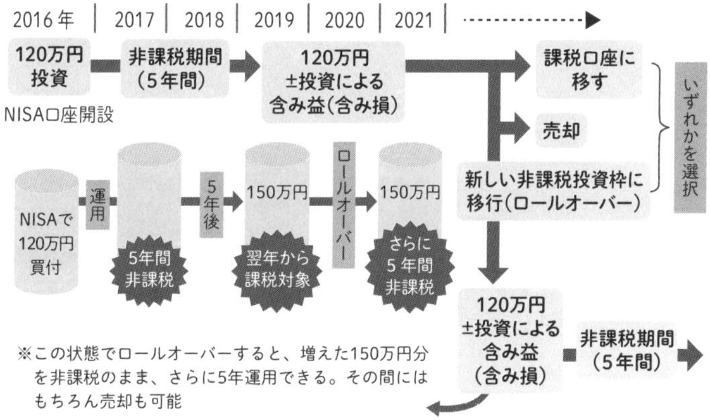

つみたてNISAとはどんなもの？

NISAよりも投資のハードルが低いのが、つみたてNISAです。こちらでは、長期・積立・分散投資に適した公募株式投資信託と上場投資信託（ETF）があらかじめ選択され、投資家はそこから選んで投資信託やETFを積み立てて資産形成ができます。**年間40万円ずつ最長20年間にわたって非課税で運用ができ、利益がすべて非課税**となります。

NISAで新制度の概要が発表になったことで、つみたてNISAも5年延長され、終了年が2042年となりました。

これらの制度には加入の上限額があるため、まずiDeCo、NISA、つみたてNISAなどを使い、それ以上の資金がある場合は証券会社の特定口座などで通常の取引を行うのが、非課税メリットを活用するという面からは望ましいでしょう。

	NISA	つみたてNISA	iDeCo
加入資格	20歳以上	20歳以上	20歳以上60歳未満(一部条件を満たす人は65歳未満まで延長可能に)
投資額上限	年間120万円	年間40万円	年間14万4000円〜81万6000円 ※月額最低5000円
非課税元本の上限	600万円	800万円	576万〜3264万円
解約、途中引出し	自由	自由	原則不可
NISAとの併用	—	不可	可
税のメリット	所得控除はないが、運用益が非課税。受け取り分についても非課税対象	所得控除はないが、運用益が非課税。受け取り分についても非課税対象	掛金が所得控除になり、運用益は非課税になる。受け取り分も一定額が所得控除になる
投資商品の種類	上場株式、投資信託、ETF、REITなど	金融庁指定の投資信託、ETF	投資信託、保険商品、定期預金
所轄官庁	金融庁	金融庁	厚生労働省

COLUMN

制度終了後の「新NISA」

NISA、つみたてNISAは、もともと期間限定の制度です。前述のように、NISAは2023年までの制度とされていましたが、5年間延長されて2028年まで、つみたてNISAも2042年まで5年延長されました。

2024年からの新制度では、**NISAを選択しても積立投資が必要**になります。NISAは2階建ての制度になり、「1階」部分はつみたてNISAと同様の一定の公募株式投資信託等が投資対象となり、年間の投資上限額は20万円です。「2階」部分は上場株式・公募株式投資信託等が投資対象となり、**年間の投資上限額は102万円**です。原則として、2階の非課税枠を利用するためには1階での積立投資を行う必要があります。ただし、NISA口座をすでに開設している人や、株式投資の経験者は、証券会社等に1階部分を利用しない旨を届け出ることで、2階部分だけを利用することもできます。

このように、大きな変更があるのはNISAのみです。すでに、つみたてNISAのほうを選んでいてこれからも継続したい人、今後つみたてNISAを選ぶ予定の人は、2042年まで5年延長された点のみが変更点で、そのほかの違いはありません。

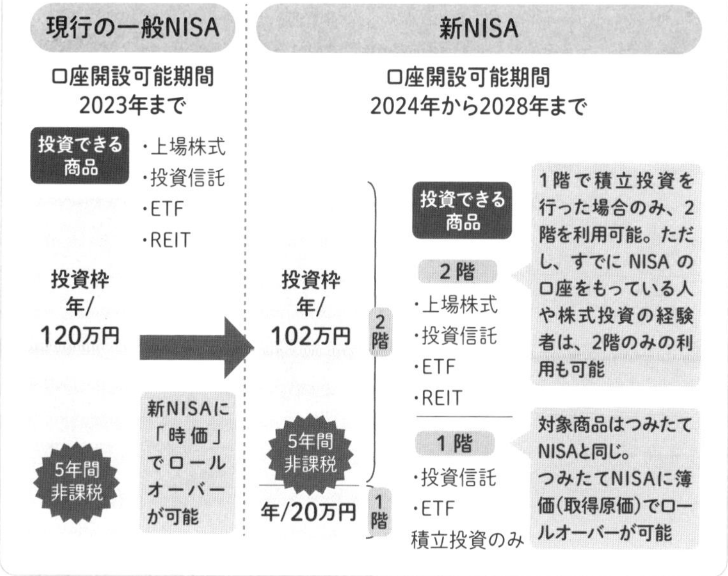

投資で損失が出たらどうする？

ここまでの金融商品の紹介でも触れてきましたが、課税される口座で取引する場合、損失を出した場合の「**損益通算**」や「**繰り越し**」についても簡単に説明しておきます。

株式等の投資で損失を出したとき、基本的には利益と損失を相殺(損益通算)させることができます。相殺してもまだ損失が残ってしまう場合には、翌年以降に損失を繰り越すことができます。

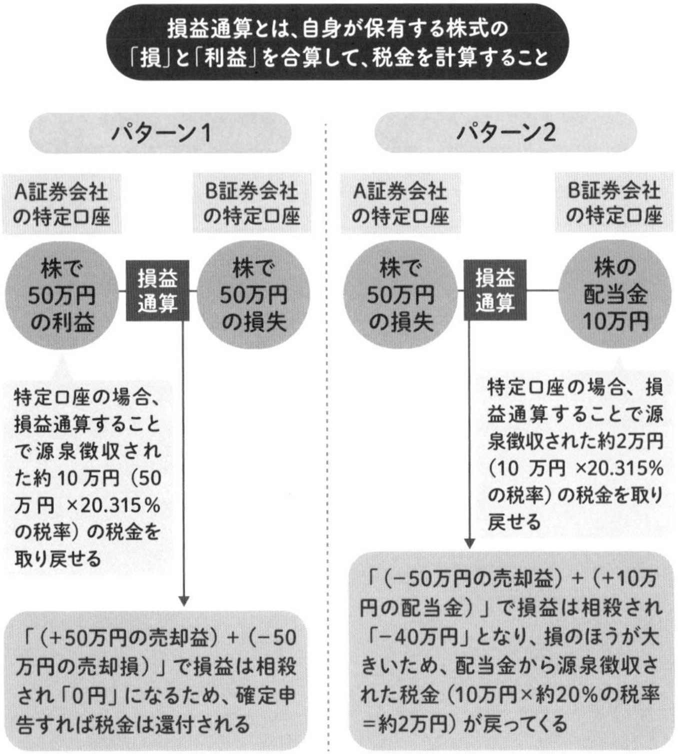

損益通算の基本のステップは後述の通りです。まず、同じ口座内で利益と損失が出た場合は、口座内で相殺できます。また複数の会社に証券口座をもっていて、損失と利益がある場合は、確定申告をすることで、払いすぎた税金が還付されます。ただし、損益通算にはルールがあり、株式と投資信託、ETF、J-REIT、国債や社債といった損益通算ができる大きなグループもあれば、同じ種類の金融商品間でしか損益通算できない場合もあります。

現物株、株式投資信託、公社債投資信託、J-REIT、ETF、国債、地方債、外国債、公募公社債といった債券の売却益や配当、分配

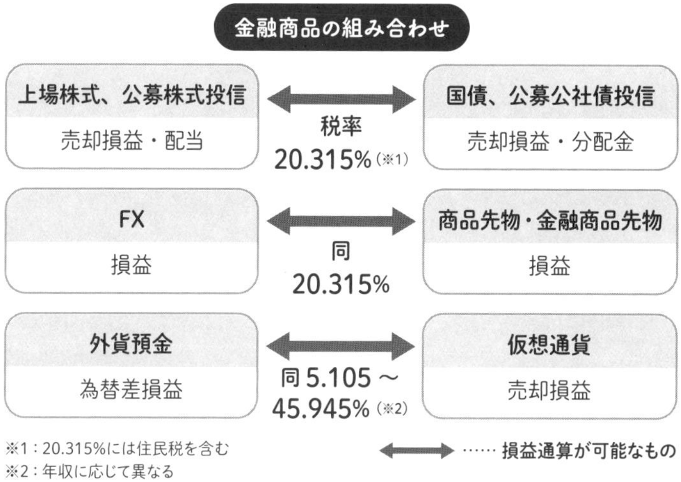

金は、原則として利益と損失を損益通算できます。簡単なステップを見ていきましょう。

（1）同じ口座内で損益通算する場合

株式や投資信託、ETF、J-REIT を売却して損失確定（ロスカット）し、売却損が出たとします。このとき、**特定口座の「源泉徴収あり」を選んでいる場合**は、自分の口座内での年間の譲渡損と、売却益や投資信託や債券の償還金、配当金などが口座内で損益通算され、そのうえで税金が自動的に徴収（源泉徴収）されるため、**1 年の年間利益がプラスの場合、何もする必要はありません。**一方でマイナスとなった場合は（3）の制度を使うことができます。

（2）複数の口座を損益通算する場合

複数の証券会社に口座がある場合や、特定口座と一般口座をもっていて、一方の口座で年間利益がプラス、他方でマイナスだった場合は、そのままにしておかず確定申告することで、プラスとマイナスを損益通算することができます。

(3) 上場株式等の譲渡損失の繰越控除制度

年間でトータルして損益を出した場合、確定申告をすると、**「上場株式等に係る譲渡損失の損益通算及び繰越控除」**の制度によって、翌年以降、最大３年間にわたって上場株式等の譲渡益、及び上場株式等の配当等から控除することができます。

具体的には、現物株、株式投資信託、公社債投資信託、J-REIT、ETF、国債、地方債、外国債、公募公社債といった債券の売却益や配当、分配金等です。**この制度を利用する間は、毎年、必ず確定申告が必要になります。**

ちなみに、非課税制度のNISA、つみたてNISAで損失を出した場合には、この制度は使えません。

上場株式等の譲渡損失の繰越控除制度（イメージ）

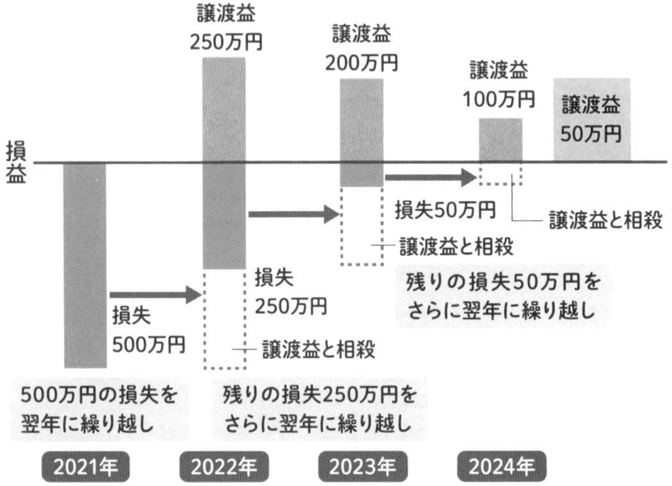

第2章

政治で投資環境はどう変わる？

政府はどんなことをしている？

私たちの暮らしは通常、市場経済のなかで成り立っていますが、なかには公共サービスのように採算がとれなくても行わなければならないものもあります。徴収した税を管理し、必要なお金を支払うなど国や地方公共団体が行う経済行為を財政といい、政府による景気対策などを反映した政策のことを財政政策といいます。

財政政策とはなんだろう

財政政策とは、国や地方公共団体などの公的機関が行う景気対策をはじめ、経済に影響を及ぼそうとする政策です。具体的には、歳入面では**増税や減税、国債発行の増減**、歳出面では**公共事業の拡大や縮小を管理**することで総需要の調整を図ります。

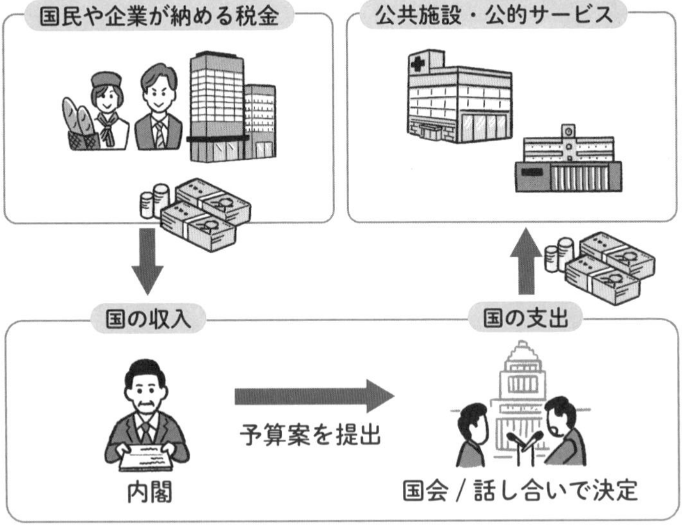

(1) 歳入・歳出はどうなっている？

国や地方公共団体の1年間（会計年度）の収入のことを歳入、支出のことを歳出といいます。日本の内閣では、**年度はじめの4月から年度末の翌年3月にどれくらいの歳入があり、どのくらいの歳出が見込まれるか計算**し、何にいくら使うかという予算案を作成して国会に提出し、国会で審議します。

国の予算といえば、通常は一般会計を指します。一般会計の歳入は、租税及び印紙収入と、公債金（国の借金）で構成されています。たとえば2021（令和3）年度の歳入は、当初予算で約107兆円ですが、うち**約54％は所得税、法人税、消費税といった租税及び印紙収入、約41％は公債金（借金）に依存**しています。公債金は、将来の税収などで返済されることになります。わが国の財政が、しばしば将来世代へ負担を先送りしているといわれるのはそのためです。

国の一般会計歳入額 内訳（2021年度当初予算案）

※政府案ベース

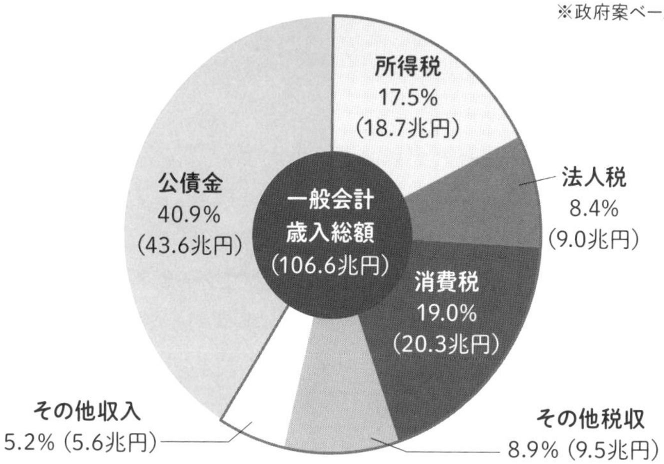

出典：財務省

一般会計歳出は、**「社会保障関係費」**のほか、国が調整して地方公共団体に配分する**「地方交付税交付金等」**、道路や住宅整備などの**「公共事業関係費」**、教育や科学技術発展のための**「文教及び科学振興費」**、国の防衛のための**「防衛関係費」**などに使われています。

国の一般会計歳出額 内訳（2021年度当初予算案）

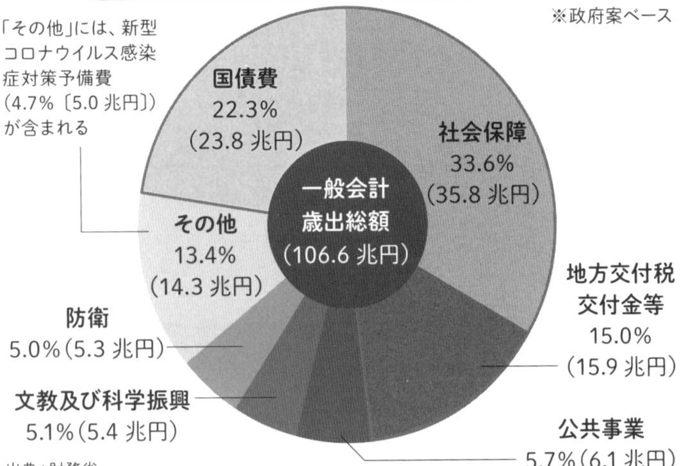

出典：財務省

（2）お金は何に使われている？

歳出の内訳、つまり税金（と借金）の使いみちのなかで３割強と最も多くを占めるのが社会保障関係費です。社会保障とは、**医療、年金、福祉、介護、生活保護などの公的サービス**を指します。

日本の社会保障といえば、1960年代は失業対策や生活保護が中心でした。しかしその後、医療保険や年金制度などの社会保険や、老人福祉を中心とする社会福祉、介護などに重点が移っていきます。

社会保障制度は、基本的には国民が支払う保険料による支え合いです。しかしそれでは現役世代に負担が集中するため、税金等でも賄われています。さらに、急速な高齢化で社会保障の給付と負担が経済の伸びを上回って増大すると見込まれており、安定した制度持続のための構造改革が望まれています。

COLUMN

少子高齢化が進むとどうなる？

少子高齢化とは、出生率が下がり、65 歳以上の高齢者の数が増えていくことを指します。日本では急速に高齢化が進むだけでなく、同時に少子化も進行しています。そして 21 世紀半ばには、**国民の 2.5 人に 1 人が 65 歳以上の高齢者**という超高齢化社会が来るといわれています。

少子高齢化、それにともなう人口減少は、日本経済の供給面と需要面の両方にマイナスの影響を与えます。

供給面から見た場合、そもそも経済成長の要因は、労働投入、資本投入、生産性に分けられますが、少子高齢化で **15 歳以上 65 歳未満の「生産年齢人口」が減る**ことで、まず労働投入が減ります。また仕事を引退する人が増え、貯蓄を行う人に比べて貯蓄を取り崩して生活する人が増加すると、国全体としての貯蓄率が低下して、資本投入量が減少する可能性もあります。

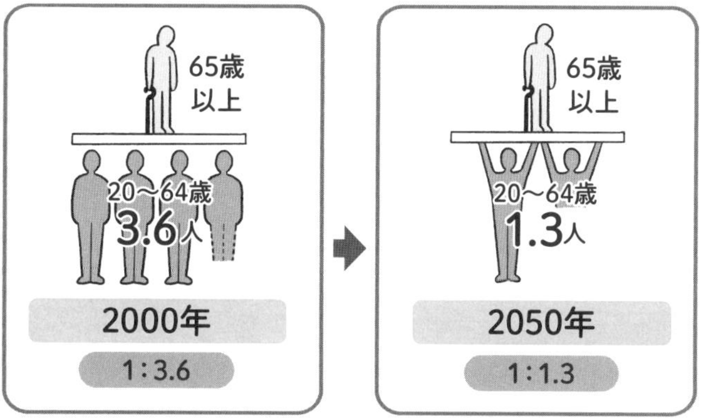

需要面から見た場合は、**医療・介護サービスなど一部の分野では国内需要が増えるものの、その他の多くの分野で、国内需要を引き下げる**ことが考えられます。

さらに、今の社会保障制度の構造を変えずに放置した場合、年金や医療の負担が上昇を続け、これまでの税の仕組みでは、現役世代が高齢者を支えることが難しくなってしまいます。

歳出のうち、社会経済活動や国民生活、国土保全の基盤となる施設の整備等に使われるのが**公共事業関係費**です。具体的には、道路、港湾、住宅、下水道、公園、河川の堤防、ダムなど幅広い設備の整備をするために使われます。

これらの公共投資は、工事に必要な建設資材や建設機械への需要を生み、また工事を受注した会社に生産増をもたらし、さらに人手が必要になることで雇用が増えるなど幅広く波及していくため、大きな経済効果があるとされています。ただ、歳入との兼ね合いからも、今後は、投資規模を抑制しながら、より重点的・効率的に整備を進めていかなければなりません。

(3) 財政の課題はどんなこと？

国の政策や事業には、すぐに行わなければならないものも多くあります。歳入の不足分を補うために国は国債を発行し、たとえば2021年度は約44兆円の新規国債が発行され、年度末の公債残高、つまり借金の残債は約990兆円になると見込まれています。

そもそもこれまでも、税収はバブル経済が崩壊した1990年度を境に伸び悩む一方、歳出は伸び続けており、差額は借金である公債の発行で賄われてきました。1990年度と比較すると、歳出では社会保障費が大きく伸びており、歳入では、**税収などに対し**

て公債金は約8倍に増加しています。

日本の債務残高は国の経済規模（GDP）の2倍を超えており、主要先進国のなかで最も高い水準にあります。

プラスα 国債の役割と課題

国の支出は、国民の健康や生活を守る社会保障、道路や住宅整備を行う公共事業、国防のための防衛関係というように、国が行うべきことで占められています。しかし前述のように、税金で賄えるのは約6割でしかないため、残りの約4割は公債金で補っているのが現状です。**国が新規国債を発行すれば、そのぶん財政赤字が増える**ことになります。

理論的には、国債を大量発行すれば、需要と供給の関係によってすでに発行されている国債の価格が下がり、国債価格が下がれば利回りが上がることになるため、その影響を受けて民間の貸出金利も上昇します。すると、物価が上がってインフレ傾向が予想されます。

ただ、金利が上がると資金調達がしづらくなるため民間投資が減り、経済活動が抑制されてしまいます。そうしないためには「金融緩和」政策を行い、景気が上向くまで金利を上げないことが欠かせなくなってきます。**財政政策と金融政策はセットで行われることが重要**で、これは、日本のアベノミクスが目指していたことを把握するうえでも役立ちます。

緊縮財政と積極財政はどう違うのか

政府が財政支出を活発化させ、国民生活をより広範囲に支えることを「**積極財政**」といい、反対に、可能な限り支出を抑えて歳出を少なくすることで赤字を減らし、将来の増税を回避するなどの政策を「緊縮財政」といいます。

昨今では、2021年6月にオンラインで開催されたカナダ、フランス、ドイツ、イタリア、日本、イギリス、アメリカの7か国財務大臣・中央銀行総裁会議（G7）で、新型コロナウイルス感染拡大の影響で落ち込んだ世界経済を回復させるため、積極的な財政政策の継続を確認しました。

（1）積極財政はどんなもの？

政府が財政支出を増やすことで、景気拡大を優先することが積極財政の大きな目的ですが、なかでも重要なのが景気対策です。**景気が悪くなると、政府は公共事業の増加や経営が悪化した企業への支援、失業者の救済などの経済対策を実施します。**また、減税によって企業や国民の負担を軽減、経済活動を活発化させることも、経済対策の一環です。

最近の積極財政の例は、アメリカのバイデン政権が2021年3月、主に新型コロナ対策として1.9兆ドル（約200兆円）の大型追加経済対策を「American Rescue Plan（米国救済計画）」として成立させました。2020年3～12月に発動された経済対策と合わせると約5.8兆ドル、アメリカの名目GDPのおよそ3割にあたります。リーマン・ショック時の同国の経済対策が2008～09年で1.5兆ドルだったことを考えると、その規模の大きさがわかります。さらに「American Jobs Plan（米国雇用計画）」として、インフラや研究開発に2兆2500億ドル規模を投資する計画案を提示しました（その後、減額案を提出）。これらのことから、アメリカが一気に積極財政へ方向転換したことがわかります。

では積極財政が発表されると、市場はどう反応するのでしょうか。これもアメリカの例ですが、2016年にトランプ氏が次期米国大統領に選出され、積極財政政策が発表されたとき、マーケットはこれを好意的に受け止め、ダウ平均株価は史上最高値を更新しました。

しかし、積極財政とは基本的に、一時的に行うものです。**積極財政が展開されると、企業や個人が政府に頼りきりになり、本来の成長力を失う恐れがあります。**さらに積極財政の度が過ぎて国家の財政が悪化する、景気が回復しすぎて悪いインフレへの懸念が出てくると、経済の先行きに不安も生じます。

たとえば**金利が急速に上昇することになれば、株式をはじめとするリスク資産から債券など別の資産に資金が移動する**ため、株価は逆方向に動いて価格の低下を招く恐れがあります。さらに、投資でもマイホーム購入でも、不動産購入は通常、金融機関からの借り入れで行うことが多いため、金利上昇は購入意欲を低下させることになります。

投資家にとってもコストが増えて利益が減ることにつながるため、積極的な買い手が減って不動産価格の伸び悩みが起こる事態も考えられます。

プラスα　法人税の減税のメリット

法人税率が下がれば、海外企業の誘致や投資拡大が期待できます。また日本の場合、円高を理由に多くの製造業が海外に進出した結果、国内産業の空洞化が課題となっていました。減税はそうした企業を国内回帰させるきっかけとなるかもしれません。

個々の会社への影響としては、**純利益の増加で投資に資金が回るようになり、設備投資や新規事業への追い風**となります。賃金の上昇、人材開発といった労働者への投資も期待できます。

また、法人税の減税は外国人投資家へのアピールにもなりやすいといわれます。たとえば、2013 年 6 月、政府の成長戦略に法人税減税が盛り込まれなかった際には株安が進みました。しかしその後、当時の安倍晋三首相が法人税の実効税率の引き下げを検討するよう関係府省に指示したと報じられると、日経平均株価は大幅高となりました。

ちなみに国際的な流れとしては、2021年6月のG7財務相会合で、法人税の最低税率を15%以上とする案で一致しています。

(2) 緊縮財政はどんなもの？

緊縮財政とは、赤字削減や将来の増税回避のための対策として、可能な限り支出を抑え、歳出を少なくする財政政策です。

景気が過熱した際にとられる緊縮財政もあります。好景気はいいことですが、**景気上昇に歯止めがかからなくなると、物価が上がり続ける急激なインフレへの懸念が生じます。**景気は循環しますから、過熱した景気がいつか弾ければ、今度は大不況の恐れが強まります。そうした事態を避けるため、政府は増税などの手段で、過熱状態を冷まして、景気を徐々に戻そうとします。

増税とは、企業や個人のお金が、より政府に吸い上げられていくイメージです。つまりそのぶん世の中のお金が減少するので、**お金の価値が上がり、相対的に物価が下がる**ことになります。また増税によって、企業や個人は支出を抑えるようになることから、結果的に消費が減り、実質GDPの低下につながります。

緊縮財政に対する金融市場の反応ですが、多くの場合は嫌気《いやき》されるものの、2009年に債務不履行に陥ったギリシャのように、財政危機を回避するための緊縮財政なら、プライマリーバランスの改善を期待し、好感されます。

プラスα プライマリーバランス（PB）とは

国や地方自治体の基礎的な財政収支のことを「プライマリーバランス（Primary Balance）」といいます。簡単にいうと、**税収入などの歳入で歳出が賄えているときはプライマリーバランスがプラスとなり、国債といった借り入れをしないと歳出が賄えない場合はマイナスになります。**日本のPBは赤字で、政府は「2025年度の黒字化」を目指して財政再建を進めていましたが、新型コロナウイルスの感染拡大による大規模な財政出動などの影響で、実現が厳しくなっています。

プライマリーバランスの説明図

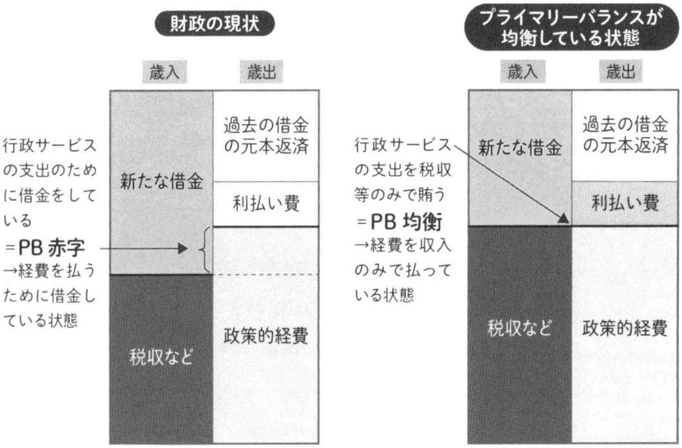

出典：財務省

政治的景気循環とはなんだろう

政治の動向と経済は、一見別のものと捉えられがちですが、経済学の理論のなかには、政治動向は経済動向とリンクしていると考える「政治的景気循環論」があります。これを知っておくと、経済への影響を考えながら政治ニュースが読めるようになります。

「政治の安定」は何をもたらすのか

日本の政治はかつて**「官僚主導」**といわれていました。特に戦後の経済発展期には、日本の経済成長の源泉は終身雇用制の日本型雇用と、優秀な官僚たちが経済や産業を主導して競争力を高めていることにある、と海外からも評価されていました。1950年代半ばから始まった高度成長期を経て、その後1990年代頃までは、官僚主導の政策が産業界を後押しする経済成長政策が機能した時代でした。

しかし、1990年代初頭のバブル経済の崩壊によって、日本経済は長い低迷期に入り、前例主義になりがちな官僚主導の体制では、ものごとがスピーディに進まないなどの不具合が生じました。構造改革の必要性が高まり、折しも官僚の不祥事が相次ぐといった背景もあって、橋本龍太郎首相（当時）がリーダーシップをとって**政治主導に向けた政治・行政改革**が進められました。

時を経て、2012年12月に発足した第2次（以降）の安倍政権では、「三本の矢」「働き方改革」「一億総活躍」といった新政策を打ち出し、特に黒田東彦《はるひこ》日銀総裁と協調しながら進めた金融政策**「アベノミクス」**によって経済成長率、雇用情勢、物価の改善を実現し、当初は一定の成果を上げました。

アメリカや欧州ではポピュリズムが台頭し、中東をはじめとした地域での地政学リスクがあるなかで、2017年10月の衆議院議員総選挙で自民党が大勝し、長期政権が維持されます。政治の安定は投資家から好感され、主に**外国人投資家の買いによって日経平均株価が上昇する**結果となりました。

反対に、政治の不安定が経済にどう影響するのかについても振り返ってみます。

長期政権だった小泉内閣が2006年9月に終わった後、第2次安倍内閣発足まで、ほぼ1年ごとに6人の首相が代わりました。国会で野党会派が参議院の過半数の議席を占める、いわゆる「ねじれ」状態のなかで、予算、税制、法律といったさまざまな政策決定が遅れることになったのです。

企業にとっては、このように政治が不安定な状況では政策の見通しが不確実なため、長期視点の投資計画が立てづらくなります。個々の会社は、設備、研究開発、人材採用といった分野で投資を行いますが、政権・政策が不安定な場合、落ち着くまで待つという判断になりがちで、それらの投資に消極的になります。消費者にとっても、補助金や税制の変更を視野に入れると、大きな買い物の計画は立てづらくなるでしょう。

政治によって変わる可能性のある労働市場制度、環境規制、電力市場制度の不確実性も、長期的な投資を先送りする原因となり、巨額の投資資金が動くこうした投資は、そのときの景気だけでなく、経済成長に与える影響も大きいのです。

プラスα 国策に売りなし

相場格言に「国策に売りなし」というものがあります。国策とは文字通り、国が、国家目的を遂行するための政策です。たとえば「デジタル庁」「こども庁」といった新省庁の設立や、脱炭素といった国の政策は毎日のニュースに頻出しています。こうした、

国が推し進める分野やその関連企業には追い風が吹き、全体的に業績が伸びやすい、つまり株価が上がることが期待できるかもしれない、という臆測を生んで買われるようになります。すなわち、国策が業績を後押ししそうな会社の株は、売らずに買うべき、というのがこの格言の意味です。

選挙は経済にどう影響する？

ところで、政治的につくり出される経済変動を**「政治的景気循環」**といいます。これは、「政治家は政権の維持にのみ関心がある」と仮定した場合、**選挙のタイミングと財政・金融政策は重なりやすく、経済動向は政治家、特に与党の動向に左右されやすい**という考え方です。たしかに、選挙が近づくと増税の話は聞かれなくなり、与党は財政支出を拡大して景気アップを目指します。しかしそのままだと財政がもたなくなってしまうため、選挙で無事政権が維持できて安定してきた頃に与党はそれまでの態度を一変させ、増税の話が再び浮上することになります。

このように政治や選挙のタイミングと経済の流れが非常にリンクしていることは、データと計量経済学の手法を用いて実証されています。アメリカで行われた研究では、1957年から2004年のアメリカ大統領選挙の時期とアメリカの中央銀行ともいえるFRB（連邦準備制度理事会）による金融緩和のタイミングがリンクし、その動きが循環していると報告されています。つまり、**4年ごとの大統領選のタイミングで景気の山と谷が発生しやすくなっていた**というわけです。

COLUMN

内閣支持率は日経平均に影響あり？

内閣支持率と株価収益率に因果関係はあるのか。統計数理研究所モデリング研究系教授の川崎能典《よしのり》氏による研究を紹介します。

1978年3月から2015年11月までの内閣支持率の月次データをとり、内閣支持率と日経平均の株価収益率との因果関係を分析したこの研究によれば、まず、内閣支持率から株価収益率への因果性は見られませんでした。一方で、**株価収益率から内閣支持率への因果性は統計的に有意に見られる**、ただし、支持率の変動の説明という観点からはごく限られた影響にとどまるというべき、と結論づけています。ちなみに、内閣発足直後は「ご祝儀」的な期待感を込めて支持率が高めになるという「ハネムーン効果」を考慮しても、結論は変わらないとしています。

「衆院選＝株高」とはなんだろう

政権与党には、できるかぎり政権を長期に安定させたいインセンティブが働いています。首相は衆議院の解散・総選挙の理由やタイミングを決めることができ、さらには選挙の前を狙って財政政策や金融政策などを総動員することも可能です。**企業への好影響が期待されて株価が上がりやすくなり、その勢いで選挙に突入する。**このように、政権与党が選挙前の景気高揚のシナリオを描くこともできます。

たとえば2014年11月18日、安倍首相（当時）は、衆議院の解散と、消費税率の10%引き上げを17年4月まで延期することを表明しました。消費税については14年7～9月期のGDP(国内総生産）がマイナスだったため、このまま消費税を上げると個人消費を再び押し下げ、デフレ脱却も危うくなるため、延期を判断したという理由でした。また、国民生活に重い決断をする以上、国民に信を問うべきであると考えた、とも強調しました。

実は、安倍首相の発表前から消費税増税の延期観測は強まっており、消費財関連銘柄の株価はすでに上昇していました。11月13日に衆議院解散をめぐって与党幹部の発言が相次いだことが報道されると、株価は一段と上がりました。12月14日に行われた総選挙では、自民党が291議席を獲得し圧勝しました。

また2017年10月22日の総選挙は、市場では与党が過半数を維持し、アベノミクスによる金融緩和と財政政策がしばらく続くという見方が大勢でした。安倍首相が18年9月の自民党総裁選挙で勝利すれば、21年9月までの長期政権となるという見通しから、政策の一貫性が保持され、長期安定政権は外国人投資家の支持を集めやすいと予測されました。結果は与党自民党が284議席で圧勝し、公明党と合わせて3分の2超の議席を確保しました。

2017年10月の日経平均は**外国人投資家の積極的な買いが入り、2日から24日まで連騰**しました。国内企業の業績好調に加えて、衆院選で与党が圧勝し、政権が進めるアベノミクスや緩和的な金融政策が持続するとの安心感が広がったことが理由とされます。

こうしたことがしばしば起こるため、**「解散総選挙といえば株高」**という連想から、本当に株高になるのかといった議論も生まれます。実際その通りになるとは限りませんが、過去のデータではたしかに株高になることが多いようです。

ただ、投資家の買い判断は、雇用対策、国債、公共事業のどれか1つだけが決め手になるわけではありません。経済対策のうち、直接的な支出などの実際に経済生産を押し上げる効果のある、いわゆる**「真《ま》水《みず》」の財政政策の規模や、その実効性の現実味によって期待はつくられていきます。**

政治家による選挙前の発言よりも、実際にどの程度の財政支出と事業規模の経済対策が行われ、補正予算がどう編成されるかのほうが、株価の値動きの材料になるのです。

景気がいい・悪いはどう決まる？

経済を構成する「人、モノ、お金」が活発に動いていれば企業の業績が伸び、株価が上がるので「景気がいい」状態になります。景気の判断には、さまざまなデータ（経済指標）が活用されており、知っておくと投資判断にも活用できるでしょう。

景気の「波」は繰り返す

「景気」とは経済状態のことを意味し、景気がいい（経済状態がいい）なら**「好景気（好況）」**、悪ければ**「不景気（不況）」**になります。個々の会社を見れば、好景気なのに倒産する場合も、不景気であっても業績を伸ばす場合もありますが、地域全体、日本全体をマクロの視点で見て、経済活動全般の動向として良し悪しが判断されています。

このように経済活動全般の動向として見たとき、期間に差はあっても、景気には波があり、好景気が続けばやがて不景気になるというように、好景気と不景気は順番にやってきます。これを、**「景気循環」**といいます。

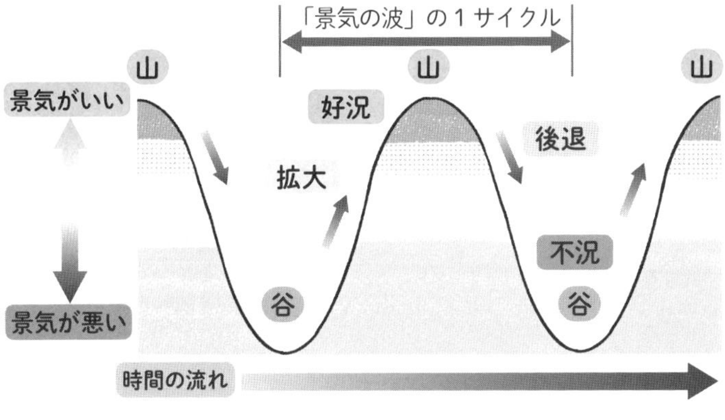

具体的には次のような流れで説明できます。好景気のときは、かつてのバブル景気のように人々の購買意欲が増し、モノが売れるようになります。すると、それをつくる会社の業績が上がり、社員の給与も上がります。**会社は強気になり、機会を逃すまいと設備投資をして商品を増産します。**

しかし、やがて消費者の需要は頭打ちになり、供給のほうが多い状態になります。そうなると売れない商品を在庫として抱えることになり、会社は生産量を下げます。**やがて業績は落ち、経営陣は経費削減や賃金の削減を強いられます。**給与が下がって人々の購買意欲は減退する、それが波及した状態が不景気です。

ただ、モノの値段は永遠に下がるわけではなく、どこかで下げ止まります。また人々も、不景気のなかでも必要なモノは買うので、再び消費は上向いていきます。すると会社の経営陣は再び商品を増産し、設備投資も行うようになる。これが景気の循環の仕組みです。

景気と人・モノ・お金の循環イメージ

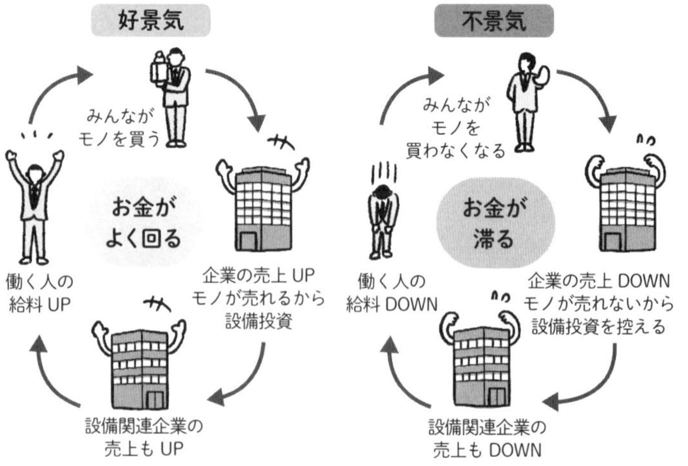

ちなみに、景気循環にはさまざまなタイプがあるといわれ、提唱した学者の名前がつけられています。短い順に紹介すると、在庫の増加や減少に起因する、約40か月周期の**「キチン循環（短期波動）」**、設備投資の変化が引き起こす、約10年周期の**「ジュグラー循環（中期波動）」**、建物の建て替えといった建設需要による、約20年周期の**「クズネッツ循環」**、画期的なイノベーション（技術革新）による、約50年周期の**「コンドラチェフ循環（長期波動）」**がよく知られています。

もちろん、実際にはさまざまな要因が加わってくるので、必ずしもこれらの通りになるわけではありません。

どうやって景気を客観的に把握する？

これまでの話をまとめれば、経済を構成する「人、モノ、お金」が活発に動いていれば企業の業績が伸び、さらなる業績拡大への期待によって株価が上がるので「景気が良くなる」、停滞すれば企業の業績が悪化し、さらなる業績悪化への懸念で株価が下がるため「景気が悪くなる」ということになります。

つまり、異なる動きをする「人、モノ、お金」をそれぞれに把握することで、景気の先行きが読めるはずです。そのためには、さまざまなデータが必要になります。

ここで、投資家の目線になってみましょう。投資の基本は「安く買い、高く売る」ことです。そのためには、有望そうな投資対象にお金を投じるのが合理的です。そこで、世界に数ある投資対象のなかで、有望だとして注目するきっかけとなるもののひとつが、**「経済指標」**です。

投資に国境はなく、プロも個人投資家も、同じマーケットで投資をしています。もちろん、資金の差は大きく、世界のマーケットでは、各国の年金資金などを運用する機関投資家や、プロが運用するファンド（投資信託）による、巨額の資金が動いています。

そして日本の株式市場における取引で、その売買代金シェアの約7割を占めるのは、外国人投資家といわれる海外の機関投資家やファンドです。**景気に先行するとされるような日本や世界の経済指標が良ければ、日本株に注目が集まり、外国人投資家が日本株を買えば、実際に株価が上がっていく**流れとなっていくでしょう。

投資に関する教養として経済指標を知っておくことはもちろん大切ですが、それらを知ることは、世界の投資家と同じ目線をもつ、という意味でも重要なのです。

(1) 景気動向指数とはどんなもの？

まず、日本の景気全体の現状を知り、また将来の動向を予測するときに使われる代表的な経済指標が、内閣府によって毎月公表される**「景気動向指数」**です。

景気動向指数には、景気変動の大きさや、景気の加速や減速がどのくらいのテンポ（量感）で進んでいるのかを示す**コンポジット・インデックス（CI、Composite Indexes）**と、「良い」「悪い」といった景気の波及度を測定する**ディフュージョン・インデックス（DI、Diffusion Indexes）**の２つがあります。かつてはDIを中心に公表されていた景気動向指数ですが、景気を量的に把握することがより重要視されるようになり、今ではCI中心の公表形態になっています。

CIとDIを算出するためには、**合計30の基礎指標**が使われています。これは、景気全体の動きを捉えるために必要なデータで、景気の動きに対しての時間的な反応順に、**先行指数**、**一致指数**、**遅行指数**の３つの系列に分けられています。たとえば、数か月先の景気の動きを示す先行指数は、学卒者を除く新規求人数、東証株価指数など11種、現状を示す一致指数は、全産業の営業利益、鉱工業生産指数など10種、半年～1年遅れで反応する遅行指数は法人税収入など9種のデータによって算出されます。

2種類の指数

CI…変化の大きさを見る

DI…変化の方向性を見る

3つの系列により構成

先行指数

一致指数

遅行指数

景気動向指数 3つの系列

景気の動きに対して「いつ」反応を示すかで、先行系列（景気の動きを予測）、一致系列（景気の現状把握）、遅行系列（景気の事後的な確認）の3つに分けられ、先行系列、一致系列でプラスの項目が多ければ「今後、景気は良くなる」「景気は良くなっている」と考えられる

	先行系列	一致系列	遅行系列
1	最終需要財在庫率指数（逆サイクル）	生産指数（鉱工業）	第3次産業活動指数（対事業所サービス業）
2	鉱工業用生産財在庫率指数（逆サイクル）	鉱工業用生産財出荷指数	常用雇用指数（調査産業計、前年同月比）
3	新規求人数（除学卒）	耐久消費財出荷指数	実質法人企業設備投資（全産業）
4	実質機械受注（製造業）	労働投入量指数（調査産業計）	家計消費支出（勤労者世帯、名目、前年同月比）
5	新設住宅着工床面積	投資財出荷指数（除輸送機械）	法人税収入
6	消費態度指数	商業販売額（小売業、前年同月比）	完全失業率（逆サイクル）
7	日経商品指数（42種総合）	商業販売額（卸売業、前年同月比）	きまって支給する給与（製造業、名目）
8	マネーストック（M2）（前年同月比）	営業利益（全産業）	消費者物価指数（生鮮食品を除く総合、前年同月比）
9	東証株価指数	有効求人倍率（除学卒）	最終需要財在庫指数
10	投資環境指数（製造業）	輸出数量指数	
11	中小企業売上げ見通しDI		
	↓ 先行指数を算出	↓ 一致指数を算出	↓ 遅行指数を算出

この景気動向指数は、景気全般を示す基調判断など、政府が日本の景気に関する公式見解を示す報告書**「月例経済報告」**で発表されます。景気動向指数がデータであるのに対し、月例経済報告は企業の景況感なども踏まえ、総合的に判断して作成するため、政府に裁量の余地があります。

景気指数による基調判断の種類

「基調判断」は、「改善」「足踏み」「局面変化」「下げ止まり」「悪化」の5つに分類され、一致指数の傾向や推移から機械的に判断される

改善	景気拡張の可能性が高い
足踏み	景気拡張の動きが足踏み状態になっている可能性が高い
局面変化	景気の山・谷がそれ以前の数か月にあった可能性が高い
悪化	景気後退の可能性が高い
下げ止まり	景気後退の動きが下げ止まっている可能性が高い

景気動向指数と基調判断の推移

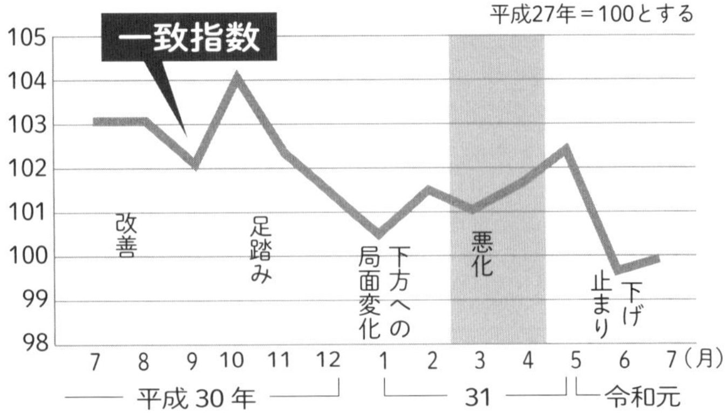

出典：日本経済新聞

プラスα 「月例経済報告」を見てみよう

月例経済報告は、内閣府のウェブサイトで見ることができます。まず、**総論部分と「主要経済指標」**、そこに掲載されている図表類を眺めるだけで、景気に関する一応のイメージをつかむことができます。前月、前々月と、過去ぶんがまとめて掲載されているのも便利です。

経済初心者にとって特にわかりやすく、また重要なのは、「景気動向指数」のなかの、実際の景気とほぼ一致して動く**「一致指数」**です。これを見ると、景気の現状が把握できます。

「国民所得統計速報」に記載されている**「GDP ギャップ」**のグラフも、景気の状況をおおまかに理解するのに有用です。これがマイナスの場合は日本経済が需要不足（物価・景気が悪い）、プラスならば需要超過（物価・景気が改善）と考えることができます。

（2）知っておきたい経済指標

景気動向指数は、「一致（現在）」、「先行（未来）」、「遅行（過去）」の３つの視点それぞれから景気がどの方向を向いているのかを測る、つまり大局的な視点で、経済の動きや方向感を見るものでした。このように景気循環の感覚をつかんでおくことは、投資にとって大切なことです。

ここではこのほかにも、株式や為替の売買を行うときに役立つ海外の指標をピックアップして紹介します。日本経済への影響の大きさから考えると、**まずアメリカ、次に中国**、そして日本、EU の順番で見ておくといいでしょう。

アメリカの主な指標

①四半期 GDP

GDP（Gross Domestic Product ＝国内総生産）は**国内で生産**

された、モノやサービスの総額を示したもので、国の経済全体の動きを把握するのに欠かせない指標です。はじめにその概要を確認しておきましょう。

GDPには2種類あります。ひとつは、単純に価値の総額で算出し、物価の影響を受ける**「名目GDP」**、もうひとつが名目GDPから物価変動の影響を取り除いた**「実質GDP」**です。名目GDPには物価の影響が含まれるので、その時点の経済規模を知るのに適しています。一方、実質GDPは物価の影響が取り除かれているので、経済成長の度合いを時系列で比較する場合に適しています。

この実質GDPを前期や前年と比較した場合の伸び率がGDP成長率で、**「経済成長率」**とも呼ばれます。**実質GDPの伸びが順調に推移しているか、停滞または落ち込んでいるかは、その国の景気を見るバロメーター**となります。

投資家としてGDPを見る場合、時の政権がどんな施策をとっているかによって、住宅、個人消費、設備投資など、重視するポイントが変わってきます。

さて、GDP世界第1位のアメリカのGDPは速報値、改定値、確定値の順で商務省経済分析局（BEA）より発表され、マーケット関係者の関心が高いのは速報値です。発表される項目のなかでは、**GDPの約7割を占める個人消費支出が伸びたか減退したかに注目が集まります。**

JETRO（独立行政法人日本貿易振興機構）の「ビジネス短信」によると、最近のアメリカの実質GDP成長率は、新型コロナウイルスの感染拡大を受け、2020年4～6月期には31.4％減まで落ち込みましたが、政府による追加経済対策、FRB（米連邦準備制度理事会）による緩和的な金融政策、国民へのワクチン接種の進展等を受けて3期連続のプラス成長となっています。寄与度では、2021年第1四半期（1～3月）の実質成長率6.4％のうち、特に、経済対策での現金給付による個人消費が大きく貢献しました。

②米国雇用統計・非農業部門雇用者数

失業は一見、個人的なことにも思えますが、雇用状況として社会全体から捉えた場合、経済活動と大きく関わってきます。

個人消費が伸びていくためには、家計に余裕がなければなりません。もし自分や家族が失業してしまったら、収入が途絶えた時期を乗り切るため、無駄な出費を減らそうとします。こうした家計が厳しい状況でローンを組んで大きな買い物をしたいとは思わないでしょう。一人ひとりのこうした選択が、大きな視点で見れば消費の落ち込みという形で景気に影響していきます。**個人消費が伸びるのは、収入があってこそ。**だからこそ「雇用統計」の結果が重要なのです。

米国雇用統計・非農業部門雇用者数は、米国労働省が毎月発表する雇用情勢の経済指標です。**全米の企業や政府機関など、非農業部門に属する事業所の給与支払い帳簿をもとに集計**され、十数項目の統計が発表されますが、なかでも**「非農業部門雇用者数」**と**「失業率（失業者÷労働人口×100）」**は株式や金利、為替相場に大きな影響を与えることから、特に重視されています。

日本の雇用統計（労働力調査）は2か月遅れで発表されるのに対して、**アメリカは1か月後には出てくる**、このスピード感も重要です。アメリカは雇用流動性が高いため、解雇や転職、退職が頻繁に行われています。1か月の間にも就業数や失業率に変化が起きるため、それが個人消費、つまり景気の行方を敏感に捉えていることになります。

またそれだけでなく、FRBが金融政策の方向性を決める際も、この統計が重要な指標となってきます。実はFRBの目的そのものが、「物価安定」と「最大雇用」の達成だからです。

アメリカ経済は全世界に大きな影響力をもっており、日本のようにアメリカとの関わりが深い国は、結果によっては甚大な影響を受けることになります。そうした理由から、日本のマーケット関係者や投資家は、この発表に注目するのです。

③ ISM製造業景況感指数

ISM製造業景況感指数(ISM Manufacturing report on business)は、全米供給管理協会(ISM:Institute for Supply Management)が**企業の購買担当者へのアンケートをもとに作成する製造業景況感を示す指数**で、景気の先行指標として注目されています。

景況感について「良くなっている」、「同じ」、「悪くなっている」で回答する点は日本の日銀短観と同様ですが、結果は百分率で表し、50%を上回ると景気拡大、50%を下回ると景気後退を示すとしています。

④ ISM非製造業景況感指数

ISM製造業景況感指数と同様の方法で、全米供給管理協会が**非製造業の購買・供給管理の責任者を対象に行ったアンケート調査の結果から算出**します。ISM製造業景況感指数と同様、景気の先行指標として注目されています。

⑤消費者物価指数

アメリカの消費者物価指数(CPI:Consumer Price Index)は労働省労働統計局が毎月発表し、**都市部の消費者が購入するモノやサービスの価格の変化を調査して指数化したもの**です。FRBはCPIを重視しており、もしCPIが大きく変化した場合、FRB

による今後の金融政策の意思決定にも大きく関わってきます。アメリカの金融政策は日本を含む世界のマーケットに影響するため、その意味でも注目されている指数です。

⑥消費者信頼感指数

消費者信頼感指数（CCI:Consumer Confidence Index）は民間調査機関のコンファレンス・ボードが消費者に対して毎月行う調査で、**現在と6か月後の景況感や雇用について楽観しているか悲観しているかで回答してもらい、消費者マインドを指数化**します。

⑦ミシガン大学消費者信頼感指数

米国ミシガン大学のサーベイ・リサーチセンターが毎月発表する、アメリカの消費者マインドを表す経済指標。**現在の景況感を示す現状指数（約40%）と先行きを示す期待指数（約60%）で構成**されています。消費者信頼感指数に先行して発表されることもあって、市場関係者に注目されています。

⑧鉱工業生産指数

鉱工業生産指数（Industrial Production index）は日本でも発表されていますが、アメリカではFRBによって毎月発表され、**基準年（2012年）からの推移によって生産動向を把握**します。その80%を超えると投資が活発化するといわれており、GDPの予測としても使われています。

⑨住宅着工件数

アメリカで新築住宅の建設が開始された月間の件数(着工件数)を米商務省センサス局が集計した経済指標。住宅建設は季節ごとのばらつきが大きいため、季節調整を行い、年率換算したうえで発表されています。**住宅着工件数の伸びは、家具や電化製品購入といった波及効果も生じるので景気動向と関連性がある**とされ、景気の先行指標として注目されます。

⑩ FOMC 政策金利発表

米連邦公開市場委員会(FOMC:Federal Open Market Committee)は、FRB が定期的に開催する、アメリカの金融政策の最高意思決定会合です。FRB の委員が一堂に会し、アメリカの政策金利を決定し、今後の金融政策方針についても検討します。**アメリカの金利の動向は世界のマーケットに影響する**ため、結果が発表されると世界中の株価や為替が大きく反応することもあります。

なお、年 8 回開かれる FOMC の議事録は、政策決定日の 3 週間後に公表されます。議事録では各委員の意見が示されているため、今後の会合の動向を探る手がかりになるといわれます。

⑪バフェット指数

「その国の株式時価総額÷その国の名目 GDP × 100」で算出する、株価の割安・割高を判断する指標。アメリカの著名投資家、ウォーレン・バフェット氏が、かつて投資判断にこの指標を用いていると発言したことで有名になりました。**バフェット指標が 100 を超えると、その国の株式市場は割高**とされます。

中国の主な指標

① GDP

中国の GDP は国家統計局によって発表されます。**中国の動向は世界経済においても影響力が高く、注目すべき指標**のひとつとされています。

JETROの「ビジネス短信」によると、2021年第1四半期（1〜3月）の実質GDP成長率は前年同期比18.3％で、産業別に見ると、第一次産業8.1％、第二次産業24.4％、第三次産業15.6％となっています。

主要経済指標を見ると、農業を含まない投資は前年同期比25.6％増、そのうちインフラ投資は29.7％増、民間投資は26.0％増となりました。**ハイテク産業への投資は37.3％増**で、そのうちハイテク製造業が41.6％増、ハイテクサービス業が28.6％増でした。消費（社会消費品小売総額）は33.9％増と大幅に増加し、そのうちインターネット上の実物商品小売額は25.8％増で、消費全体の21.9％を占めています。

工業生産増加額（付加価値ベース）は24.5％増となり、製品別では、新エネ車、産業用ロボット、ショベルカー、PC、集積回路の生産量がいずれも前年同期比60％以上の増加となりました。

②製造業購買担当者景気指数

製造業購買担当者景気指数（PMI:Purchasing Manager's Index）は、**製造業やサービス業の購買担当者を調査対象にした景気指標**の一つで、アメリカをはじめ、世界の多くの国と地域で調査・公表されています。GDPなどに比べて早く発表されることで市場関係者から注目されています。

中国の場合、PMIは国家と民間からそれぞれ公表されています。中国政府が調査・公表する「**国家統計局中国製造業購買担当者景気指数（国家統計局PMI）**」は当月データを月末に、民間の「**財新／マークイット中国製造業購買担当者景気指数**」は前月データを翌月のはじめに公表するため、連続して公表される形となります。

日本の主な指標

① GDP

日本のGDPは内閣府が推計しています。GDPの重要さは冒頭でも触れましたが、第２次安倍政権の時代に消費税増税の延期を判断する材料として最も注目されたデータがGDPの変化率であったように、国の政策にとっても重要な指標です。毎年12月に発表されますが、**四半期ごとにGDPの速報値が公表されており、内閣府のウェブサイトでも確認できます。**この速報値は、マーケット関係者にも非常に注目されています。

2021年４～６月期のGDP成長率（季節調整済前期比、１次速報値）は、実質は0.3%（年率1.3%）と２四半期ぶりのプラス成長に、名目は0.1%（年率0.2%）となりました。民間最終消費支出は実質0.8%増と２四半期ぶりの増加、民間住宅は実質2.1%増と３四半期連続の増加、民間企業設備については、実質1.7%増と２四半期ぶりの増加でした。企業の設備投資などが持ち直してきたことなどが寄与しましたが、新型コロナウイルス感染拡大の影響がまだ色濃く残り、成長率全体としては低めとなりました。

②日銀短観《たんかん》

他国のPMI（製造業購買担当者景気指数）に相当するのが、**「全国企業短期経済観測調査」**、いわゆる日銀短観です。日本銀行が3、6、9、12月の**年４回、企業に対して景気の現状と先行きについてアンケート調査を行い**、長期にわたるデータが蓄積されています。

調査対象となるのは約１万社で、総務省の「事業所・企業統計調査」をもとに、資本金2000万円以上の金融機関を除く民間企業約21万社のなかから一定の基準をもとに抽出された会社です。

短観の公表は31の業種（製造業17業種、非製造業14業種）、資本金10億円以上の大企業、同1億円以上10億円未満の中堅企業、同2000万円以上1億円未満の中小企業の合計93層で行っていますが、調査対象企業の選定や母集団推計値の算出に際しては、より細かな、計397層の区分を設けています。

企業は業況の現状と先行きについて、「良い」「さほど良くない」「悪い」の3つの選択肢から1つを選んで回答し、このなかの「良い」の数から「悪い」の数を引いて算出します。たとえば、全般的な業況についての判断を示す「業況判断DI」で「良い」が30％、「さほど良くない」が60％、「悪い」が10％だったとき、業況判断DIは、「30％－10％＝20％ポイント」です。

それぞれの判断項目は、回答時点の状況と、先行き（3か月後まで）の状況を調査しており、DIも「最近DI」、「先行きDI」で算出しています。そのため、**過去の「先行きDI」と調査時の「最近DI」を比較して、企業担当者の先行きに対する見通しがどのくらい当たったかを見る**ことができます。

ちなみに日銀短観には、このほかにも、売上高、輸出の想定為替レート、負債、現金・預金、人件費、雇用者数、新卒者採用状況、また金融機関の貸し出し態度といった項目もあります。また、四半期項目、年度計画（上期・下期の実績計数）の売上高や設備投資額、新卒採用者数等の定量的な「計数項目」も調査しています。これらのデータについては、「最近の判断」と「実績値」に加えて、「先行きの判断」と「予測値」を調査しています。

③景気ウォッチャー調査

景気動向を早期に把握するために内閣府によって行われる調査です。タクシー運転手、コンビニエンスストアの店長など、**地域の景気の動向に敏感な人々にアンケート調査を行い、景気の現況**

判断、景気の先行き判断について選択式で回答してもらい、集計します。回答に対する具体的な説明もあわせて公表されるのが特徴です。結果のなかでは将来予測の手がかりとなる「先行き判断DI」が注目されています。

EUの主な指標

①ドイツのGDP

欧州内で最大の経済規模をもつドイツ。EU域内で経済的な影響力をもち、**ドイツの動向がEU全体に影響を及ぼすことも多い**ため、その経済状況に注目が集まっています。

JETROの「ビジネス短信」によると、ドイツ連邦統計局が発表した2021年第1四半期（1～3月）の実質GDP成長率（確定値、季節調整済み）は前期比マイナス1.8%。新型コロナウイルスの感染拡大防止のために、2020年11月から導入されたロックダウンの影響が続いたことで、2020年第2四半期以来のマイナス成長となりました。また、2021年第2四半期（4～6月）の実質GDP成長率（前期比、確定値、季節調整済み）は、新型コロナウイルス危機以前の2019年第4四半期（10～12月）と比較するといまだ3.3%下回る水準にあるとしています。

ちなみに、ヨーロッパで同じく経済大国のイギリスについては、主に注目されるのは**通貨ポンドと、それに影響するBOE（Bank of England＝イングランド銀行）の動向**です。ポンドの金利が動くと、頻度は少ないもののユーロや世界の主要通貨に影響を及ぼすこともあります。ただし、イギリスの場合はむしろ、EUを離脱した後の政治動向が世界にどう影響を及ぼすか、ということのほうに注目が集まっています。

② Ifo《イーフォ》景況感指数

ドイツの主要な企業に経済の現況と今後6か月の先行きについてアンケート調査を実施して算出する景況感指数。ドイツの大手経済研究所、Ifo経済研究所が毎月発表しています。指数は、現状を示す「現状判断指数」、6か月先の「予測指数」、両指数を平均した「企業景況感指数」がありますが、**市場関係者が特に注目するのは「予測指数」と「企業景況感指数」**で、ユーロ相場にも影響を与えています。

③ ZEW景況感指数

ドイツの民間調査会社、ZEW（欧州経済研究センター）がアナリストや機関投資家、市場関係者等を対象に行うアンケート調査をもとに算出する景況感指数。**今後6か月の景気見通しが良くなるか、悪くなるかについて聞き、「良い」から「悪い」を引いた数値で景気の先行きを示します。**Ifo景況感指数に先んじて発表されるため、先行性のある指標としても注目されます。

こうした指数の動向は、基本的に株価や為替に影響を与えるため、経済ニュースでも詳しく取り上げられることがあります。ただ、金融機関などに所属するアナリストは、事前にどんな指標が出るか予測をしており、**その予測と発表された数字があまり変わらなければ、株価は反応しない（株価に織り込み済み）**こともあります。反対に、もしサプライズがあれば、株価が大きく反応する場合があります。

これらのことから、個人投資家として判断する場合は、指数そのもので経済の動向を予測するだけでなく、株価動向については、**事前の予測通りだったか、それとも市場にまだ織り込まれていない予想外の要素があるのか**、という視点で考えることも大切です。

GDPとはどんなもの？

一定の期間にある一国のなかで新たに生み出された、「儲け」の合計額である GDP（Gross Domestic Product = 国内総生産）。GDP は景気、経済成長の大きなカギを握る指標になるため、個人投資家にもぜひ理解を深めてほしいところです。以下を読めば、なぜ GDP 速報値が注目されるのか腑に落ちるでしょう。

GDPはどうやって計算する？

すでに出てきましたが、GDP について、ここでもう一度整理しておきます。GDP とは、**一定の期間に国内で新たに生み出された、モノやサービスの「付加価値」の合計額**で、その国の経済規模を表しています。付加価値とは、もともとある既存価値の商品やサービスに新たに付け加えられた価値を意味し、「売上げ－仕入れ」に相当する付加価値の総和、つまり、儲けを指します。

GDPは付加価値の合計

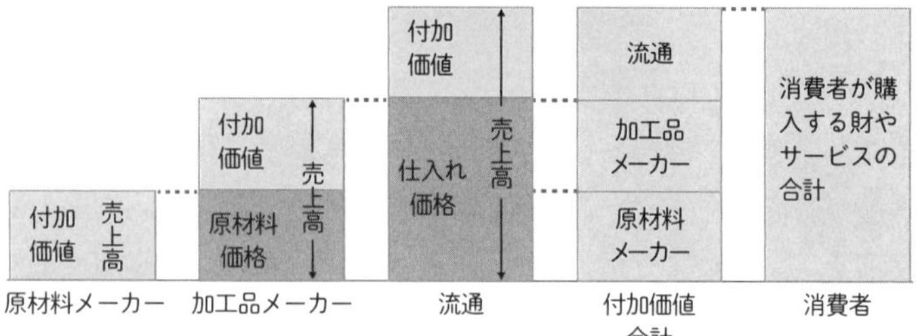

※原材料メーカーは、中間財を購入していない場合

たとえば、鉄の材料を輸入して A 社が鉄板をつくり、B 社がそれを買って自動車をつくった場合、付加価値である GDP は、(鉄板の価格－鉄板の材料費）＋（自動車の価格－鉄板の価格）とな

ります。ここでA社が生み出した付加価値は完成品である鉄板の価格から材料費を引いた部分になり、B社が生み出した付加価値は自社が製造した部分になるため、完成した自動車の価格からA社がつくった部品の値段を引いて算出します。

日本のGDPは内閣府による年1回の年次推計に加えて、3か月ごとに速報値が発表されています。

ちなみに、Domestic（国内）という名前の通り、**日本企業が海外支店で生み出した付加価値はGDPに含まれません。**アメリカ支社で生み出された付加価値はアメリカの、中国工場なら中国のGDPに含まれることになります。その逆もしかりです。

GDPには、売れた金額をそのまま足し合わせた名目GDPと、物価変動の影響を取り除いた実質GDPの2つがあり、**名目GDPが伸びれば、景気が回復し、企業が儲かりやすくなっていることになります。**会社の業績が上がれば、働く人の給与や雇用も増えるというように、社会にいい循環が生まれます。政治家の多くが経済成長を重視するのは、そのためです。

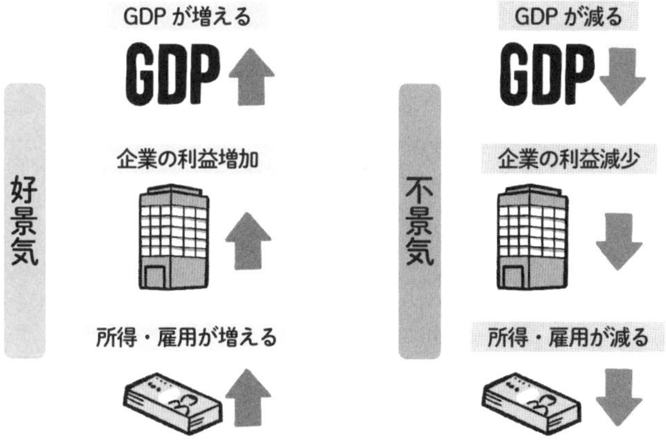

※企業の利益や所得・雇用は互いに影響しあう

三面等価の原則とはなんだろう

GDPは国の経済の動きを、商品の供給である**「生産（付加価値）」**、**「分配（所得）」**、**「支出（需要）」**の３つの側面で捉えています。この３つは、同じものを異なる視点から見ているので、理論的には等価関係にあります。

具体的には、まず、生産されたモノやサービスの付加価値の合計額が生産面のGDP、ここで生み出された付加価値は、労働者への賃金や固定資本の減耗ぶんなどに分配され、これが分配面のGDPになります。さらに、そうやって分配されたお金は、消費者の消費や企業による新たな資本形成などに使われ、これが支出面のGDPになります。この「生産面」「分配面」「支出面」が常に等しくなるという考え方を三面等価の原則といいます。

この原則によれば、需要面から見たGDPが「国内で支出されたモノやサービスの合計」であるのに対して、供給面から見たGDPは「国内で生産されたモノやサービスの儲けの合計」ということになり、新たな視点で国の経済を捉えることができます。

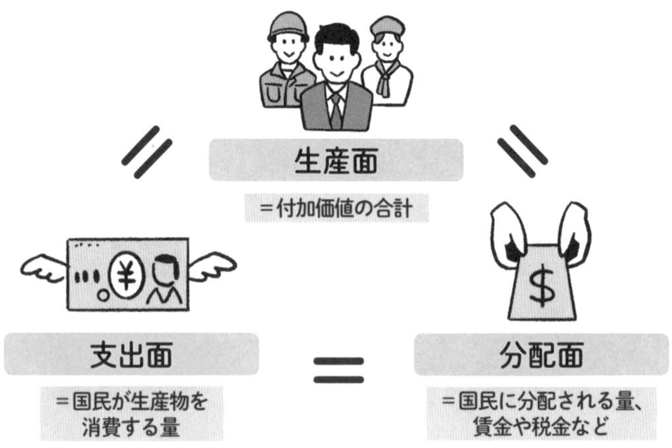

GDPの構成はどうなっているか

GDPは、国内向けの経済活動である**「内需」**と、海外向けの経済活動である**「外需」**で構成されています。GDPは「民間消費＋民間投資＋政府支出＋純輸出(輸出－輸入)」で表されますが、このなかで内需は、民間消費、民間投資、政府支出です。外需は輸出から輸入を引いた純輸出で示されます。

(1) 民間消費

個人が消費する食料、衣服、家賃など、国内で最終的に消費したものを指します。それらを生産するための原材料の購入（中間消費）等は含みません。

(2) 民間投資

企業の機械や工場といった設備には耐用年数が長いものもあるため、原材料のような中間消費にはあたりません。また最終的に消費されたもののカテゴリーにも入らないため、これらの設備投資は「民間企業設備投資」という企業の需要としてGDPの計算に入れます。

(3) 政府支出

公共事業、公的サービスへの支出、公務員の人件費などが政府の支出にあたります。

(4) 純輸出

日本国内で生産された付加価値である輸出から、日本国外で生産された付加価値である輸入を差し引いて「純輸出」を求めます。

前述のように、GDPは国の経済の動きを生産、分配、支出の3つの視点から捉えます。このなかで支出に着目すると、家計、企業、政府、海外というGDPにおける4つの主体のなかで支出が最も大きいのは家計の支出である個人消費で、日本ではGDP全体の半分以上を占めています。

日本の名目GDPの内訳（2020年度）

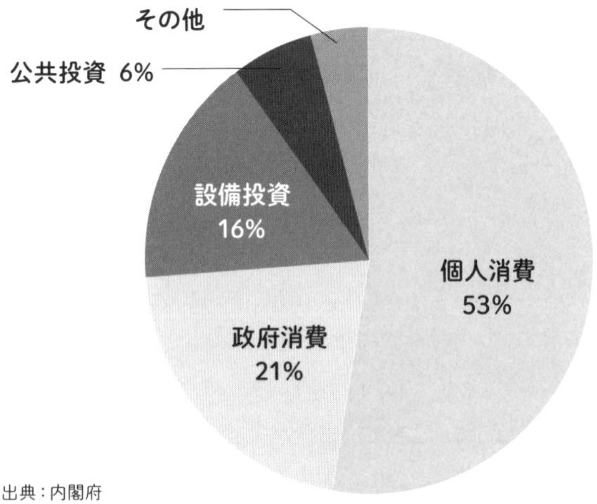

出典：内閣府

日本のGDP全体の半分以上は個人消費。このことから、次のような注意点が考えられます。外需とは純輸出（輸出－輸入）を指すので、輸出が好調ならGDPにはプラスです。しかし、輸出は同じままで、輸入が大幅に落ち込んだとき、金額の大きな開きがそのまま、ポジティブな数字としてGDPに表れることになります。

たとえば少子高齢化で個人消費が減り、**モノが売れなくなって輸入が減った場合でも、GDPの数字が「改善する」こともある**のです。

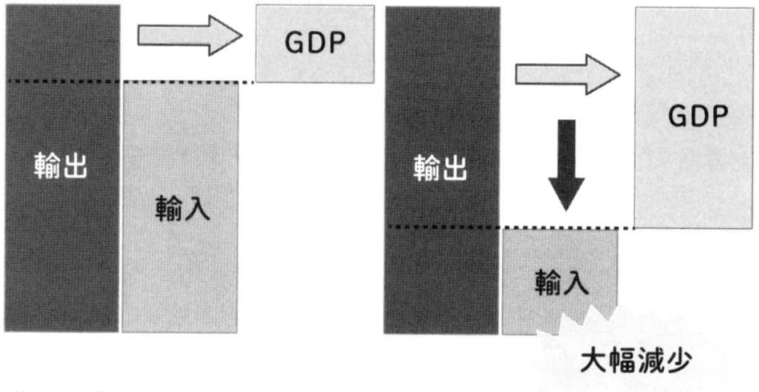

※他の要因が一定の場合

名目GDPと実質GDPの違い

一定期間内に国内で生産されたモノやサービスの付加価値を示す GDP には、価値の総額で算出した「名目 GDP」と、そこから物価変動の影響を取り除いた「実質 GDP」の２種類があります。

名目GDP ……… 国内で生産されたモノやサービスの付加価値の合計

実質GDP ……… 名目 GDP に物価の変動の影響を取り除いたもの

たとえば、インフレで物価が２倍になり名目 GDP が２倍になったとしても、実質 GDP が単純に倍になることはありません。物価の影響を取り除いた実質 GDP は、その時点での経済規模を示しており、景気動向を見るのにも適してきます。

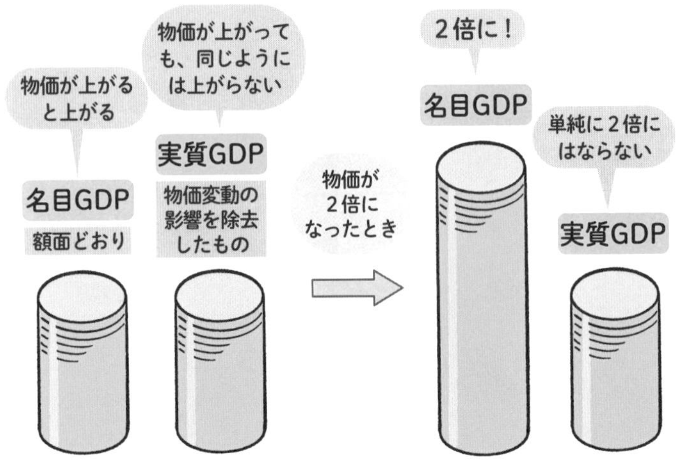

この実質GDPを前期や前年と比較したときの伸び率を**「GDP成長率」**、または「経済成長率」といいます。これは国の経済規模がどれだけ増えたかを示す割合です。

経済成長率の計算方法

経済成長率 ＝（ **今年の実質GDP** － **去年の実質GDP** ）

÷ **去年の実質GDP×100**

成長率と投資の関係

ある国の成長率が高いということは、その国で事業を行う企業の成長率も平均的に高い傾向にあることを示します。多くの会社が、経済成長率の高い国でのビジネスを試行しているのは、**成長率が高い国のビジネスでは企業収益が拡大するチャンスが見込める**からにほかなりません。逆に成長率が低い、またはマイナスの国を中心に事業を展開する会社は、収益を上げづらくなります。

　こうしたこともあって、成長会社がどの国で事業展開していくかには世界中の投資家が注目しており、投資する際の意思決定に強く影響します。どのくらいのインパクトになるかはビジネスのジャンルにもよりますが、その会社がメインで事業を行う国の経済成長率が注目されているということはおさえておきましょう。

プラスα GDPギャップとはなんだろう

　国の経済全体の**総需要と潜在的な供給力の差**を「GDP ギャップ（需給ギャップ）」といいます。これは、労働力や設備といった潜在的な経済の供給力と、個人消費や設備投資といった総需要との差です。供給力は国内の労働力や製造設備などから推計し、総需要は GDP を用いて計算するなど、いくつかの計算方法があります。

　GDP ギャップがプラスのときは総需要が供給を上回っているということなので、将来の**物価の押し上げ圧力**になります。反対にマイナスなら総需要が不足していることを意味するので、**物価の下げ圧力**になります。

GDPギャップとは

ある国の経済全体から見た「総需要」と「潜在的な供給力」の差をGDPギャップと呼ぶ

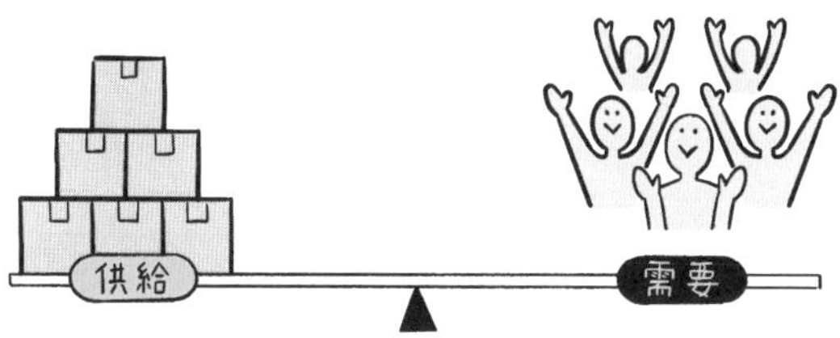

GDPギャップがプラスの状態

インフレ圧力→総需要に対して、供給力が足りず、モノ不足

GDPギャップがマイナスの状態

デフレ圧力→供給力が高く、モノ余り

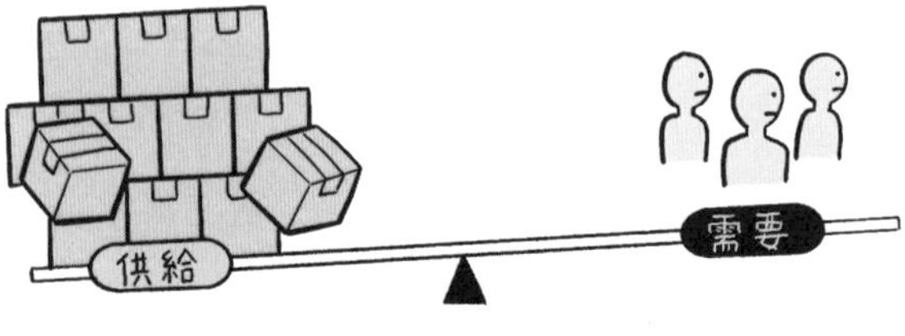

※潜在的なGDPの定義や前提条件、推計方法は、推計者によって異なるので、結果も自ずと異なる

第3章

金融の仕組みをまるごと理解しよう

そもそも中央銀行は何をしているの？

中央銀行による国の金融政策は、私たちの投資環境にも大きく影響します。ここでは日本銀行、アメリカの中央銀行にあたるFRB、中国人民銀行、ユーロ圏の金融政策を担うECBの果たす役割を確認しておきましょう。

日本銀行は「銀行の銀行」

日本の中央銀行、日本銀行（日銀）は銀行券（紙幣）を発行し、通貨と金融の調節を行います。そして銀行や金融機関の間での資金決済が円滑に進むよう、秩序の維持にも努めています。

日銀の役割には大きく２つあり、１つ目は日本経済が安定的で持続的に成長していくのに欠かせない**「物価の安定」**です。ちなみに、後述する「金融政策」も、世の中に出回るお金の量や金利を調整して物価の安定を図るという目的があります。

２つ目は**「金融システムの安定」**、つまり日本の金融の信用を保ち、それが混乱したりしないようにすることです。銀行などの金融機関は日銀に「日銀当座預金」という口座をもっており、これを使って金融機関同士の資金決済や、同じく日銀に開設されている政府預金口座との間で税金や補助金などの受け払いなどを行っています。

後で詳しく述べますが、日銀による金融市場調節の主な手段としては、金融市場に資金を供給したり、逆に資金を吸収したりする**「オペレーション（公開市場操作）」**、民間の銀行が預金者から預かったお金のうち日本銀行への預け入れが義務づけられている「預金準備率」の割合を変更して、世の中に出回るお金の量を調節する**「預金準備率操作」**があります。

中央銀行の3つの機能

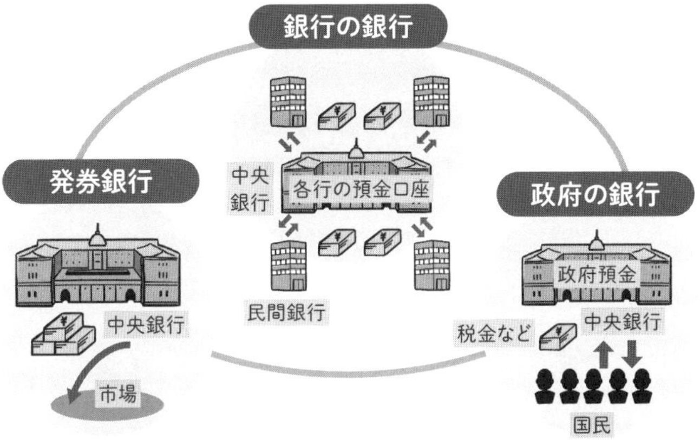

① 発券銀行	銀行券（紙幣）を独占発行する。銀行券を安定的に供給するとともに、価値（紙幣の信用）が損なわれないよう、汚損したものの廃棄などの管理をしている
② 銀行の銀行	民間銀行は中央銀行に預金口座を開設している。この口座を通じて民間銀行から預金を受け入れたり、資金を貸し出したりする「銀行にとっての銀行」の役割を果たすほか、銀行間の決済を仲立ちする機能も担う
③ 政府の銀行	国税などで受け入れた政府の資金を管理する。国債や外国為替関連の事務の一部も政府から委託されている

FRBはどんなことをしているのか

アメリカの中央銀行制度をFRS（Federal Reserve System＝連邦準備制度）といい、その最高意思決定機関がFRB（The Federal Reserve Board＝連邦準備制度理事会）です。連邦制のアメリカでは、連邦ごとに中央銀行のような役割を果たす**12の地区連邦準備銀行（地区連銀）があり、FRBはそれを統括する役割**です。

FRBの金融政策を決めるのがFOMC（Federal Open Market

Committee ＝連邦公開市場委員会）で、FRB 理事 7 人とニューヨーク地区連銀総裁、ニューヨーク以外の地区連銀総裁 4 人の計 12 人の多数決で決定します。FRB は、アメリカの民間銀行が連邦中央銀行に預ける準備預金の金利で、代表的な短期金利である**フェデラル・ファンドレート（Federal Funds rate ＝ FF 金利）**を目標金利に誘導することで金融政策を行います。

フェデラル・ファンドレート（FF金利）の仕組み

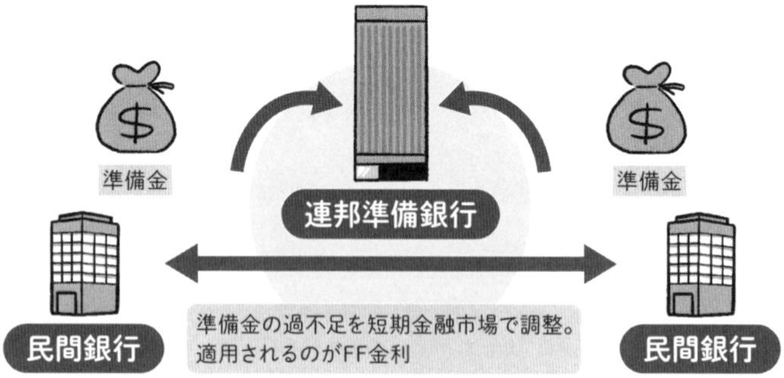

金利の意味合いや、その上下が経済にもたらす詳しい効果は後でも詳しく触れますが、たとえば金利を上げる利上げは「金融引き締め」を意味し、急激な物価上昇、景気の過熱を抑える効果があります。利上げは一般的には株価下落を、利下げは株価上昇を招きやすく、FRB の金融政策は米国株式市場、世界の株式市場に影響をもたらします。

アメリカは世界経済に大きな影響力をもつ国です。先進国の中央銀行の金融政策にも FRB の動向が影響を与えますし、**FRB が主導して主要各国が一斉に「協調利下げ」を行う**こともあります。さらに、ドルと自国通貨の為替レートを連動させる「ドルペック制」をとる国では、もし FRB が FF レートを下げた場合、自国の政策金利が実体経済よりも低下するデメリットがあります。

中国人民銀行はどうなっている？

中華人民共和国の中央銀行は、中国人民銀行（PBOC:People's Bank of China）です。かつては中央銀行業務と普通銀行及び貯蓄銀行業務を兼営していましたが、1984年以後、中央銀行として機能しています。その後たび重なる改革を経て、現在は貸出金利、預金金利の引き上げや引き下げ、預金準備率の引き上げや引き下げ、銀行融資の量的規制、人民元為替相場への介入による調節、公開市場操作といった方法で**マクロ経済のコントロール機能を強化**してきています。

ECBとはどんなもの？

ECB（European Central Bank＝欧州中央銀行）は、単一通貨ユーロ導入にともない、1998年に設立されました。**ユーロ圏の金融政策はECBの政策理事会が決定し、各国の中央銀行はそれに従い、実行します。**金融政策の目的は物価の安定を維持することですが、ECBは物価安定の目的に反しない限りで、経済成長や雇用の増大といったEU（欧州連合）の全般的な経済政策を支持することとしています。

ECBの最高意思決定機関がECB理事会です。月に2回行われ、1回目の会合で金融政策に関する決定が行われます。議事要旨が公開されないこともあり、理事会終了後のECB総裁の記者会見も注目されています。

知っておきたい「金利」のキホン

金利はお金を借りたときに支払う「お金の貸借料」です。金利という仕組みは、経済の活性化にとって、なくてはならないものです。ここでは単利と複利、固定金利と変動金利の違いを含めて、投資に欠かせない金利の知識を確認しておきましょう。

金利とはなんだろう

金利とは、資金の貸し借りをする際に、貸し手が貸す金額（元金）に対して、借り手が支払う金額の割合（%）です。まずそのイメージをつかんでみます。

100万円が必要なAさんが、当面お金を使う予定のないBさんから100万円借りるとします。1年後に101万円返すと約束すれば、金利は1%です。しかし、Bさんのところに、同じく100万円を貸してほしいというCさん、Dさんが来たとき、Bさんとしては、そのなかで最も高い金利を払うと約束してくれる人にお金を貸したいと考えるでしょう。このように、**資金需要が多いときには金利は上昇し、反対に資金の供給が多い、もしくは資金の需要が少ないときには金利は低下します。**

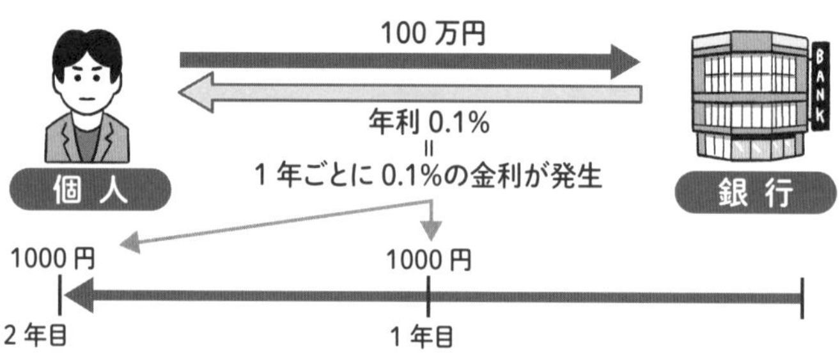

※税金は考慮しない　2年・100万円・0.1%の定期預金（利回り0.1%）の場合

もっと話を広げて考えてみます。私たちがお金を預金する、また借りるときに、自分にとってなるべく有利になるようにいくつかの金融機関の金利を比較検討すると、多少の差はあっても、どの金融機関でも、だいたい同じくらいの預金金利、貸出金利になっていることに気がつきます。これは、金融機関が適当に金利を定めているわけではなく、**基準となる金利をベースに、それぞれの利益を考えて金利を決めている**からです。

では、その基準となる金利は誰が決めているのか。日本の場合は日本銀行（日銀）です。とはいえ、強制するわけにはいかないので、日銀が考えた望ましい方向に金利を誘導し、それに従うのが合理的なため、世の中の金利がその通りに動いていきます。詳しい方法等については、後で見ていきます。

政策金利が基準となり、市場の短期金利が決まる

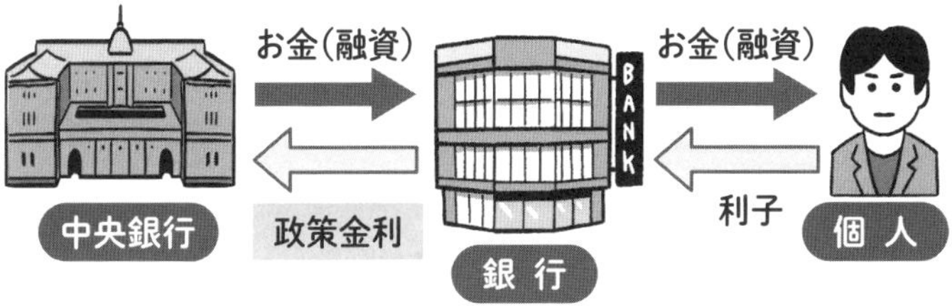

金利が動くと経済はどうなる？

世の中の金利が変化すると、どんな影響があるのでしょうか。

会社経営には資金が必要です。設備投資資金や運転資金を調達するために、経営者は銀行から融資を受けて、後で返すという手段をとります。ただ、お金の賃借料である金利が高いと、それがコストとして経営を圧迫してしまうため、借り入れをためらってしまうこともあるでしょう。金融政策を行う側から見れば、**経済**

の活性化を促すためには金利を下げればいい、ということになります。

世の中の金利が下がれば、金融機関は低い金利で資金を調達しやすくなり、貸出金利を引き下げることができます。それによって経営者は、お金を借り入れて新規事業や研究開発、設備投資を行うといった経営判断をしやすくなります。また、資金調達の手段のひとつとして会社が発行する社債の金利も、世の中の金利に合わせて下がるため、発行しやすくなります。このように**金利が低い状態は、会社経営の追い風**になります。

しかしやがて、景気がいい状態を通り越して過熱しはじめ、物価が上がり続けるインフレの懸念が出てきたとします。日銀の使命は物価の安定ですから、そろそろ金利を上げて過熱を冷ましたほうがいい、という判断をすることになります。

世の中の金利が上がると、銀行からの借り入れの多い企業は、利払い負担が増えることで経営が圧迫されます。金利を気にしないで済むほど業績が伸びていれば別ですが、もし、資金需要よりも速いスピードで金利が上がった場合、経営者は返済負担増を意識するようになり、資金需要は減少へと反転します。

景気に関わる2つの金利

ところで、金利には**「短期金利」**と**「長期金利」**の２種類があります。短期と長期を分ける期間は「1年」で、金融機関が1年以上の融資をする際に適用されるのが長期金利です。

(1) 短期金利はどうやって決まる？

短期金利は、ニュースでよく聞く**「政策金利」**でもあります。政策金利とは景気回復や物価の安定といった金融政策上の目的を達成するために、日銀が設定する**「誘導目標金利」**のことです。

具体的な方法のひとつとしては、たとえば、景気を刺激するために市場の資金供給量を増やしたいとき、日銀は民間銀行が保有している債券を購入し、代金をその銀行が日銀に設けている日銀当座預金に入れます。こうして銀行の資金が増え、市場の資金供給量が多くなると金利は低下することになります。また、銀行同士が直近の資金を貸し借りする**「無担保コールレート」**という市場に日銀が自ら介入して売買を行い、目標とする金利に誘導する方法もあります。

日銀が、こうした金融政策の運営に関する事項を審議・決定する会合を**「金融政策決定会合」**といい、年８回開催されています。

プラスα 無担保コールレートとはなんだろう

銀行などの金融機関は、日々お金の貸し借りをするので、取引内容によっては、たまたまその日のキャッシュが足りなくなることがあります。そんなとき利用するのが、金融機関のみが参加することのできるインターバンク市場です。たまたまキャッシュが余っている銀行は、たったひと晩でも別の銀行に融資すれば、わずかながらも利子が稼げますので、お金を寝かしておくよりはメリットがあります。

この、銀行同士が担保を預けずに**「今日借りて、明日返す」取引に使われる金利**のことを「無担保コールレート」といい、ほかにも「無担保コール翌日物金利」「無担保コールオーバーナイト物」「無担保コール・オーバーナイト・レート」など、さまざまな呼び名があります。

日銀は、この市場に介入して、無担保コールレートを政策金利に誘導します。具体的には、日銀が誘導したい金利に落ち着くまで、日銀が自らお金を借りて市場の供給を減らしたり、貸して市場の供給を増やしたりする方法です。

日銀が、銀行にとって最後の資金調整ともいえる市場をコントロールすることは、ほかの方法に比べて金利誘導が実現しやすいためといわれています。

(2) 長期金利はどうやって決まる?

長期金利は主に長期資金の需給関係によって決まり、そこには**債券価格が大きく関わっています。**債券には、金利が上がると価格は下がり、金利が下がると価格は上がるという特徴があります。つまり債券価格が上がれば長期金利は下がりやすく、債券価格が下がれば長期金利は上がりやすいという関係です。

長期金利の代表的なものは**10年物の国債利回り(国債金利)**で、市場の意思表示はその入札価格に表れます。金融機関などの投資家は、今後の金利動向予測から、10年国債が魅力的であると判断すれば高い価格で入札することになります。

	短期金利	長期金利
代表的指標	無担保コールレート 翌日物	10年物国債利回り
変動の要因	日銀が金融政策に基づいて調整	日銀の動向や需給による
主に影響するもの	普通預金 1年未満の定期預金 変動型や短期の固定金利ローン	1年以上の定期預金 長期の固定金利ローン

金利の契約方法「固定金利と変動金利」

金利はそのときの市況に合わせて変化しますが、金融商品やローンの金利には2つの種類があります。**経済情勢にかかわらず、契約時に約束した金利が契約終了まで続く**「固定金利」と、**市場金利の動向に合わせて定期的に変動する**「変動金利」です。

マイホームを購入した人、購入を検討したことがある人なら、住宅ローンの金利を固定にするか変動にするかで、迷った経験があるかもしれません。固定金利には、金利が変わらない安心感がある反面、もし今後、金利が下がったら損をして後悔するかもしれない、という迷いもあるでしょう。一方、変動金利は、市場の金利が下がれば得になる反面、金利上昇への不安がいつもある、返済額が金利の動向に振り回されて落ち着けない、といったデメリットがありそうです。

お金を借りる場合の固定金利と変動金利のメリットとデメリット

	メリット	デメリット
固定金利	・金利が固定されている安心感がある（原則、世の中の金利が上がっても、返済額が変わらない） ・返済額が変わりにくいので収支計画が立てやすい	・変動金利より金利が高めに設定されている ・将来低金利で推移すれば、変動金利より返済額は多めになる
変動金利	・固定金利よりも金利が低めに設定されている ・今後金利が上昇しなければ、ずっと低金利を享受できる	・将来金利が上昇するリスクがある ・金利が上昇すれば返済額も上昇し、返済が苦しくなる恐れがある

では、金融商品の場合はどうでしょうか。固定、変動の両方がある個人向け国債で比較してみます。固定金利の「固定3年」「固定5年」の場合、**発行時の利率（クーポン）は満期まで同じ**です。つまり、購入前から最終的な投資結果がわかるため、計画的な資産運用ができます。一方で「変動10年」は、**実勢金利の動きに応じて半年ごとに適用利率が変わる**ので、受取利子もその影響を受けます。実勢金利の水準が現在よりも上がれば受取利子は増えますし、下がれば減ります。

ローンでも投資でも、はじめから返済額や受取利子が把握できるほうが安心できるのであれば「固定」を、期待とは逆側に金利が動いたときのデメリットを理解しつつ、有利なほうに金利が動くことに期待するなら「変動」を選ぶ、ということになりそうです。

金利の計算方法「単利と複利」

ところで金利には「単利」と「複利」の2種類があります。イメージとしては、**資産運用で得た収益を（再投資せずに）毎回受け取り、当初の元本の金額のままで運用するの**が単利、**収益を元本にプラスして再投資する**のが複利になります。

単利の場合、何年投資しても元本は1年目と同じままです。それに対して複利は、よく「雪だるま式」にたとえられるように「元本＋受け取った収益」が新たな元本になっていくため、もし同じ利回りの投資であれば、単利と複利では2年目から差が出はじめます。

単利と複利

単利の計算式　n年後の元利合計＝当初元本＋当初元本×年利×n年
複利の計算式　n年後の元利合計＝当初元本×$(1+\text{年利})^{n\text{年}}$

1万円を年利5％で運用した場合（税引前）

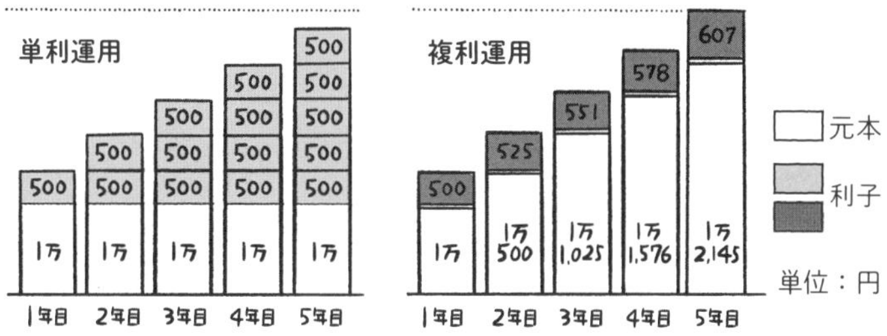

定額分の利子が毎年増える

運用する元本が毎年増えるため、利子も比例して増える

プラスα 「72の法則」とはなんだろう

複利の効果を表す「72 の法則」という、知っておくと便利な「法則」を紹介しておきましょう。

これは、**「72 ÷金利（%）＝おおよその投資期間（年）」で、複利効果で元本を 2 倍にするための投資期間が概算できる**ものです。たとえば、元本 100 万円を年利 0.001％の銀行預金で運用して 200 万円にするためには「72 ÷ 0.001（%） ＝ 7 万 2000（年）」という結果になります。仮に、年 3％で運用できたら「72 ÷ 3（%） ＝ 24（年）」となります。覚えやすい数字なので、たとえば「約 7％複利で運用できたら 10 年で元手が倍になる」というふうに覚えておくのもいいかもしれません。

一方、複利効果は借金でも働きます。法定金利の上限は 15 ～ 20％ですが、たとえば金利 15％で融資を受けたときは、「72 ÷ 15（%） − 4.8（年）」で 2 倍になるのです。

金利はどうやって決まる？

資産運用やビジネスでお金のやりとりをする際に不可欠な「金利」。その元となる政策金利は、中央銀行内の話し合いで決められます。金利の動きはお金の流れを変えるので、金利の動向に敏感になれば、自分なりの相場予測を立てるのに役立つはずです。

資金の需給バランスで決まる

金利を決めるのは、基本的には需要と供給のバランスです。お金の量が一定であるなら、**資金の需要が多ければ金利は上がり、少ないときには下がります。**

ではその需給バランスとは何かといえば、**景気動向**であり、**物価**であり、**為替相場**です。

次の３つのパターンはあくまで基本の考え方で、実際は違った動きになることもあります。しかし、市場の金利動向の基本パターンを知っておくと、ニュースなどの情報から、自分なりの相場観がもてるようになることにもつながります。

(1) 景気と金利の関係

企業の好業績などで景気が上向けば、個人消費も拡大します。それにともなって企業は生産を拡大し、設備投資をする意欲も高まってきます。このようにたくさんの**企業から資金へのニーズが高まれば、金利が上がっていく**ことが考えられます。

反対に、不況で人々が消費を控えるようになれば、モノが売れないので企業は生産を控え、資金需要が低下するので金利は下がると考えられます。

景気が過熱してくると → 日銀が金利を上げる → 銀行の貸出金利が上がる → 企業が銀行からお金を借りにくくなる → 企業の活動が停滞する → 経済活動が抑制される

景気が低迷してくると → 日銀が金利を下げる → 銀行の貸出金利が下がる → 企業が銀行からお金を借りやすくなる → 企業の活動が活発になる → 経済活動が活発になる

(2) 物価と金利の関係

物価上昇とは、相対的にお金の価値が下がっている状態です。合理的に考えたとき、そうした時期は**お金をもつよりもモノをもつほうが有利**になるため購買意欲が高まり、資金需要が高まることで金利の上昇が見込まれます。逆に、物価が下がって相対的にお金の価値が低くなれば、資金需要が減るため金利は下がっていきます。

物価上昇 → 必要なお金の量が増加 → 資金需要拡大 → 金利上昇

物価下落 → 必要なお金の量が減少 → 資金需要低下 → 金利低下

(3) 為替相場と金利の関係

たとえば、為替相場が**「円安ドル高」になれば、相対的に円の価値が下がる**ということなので、より価値の高いドル建てで資金運用するニーズが高まり、円建ての預金等が減少します。

一方で日本の輸入業者にとっては、今まで1ドル100円で買えていたモノが円安で1ドル110円になったら、そのぶんを国内販売の際に上乗せしなければならず、結果として物価を押し上げる要因になります。

このように円が減少し、また物価が上がることによって、金利は上昇しやすくなります。ただし、為替も金利も、さまざまな要素が複雑に絡み合っており、必ずしもそうならないことがあります。日々のニュースで動きをよく確認することが重要です。

金利と為替レートの関係

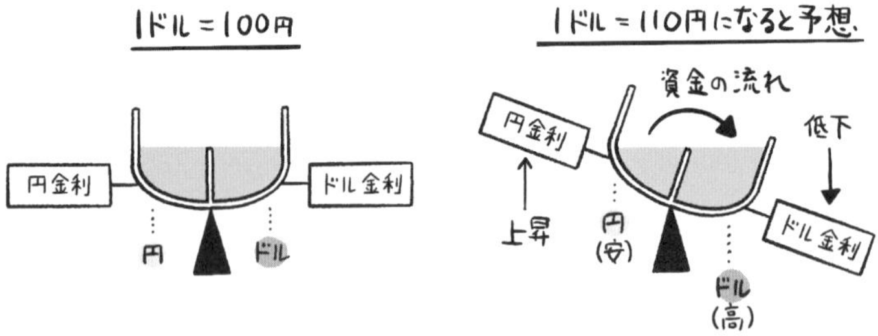

（4）海外の金利と日本の金利の関係

海外の金利と日本の金利変化について、簡単な流れを日本とアメリカを例にイメージしてみましょう。たとえばアメリカの金利が上昇したとき、今まで日本の債券に投資していた日本の投資家は、より高い金利を求めてアメリカの債券を購入します。購入の際には円を売ってドルを買うため、円売りが多くなることで為替は円安に動きます。また、国内債券の買い手が減るので需給バランスから債券価格が下がります。**債券価格が下がれば金利は上がる**ので、結果として金利上昇につながりやすくなります。

反対に、アメリカの金利が低下したら、高金利を期待してアメリカの債券を購入していた日本の投資家は債券を売ります。円買いが進むことで円高になり、日本国内の債券の買い手が増加するため債券価格は上昇します。**債券価格が上昇すると金利が下がる**ので、結果として金利低下につながりやすくなります。

ただし、短期的にはこの考え方が当てはまらず、むしろ逆に動くこともあります。あくまで考え方の指針の一つとして参考にしてください。

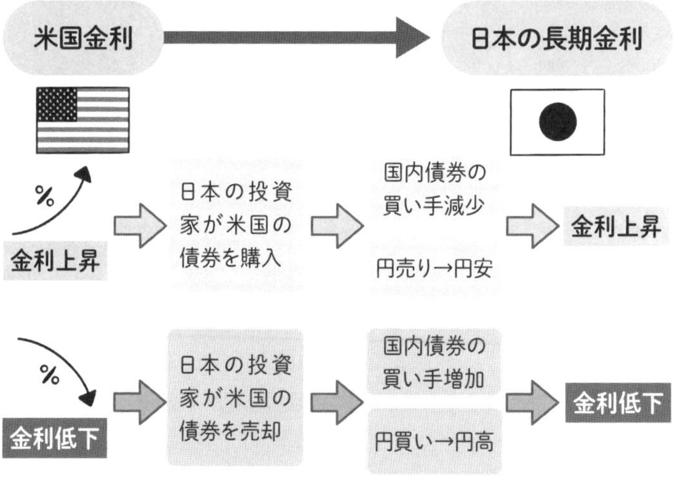

※必ずしもこのようにならないこともある

	国内景気		国内物価		為替		海外金利	
	好況	不況	上昇	下落	円安	円高	上昇	下落
金利	⇧	⬇	⇧	⬇	⇧	⬇	⇧	⬇

※この4つの要因が金利に対して常に同様に影響を及ぼすわけではない。
また、因果関係が逆の場合もある

金利が動くと株価はどうなる？

一般的に、金利と株価は相反する関係であるといわれ、**金利が下がると株価は上がり、金利が上がると株価は下がる**傾向があります。

金利が上がると株価が下がるとされる最もわかりやすい理由は、株式マネーが比較的安全な投資対象に移動するために株式投資が不人気になり、結果として株価が下落する、というものです。株式投資は結果が不確実で、上振れや下振れのリスクがあります。もし金利が上がれば、**より安定した運用ができる債券投資や、基本的に元本が保証されている銀行に預けたほうがいい**という考え方も働きます。現在の預金の金利があまりにも低いことが、株式投資人気の理由でもあるからです。ただ、仮に預金の利子が4%になっても株式投資のリターンが10%だとしたら、たとえ不確実性があっても高いリターンが望める株式投資を選びたい投資家もいるはずなので、あくまでも相対的な差ではあります。

ほかにも、金利が上がると**株価の理論値が下がる**から、という理由が考えられます。今まで見てきた通り、理論的には、株価とは、その企業の株主が出資した資本（株主資本）を使用して、どれだけの収益が得られるかという投資家の期待を反映したものだと考えられています。そして理論的な株価の計算は、その会社が将来得られるであろう利益、キャッシュフロー（現金の流れ）などを現在価値に換算して行います。その計算の際には割引率というものが用いられますが、これは、安全性の高い長期の国債の利回りを基準にして、そこに企業の信用力に応じた金利を加味したものです。つまり**金利が上がるということは割引率も上がる**ので、それを用いて計算することで理論的な株価も下がることになります。

金利が低下した場合 → **株価上昇**

- 会社の金利負担減少→会社の業績向上→株価上昇
- 預貯金や債券などから株式へ資金が移る→株価上昇

金利が上昇した場合 → **株価低下**

- 会社の金利負担増加→会社の業績悪化→株価低下
- 株式から預貯金や債券などへ資金が移る→株価低下

※実際には、株価の上昇時は景気もいいため、高い金利であっても資金需要が旺盛という場合がある。そのため金利上昇と株価上昇が同時に起きるということもある

金利が上がると、どんな銘柄に影響する？

「金利上昇＝株価下落」の理由としてもうひとつ、金利上昇で企業の資金の借り入れ需要が減少し、設備投資が減ることになるので、それが景気後退へとつながる、ということがあります。また、**銀行借り入れの金額が大きい会社の場合、金利上昇のダメージを受けやすい**ということもあるでしょう。

ところで業種や業態によって、「金利上昇＝株価下落」の影響を受けやすい会社、受けづらい会社はあるのでしょうか。

(1) 金利上昇で株価が下落しやすいのは？

金利上昇では、**成長株（グロース株）の株価がより大きく下落しやすい**といわれます。その理由として、最先端の技術をもつなど、時代のトレンドに乗った業種の会社は、未来の価値を先取りして株価が割高になることがあります。しかし金利上昇局面では、株式に比べて比較的リスクの低い債券などの金融商品、またはゼロリスクの預貯金への魅力も高まります。そして投資に慎重になった投資家は、本当にその株価が妥当なのか懐疑的になると考えられます。

また、前述のように、株価の理論値が下がるから、ということも理由の一つです。成長株の場合、これからも高い成長率を保っていくという前提で株価の理論値も計算されています。金利上昇を踏まえて再計算したとき、将来の期待から割り引いた現在価値が下がったことが投資家に嫌《いや》気《き》され、実際の株価にも反映されると考えられます。

(2) 金利上昇に強い株は？

銀行株は、金利上昇に強いといわれています。銀行の収益源は融資した資金の金利です。金利は長期金利などに連動して上昇していくため、金利の上昇で金利収入が増えやすいといえます。また、変動金利の住宅ローンなどの金利も上がるため、業績向上が期待できます。

そして、素材産業や工作機械といった、いわゆる**景気敏感株**の株価も、金利が上昇すると上がりやすいといわれています。好況時には増産体制下で多くの素材や設備が必要になるために好調となり、景気低迷時には生産が落ち込むのが特徴ですが、金利上昇の局面では景気がすでに回復していることが予想されるので、業績向上が期待できるのです。もちろんこれは、金利上昇による借入コスト以上に、業績向上が期待できるという場合に限定されます。

日銀の金利調整はどうなっている？

ここまで、私たち一人ひとりの視点と、世の中全体として見た場合の金利について学んできました。次に、世の中の金利をコントロールする日銀の金融政策について、歴史も含めておさらいしておきます。

金融引き締めと金融緩和はどう違うのか？

日銀の仕事は、日本経済が安定的かつ持続的な成長をしていくうえで欠かせない、物価の安定を図ることです。そのために、**景気が過熱気味のときは「金融引き締め」**を、**不景気のときには「金融緩和」**を行って、国の経済がどちらかに行き過ぎないようにコントロールしています。

（1）金融引き締めとはなんだろう

景気が加速し、物価が上昇するインフレが進んだとき、景気の過熱を抑えるために行われる金融政策を、金融引き締め政策といいます。日銀は金融機関に国債等を売り、その売上代金を回収する**「オペレーション（公開市場操作）」**などを行います。

世の中のお金の量が減ると、需要と供給のバランスで市場金利が上がっていきます。そのため金融機関は、以前より高い金利で資金調達しなければならず、企業や個人への貸出金利も引き上げられます。

企業や個人は、高い利子では資金を借りづらくなり、経済活動が抑制されるため、景気の過熱が抑えられることになります。それにともない、物価にも押し下げ圧力が働くのです。

（2）金融緩和とはなんだろう

引き締めとは逆に、景気を上向かせるために行われる金融政策です。金利の水準を下げれば金融機関から企業や個人への貸出金利が下がって資金調達がしやすくなるので、世の中にお金が増えていきます。**お金の量が増えれば経済活動がより活発となり、それが景気を上向かせる方向に作用します。**これにともなって、物価には押し上げ圧力が働きます。

どうやって金利をコントロールしている？

日銀は「金融政策決定会合」で決まった金融市場調節方針に基づいて金融政策を実施します。過去から現在までのその変遷を見ていきます。

（1）公定《こうてい》歩《ぶ》合《あい》の時代

1994（平成6）年に金利が自由化されるまで、日銀が民間の金融機関に融資する際には「公定歩合」という基準金利が設けられていました。そのため、**日銀が公定歩合を引き下げれば世の中の金利が下がって景気対策に、引き上げれば世の中の金利が上がってインフレ抑制に**、というように、公定歩合による景気対策ができました。

（2）預金準備率操作とはどういうこと？

銀行などの金融機関は、**預かっている預金などの一定比率（準備率）以上の金額を当座預金または準備預り金として、日本銀行に預け入れなければならない**という決まりがあります。

1957（昭和32）年に施行された「準備預金制度に関する法律」によって、この準備率が金融政策の手段として導入されることになりました。準備率を上げれば、金融機関はより多くのお金を日銀に預け入れなければならず、金融引き締めにつながります。反対に準備率を下げれば、銀行を通じて世の中にお金が出回るので、金融緩和につながります。

しかし、量的・質的金融緩和で日銀による巨額の資金供給が行われるようになると、金融機関が法定準備預金額を超える「超過準備」を抱えることが常態化してきたため、準備率の操作は意味をなさなくなってきました。さらに、短期金融市場が発展してきたことで、**日本を含む主要国では、近年はこの方法はとられなくなっています。**

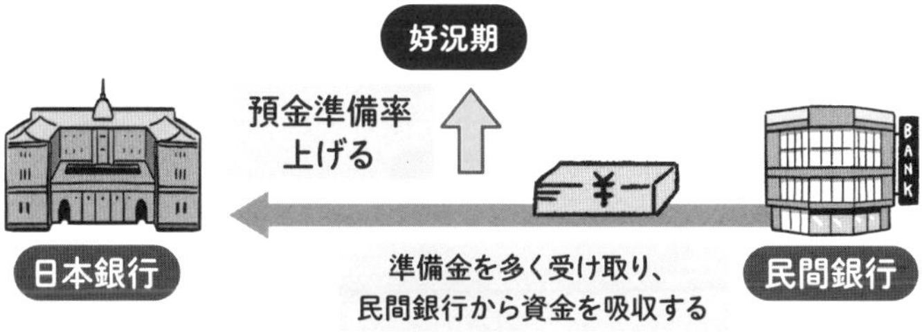

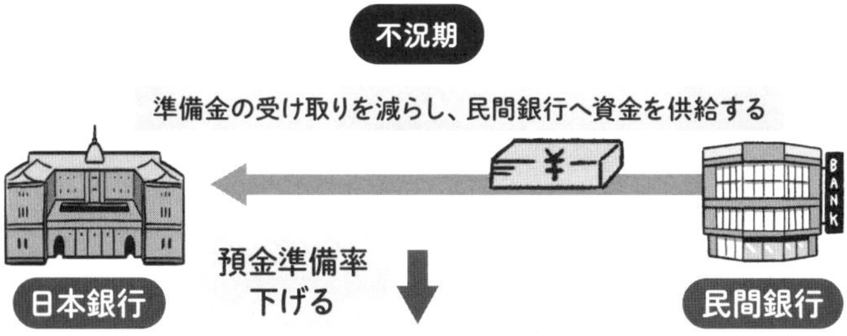

(3) オペレーションとはなんだろう

現在では、日銀が市場に供給する資金量の調整を行うオペレーション（公開市場操作）で短期金利を誘導しています。かつての公定歩合に比べると間接的な方法ですが、特に短期の場合、資金量の増減がそのまま需給バランスに影響を与えるため、このような方法でも金利の誘導が可能になっています。

オペレーションには、市場に資金を供給するものと市場から吸収するものがあります。**資金供給オペレーション**には、日銀が適格と認める金融資産を担保として資金を供給する、日銀が利付国債、社債、ETF や J-REIT などを買い入れるといった方法があります。

一方、**資金吸収オペレーション**では、日銀が振出人、受取人、支払人を兼ねる手形を売却する、利付国債や国庫短期証券をあらかじめ決めた期日に買い戻す条件をつけて売却する、日銀が保有する国庫短期証券を売却する、といった方法で余剰資金を吸収します。

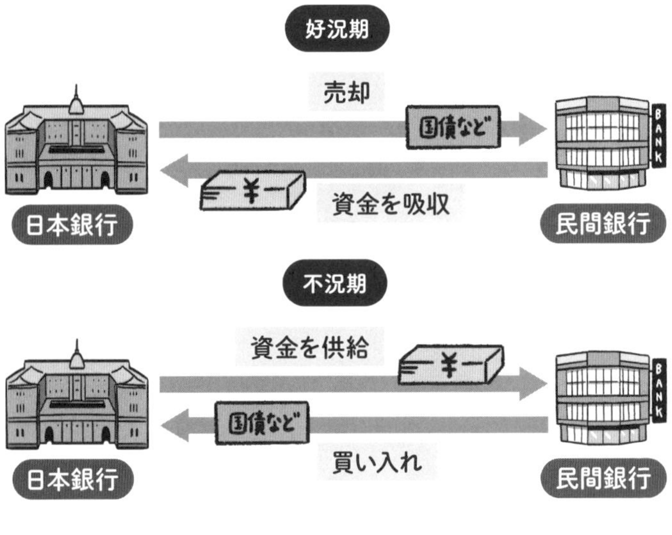

「異次元緩和」とはどういうこと？

これまで見てきたように、日銀はかつて、公定歩合の調整や預金準備率操作で金融政策を行ってきました。金融自由化後の 1995

(平成7)年からは短期市場金利を誘導するオペレーションを行うようになり、**無担保コールレート(オーバーナイト物)などについて、具体的な数値を示し、誘導目標を決めるようになりました。**その後、量的・質的金融緩和、マイナス金利付き量的・質的金融緩和、長短金利操作付き量的・質的金融緩和が導入されました。さらに近年は、新型コロナウイルス感染症対策として金融緩和を強化するなど、**「異次元緩和」の度合いは年々増しています。**

(1) ゼロ金利政策とはどんなもの？

ゼロ金利とは、銀行同士が短期で資金の貸し借りをしている「コール市場」に日銀が介入して大量の資金を供給し、**コール市場の金利を0%、もしくはそれに近い低金利に誘導する**金融政策です。1999～2000(平成11～12)年には「ゼロ金利政策」が開始され、無担保コールレート(オーバーナイト物)が、できるだけ低めに推移するよう促す政策が行われました。

(2) 量的緩和政策とはどんなもの？

2001(平成13)年には量的緩和政策が始まり、金融市場調節の主な操作目標は、無担保コールレートから日本銀行当座預金残高に変更されました。その後、2006(平成18)年に量的緩和政策が解除されると、金融市場調節の操作目標は、無担保コールレート(オーバーナイト物)に戻りました。

また2010(平成22)年には「包括的な金融緩和政策」が開始され、金融市場調節方針は**「無担保コールレート(オーバーナイト物)を、0～0.1%程度で推移するよう促す」**と定められました。日銀はこのほか、長期国債、短期国債、コマーシャル・ペーパー(CP＝無担保の約束手形)、社債、ETF、J-REITといった資産の買い入れも行いました。

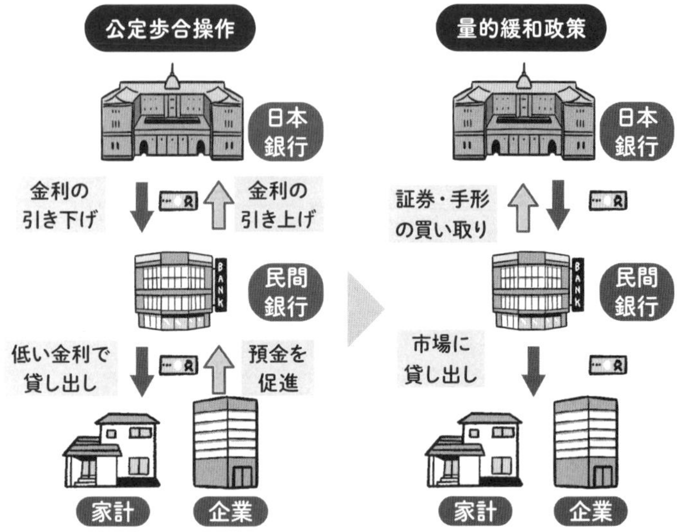

(3) 量的・質的金融緩和とはどんなもの？

日銀が2013(平成25)年4月に導入した「量的・質的金融緩和」は、それまでとは量・質ともに次元の違う金融緩和を行う、いわゆる「異次元緩和」として注目されました。具体的には**マネタリーベース（日銀が世の中に直接的に供給するお金）と、長期国債、ETFの保有額を2年間で2倍に拡大し、長期国債買い入れの平均残存期間を2倍以上に延長**しました。

その目的は、消費者物価の前年比上昇率2%と定めている「物価安定の目標」を、できるだけ早期に実現することです。

(4) マイナス金利政策とはどんなもの？

2016（平成28）年1月に導入された「マイナス金利付き量的・質的金融緩和」のもとで、日銀が取引先の銀行等から受け入れている日本銀行当座預金の一部に**マイナス0.1%**の「マイナス金利」

を適用することが決まりました。日銀当座預金は３階層に分割され、それぞれの階層ごとにプラス金利、ゼロ金利、マイナス金利が適用されることになりました。

マイナス金利が適用されるのは「政策金利残高」です。これをもつ金融機関は、マイナス0.1％を少しでも上回る金利であれば、金融市場で資金を貸し出したほうが有利です。この「政策金利残高」が全体として増えれば、マイナス金利で運用することが可能な余剰資金が増えるぶん、短期金融市場の金利に低下圧力がかかります。反対に全体として減少すれば、金利に上昇圧力がかかります。

日銀のマイナス金利政策

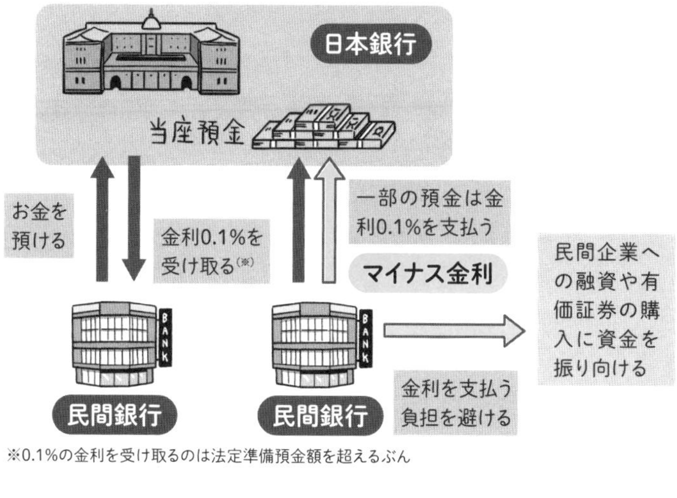

※0.1%の金利を受け取るのは法定準備預金額を超えるぶん

（5）長短金利操作付き量的・質的金融緩和とはどんなもの？

2016年９月の金融政策決定会合では「長短金利操作付き量的・質的金融緩和」が導入されました。その大きな柱は、金融市場調節によって長短金利の操作を行う**「イールドカーブ・コントロー**

ル」と、消費者物価上昇率の実績値が安定的に2%の物価安定の目標を超えるまで、マネタリーベースの拡大方針を継続する「**オーバーシュート型コミットメント**」の2つです。

短期の政策金利は、日本銀行当座預金のうち政策金利残高にマイナス0.1%のマイナス金利を適用し、**長期金利の操作目標は、10年物国債金利がおおむねゼロ%程度で推移**するよう、長期国債の買い入れを行うことが定められました。

(6) 金融緩和の強化でどうなる？

2020（令和2）年4月の金融政策決定会合では、新型コロナウイルス感染症への対応として「金融緩和の強化」を決定し、**当面、長期国債、短期国債ともに、さらに積極的な買い入れを行う**こととしました。

長期金利の操作方針については、「10年物国債金利がゼロ%程度で推移するよう、**上限を設けず必要な金額の長期国債の買い入れを行う。**その際、金利は、経済・物価情勢等に応じて上下にある程度変動しうるものとする」と定められました。

2021（令和3）年3月の金融政策決定会合では、より効果的で持続的な金融緩和を実施していくための点検を行った結果、2%の物価安定の目標を実現するために、持続的な形で金融緩和を続けるとともに、経済・物価・金融情勢の変化に対して、躊躇《ちゅうちょ》なく、機動的かつ効果的に対応していくことが重要であると判断しました。

プラスα イールドカーブ・コントロールとはどんなもの？

イールドカーブ（利回り曲線）とは、**縦軸に債券の利回り、横軸に償還までの残存期間をとったもの**で、異なる残存期間の金利水準を並べることにより、残存期間と金利の関係を表した曲線です。

通常、残存期間が長ければ長いほど、債券は将来のインフレ期待やリスクが考慮されて金利が上がるため、**右上がりの「順イールド」**の形になります。また、金融緩和のときにも順イールドになります。反対に、景気後退が予測される場合や、金融引き締め時には、例外的に**右下がりの「逆イールド」**になることもあります。

マイナス金利政策導入以降、日本のイールドカーブは平坦になっていました。日銀のイールドカーブ・コントロールとは、**短期金利をマイナスに誘導することで、これを適切な傾きである順イールドにすることを目的としている**のです。

具体的には、短期金利には日本銀行当座預金の一部にマイナス金利（マイナス0.1%）を適用し、長期金利は日銀が長期国債を買い入れることで、10年物国債金利が0%程度で推移して右肩上がりの順イールドになるよう操作します。

イールドカーブの形状

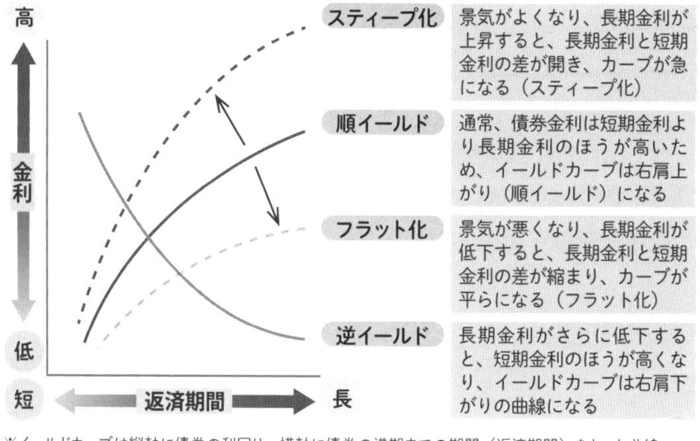

※イールドカーブは縦軸に債券の利回り、横軸に債券の満期までの期間（返済期間）をとった曲線

COLUMN

相場には4つのサイクルがある

株式相場では、金融相場、業績相場、逆金融相場、逆業績相場、という4つのサイクルが循環しているといわれます。波の大きさやサイクルはまちまちで、正確に言い当てることは難しく、その通りになるとも限りません。

しかし、そうであったとしてもこれらのサイクルに注目しておきたいのは、中央銀行の金融政策で流れが変わり、次の相場に移行することが多い、といわれているからです。

(1) 金融相場

「不景気の株高」という言葉を聞いたことがないでしょうか。この状態を生み出すのが「金融相場」です。不景気のとき、政府は政策金利を下げるなどの金融緩和を行って景気への刺激を試みます。金利が下がれば、世の中に出回るお金の量が増え、低金利で企業に貸し出されて設備投資に回るでしょう。しかし余った資金は株式市場に流れ、株高を呼び起こすことがあります。

株価は未来を先取りする、ということを述べてきましたが、まさに企業の業績回復を期待して、まず株価が上がるのです。金融相場では特に、**景気敏感株や、低金利であることがメリットを受ける不動産株などが、物色（値上がりが期待される銘柄を探すこと）されやすくなります。**

(2) 業績相場

金融緩和の効果が出はじめると、期待先行での上昇から、個別の上場企業の業績回復を好感した株価上昇に変わります。これが「業績相場」で、ここでは文字通り、**好決算を発表し、業績を伸ばしている会社の株価が相場を牽引**することになります。

(3) 逆金融相場

しかし「業績相場」が拡大しすぎると、政府や中央銀行にインフレへの警戒感が出てきます。とりわけ中央銀行の役割は物価の安定ですから、金利を上げて金融を引き締める動きに出ます。これまで述べた通り、一般に金利が上がると、投資家の資金は上下の変動リスクがある株式市場から、比較的安定して運用できる固定金利型の債券などの金融商品に動きます。そうしたこともあって株価は下落し、「調整局面」に入ります。

このような局面では、**有利子負債が多く金利負担が増えそうな会社よりも、財務が健全な会社の株が好まれやすくなります。**

(4) 逆業績相場

逆金融相場がさらに進むと、「逆業績相場」に入ります。ここでは**高金利が収益増につながる金融機関や、業績が不況に左右されない、インフラや生活必需品といった、いわゆるディフェンシブ株が物色されやすくなります。**やがて、政府や中央銀行が不景気対策に動くことにより、再び(1)の金融相場へと戻ることになります。

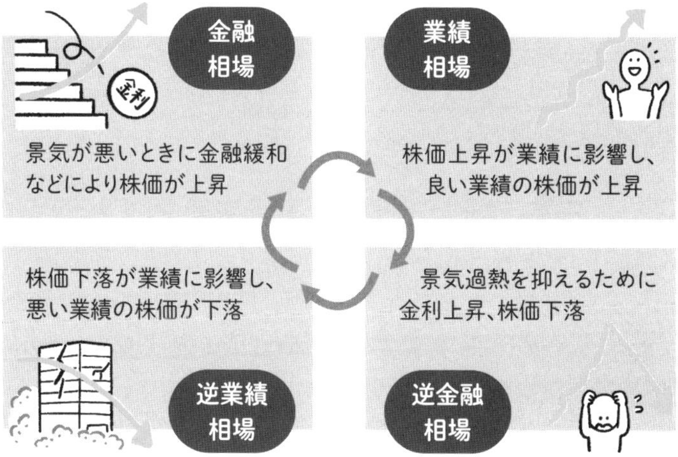

知っておきたい「為替」のキホン

為替とはそもそも、日本の商取引で古くから流通してきた、現金の代わりに支払いを依頼する証書です。現代の為替といえば、異なる通貨間で行われる「外国為替取引」です。取引の際の外国為替レートは、世界の経済に大きく影響しています。

為替の動きは経済の動き

国際的なビジネスの取引の多くは、外国為替を利用して行われます。取引に使う決済通貨が自国通貨でない場合は、自国通貨を外貨に交換しなければならず、その際に重要になるのが**「為替レート」**です。代表的な取引通貨の米ドルとの関係でいえば、日本はかつて1ドル＝360円の固定相場制でしたが、1973（昭和48）年から変動相場制に移行しました。為替レートは日々のニュースなどでも報じられています。

為替相場の変動にはさまざまな要因があり、国際情勢も大きく関わってくるため、読み取り方が非常に難しいといえます。これも今までの解説と同様に、まずは基本の考え方をおさえたうえで、ニュースなどを手がかりにしながら、自分なりのストーリーや相場観をつくることが大切になります。

円高·円安は輸出入にどう影響する？

円高・円安とは、ある時点から比べて円の価値がどう変化したか、という比較です。

円高は「円の価値が外貨に対して高い」ことを、円安は「円の価値が外貨に対して安い」ことを意味します。相対的なものなので、1ドルが何円になったら円高、円安、ということではありません。

円高、円安とは

円安とは、円の価値が下がる（=外貨の価値が上がる）こと、
円高とは、円の価値が上がる（=外貨の価値が下がる）ことを意味する

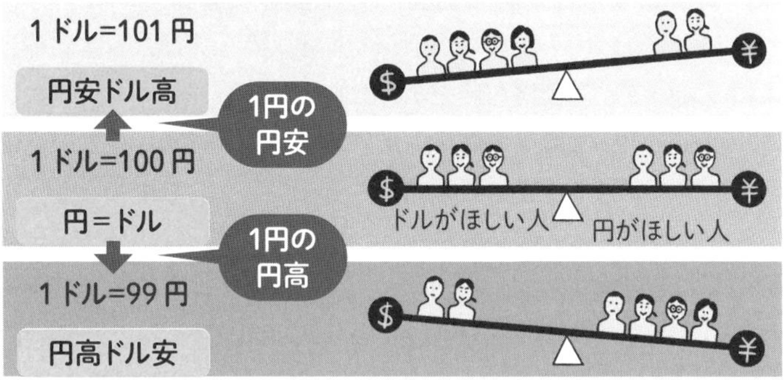

たとえば100ドルのバッグは、1ドルが100円のときは1万円ですが、1ドル＝80円の円高になれば「円の価値が上がった」ために8000円となり、1ドル＝120円の円安になれば「円の価値が下がった」ために1万2000円となります。

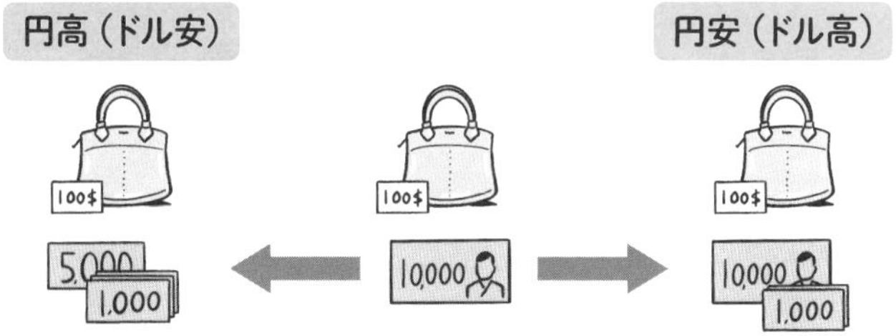

※税金などは考慮しない

（1）円高になると商品、原材料の輸入代金が安くなる

外貨でモノを買うときは、円高になると有利です。**輸入比率の高い会社にとっては海外から食品や燃料、原材料を安く買える**ようになり、消費者にとっても、輸入食材が安くなるなどの恩恵が

あります。急激に円高が進んだときには、スーパーなどで円高為替差益の還元をうたったセールが行われることもあります。

(2) 円安になると海外の売上げの円換金に有利

円安になれば輸入コストが上がります。たとえば、日本が輸入に頼っている原油価格が値上がりしたとき、石油やガソリンの価格、原油を使った製品の価格、電気代といったさまざまなモノの国内価格にコスト上昇分を転嫁せざるを得なくなるでしょう。

しかしビジネスの面から見ると、円安のメリットが見えてきます。これも理解のためのイメージですが、たとえば日本で100万円の自動車を海外で売る場合、1ドル＝100円なら100万円となり、そこから1ドル＝80円の円高になれば80万円、1ドル＝120円の円安になれば120万円です。

このように、円安のほうが、海外の売上げの円換金に有利になります。**円安は輸出企業や関連会社の業績に貢献し、そこで働く従業員や関連会社の従業員にも恩恵があります。**また海外からの観光客にも円安は歓迎されます。

円高・円安の輸出入への影響

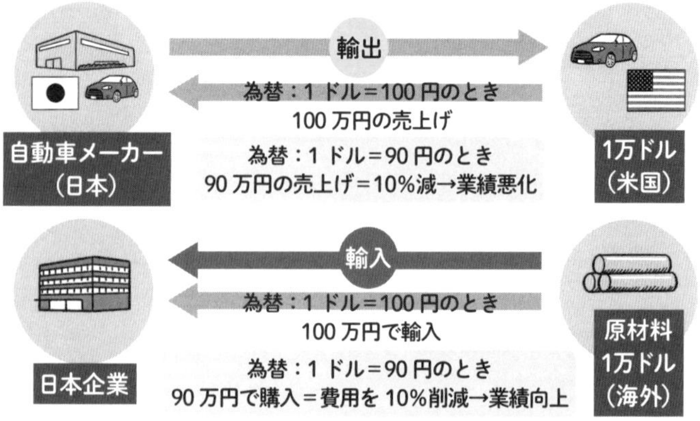

外国為替取引とはなんだろう

海外との貿易では、輸出・輸入で製品を売買したときの代金決済などで外国為替が必要になります。日本の外国為替取引の中心となるのは、円とドルの交換です。

(1) 輸入ではドル買い需要が生まれる

日本の企業がアメリカから製品を輸入するとき、代金を米ドルで支払うためには**「円を売ってドルを買う」取引**が行われます。

(2) 輸出ではドル売り需要が生まれる

日本の企業がアメリカに製品を輸出し、その代金をドルで受け取った際には、**「ドルを売って円を買う」取引**が必要になります。

(3) リスク回避のための為替予約

特に貿易では、契約から積み荷が届くまでに時間がかかるため、その間に為替相場が大きく動く可能性があります。取引通貨を自国通貨にして相手にリスクをとってもらえればいいのですが、それが難しい場合は、為替差損を避けるためにリスクヘッジをしておく必要があります。

たとえば「為替予約」は、**通貨の受け渡し日に使う為替レートを、あらかじめ銀行と約束しておく**ものです。これによって決済日よりも前に、円建ての金額を確定させることができます。実際に為替レートが不利な方向に動き、為替差損が出た場合はリスク回避になりますが、為替差益が出た場合もキャンセルができないので、為替予約したレートでの受け渡しとなります。ただし、最近の研究では、為替予約のタイミングの難しさなどから、「為替予約」を必ずしも実行しない企業や、そもそも工場の海外移転をして為替の変動リスクを抑えようとする企業もあることが報告されています。

為替はどうやって決まる？

基本的には、「経済の基礎的条件（ファンダメンタルズ）」がいい国の通貨が、長期的に見て通貨高になっていくと考えられます。しかし実際の為替相場では、それに加えてさまざまな要因が値動きに影響を与えています。

外国為替レートの変動を説明する2つの考え方

まず、為替レートの決定理論として代表的な２つの理論を確認しておきましょう。

(1) 購買力平価説

理論的にまったく貿易障壁のない世界を想定したとき、その市場では、同じ製品の価格は一つであるという法則（一物一価の法則）が成り立ちます。このときの２国間の為替相場を購買力平価といい、長期にわたる為替レートの決定理論とされています。

購買力平価説には**「絶対的購買力平価説」**と**「相対的購買力平価説」**があります。

絶対的購買力平価説は、**為替レートは２国間の通貨がもつ購買力によって決定される**というものです。具体的には、たとえばアメリカで１個３ドルのハンバーガーを日本では300円で買えるとしたら、３ドル＝300円となり、為替レートは１ドル＝100円が妥当ということになります。

相対的購買力平価説は、一方の国の物価上昇率（インフレ率）がもう一方の国より相対的に高い場合、その国の通貨価値は減っていくため、為替レートは下落すると考えます。つまり、**為替レートは２国間の物価上昇率の比で決定される**という説です。

絶対的購買力平価説のイメージ

（2）金利平価説

為替レートは名目金利の差によって決定される、という考え方が金利平価説です。この考え方では、投資家がより収益を上げられるように高金利の通貨を求めたとしても、為替レートの変動によって、結局はほかの通貨と収益率が同じになるよう収束してしまうことになります。

金利平価説に基づく金利と為替

	基準年	1年後
日本円	100円	金利1% → 101円
USドル	1ドル	金利3% → 1.03ドル
為替レート	1ドル＝100円	1ドル＝98.06円 （＝101÷1.03）

金利の高い通貨の価値が下がる

※カバー付き金利平価説の場合

為替変動の要因はどんなもの？

為替レートは複数の要因が影響し合って変動します。その主なものを挙げてみます。

(1) 需給バランス

為替相場は、需要と供給のバランスで決まります。たとえば日本とアメリカとの貿易で、日本からの輸出が増えて「ドルを売って円を買う」取引が増加すれば、円の需要が高まるため、為替相場は円高・ドル安の方向に進む可能性が高くなります。このように、**輸出金額が輸入金額を大きく上回る状態が長期間続くと、その国の通貨に対する需要が高まり、通貨高になる**傾向があります。

逆に、アメリカからモノを買うために「円を売ってドルを買う」取引が多く行われれば、円安・ドル高の要因となります。輸入金額が輸出金額を大きく上回る状態が長期間続くと、その国の通貨に対する需要が下がるため、通貨安になる傾向があります。

為替変動のイメージ

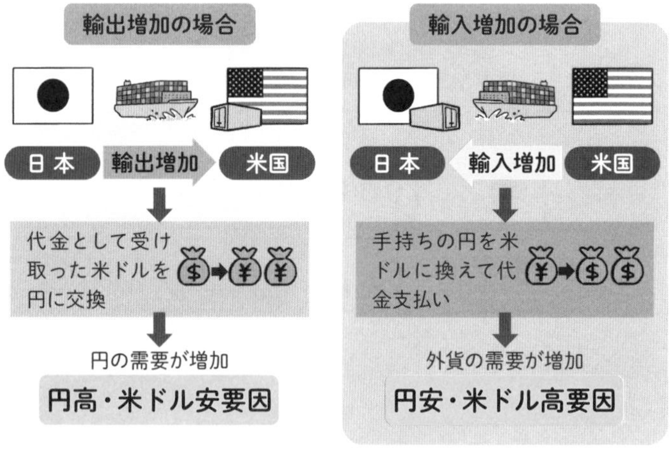

(2) 経常収支の動向

経常収支とは、海外との総合的な取引状況を示す経済指標で、一定期間の海外との貿易やサービスの取引、投資収益のやりとりなどで生じた収支を示しています。

為替相場を動かす要因の一つが、(1) で見た外貨の需給バランスですが、**経常収支は為替市場の需給に影響します。**経常収支に含まれる貿易収支が黒字になれば、獲得した多くの外貨が売られ、国内で使えるように円に換金されます。外貨が売られて円が買われるので、経常黒字は円高を招きます。

逆に経常赤字の場合は、日本円が売られて外貨が多く買われるので、為替相場は円安になります。

国際間には、貿易以外にも、**現地法人の設立や外国企業の買収、外国の債券や株式の売買、外貨預金や銀行融資**といった「資本取引」があります。この場合も、日本から海外へ投資するときは円を売って外貨を購入し、海外から日本に投資するときは外貨を売って円を買う動きになります。

かつては、貿易収支の動きが為替レートを決めるとされてきましたが、金融の自由化によって、巨額の資金が収益を求めて世界中を移動している現在では、**資本取引のほうが為替相場により影響を与える**ようになりました。

(3) 物価変動

物価変動と為替レートにはどんな関係があるでしょうか。たとえば、インフレになってモノの値段が上がると、同じモノを買うのに多く支払わなければならないため、相対的にお金の価値が下がったことになります。その場合、**円と外貨を交換する為替レートでも円の価値が下がる**ため、円安を招く原因になります。

また、円安が物価高を招くこともあります。たとえば、円安は輸出企業の業績にとってプラスに働き、海外からの観光客も日本を訪れやすくなるため、観光による収入も増えて景気が良くなる、それによって賃金も上がり、モノがよく売れて物価が上がる……という流れが生まれます。これは、「良いインフレ」といわれる物価上昇です。

（4）経済指標

政府や中央省庁、中央銀行などが定期的に公表している経済に関する統計「経済指標」も、為替動向に影響を与えます。主要国、特にアメリカの経済指標は、短期的に為替相場を変動させる要因の一つです。

近年重視されているのは**「雇用統計」**で、アメリカ国内の雇用の状況が良ければ、失業率の低下や賃金の上昇を通して、アメリカ経済の拡大につながることが予想されます。そのため、**統計結果が予想を大きく上回るとドルの買い要因**となり、日本との関係では円安ドル高になる傾向があります。

（5）金利水準

預貯金や債券への投資では、金利が高いほど大きな収益を得ることができます。もし日本の金利が据え置かれるなかでアメリカの金利が上昇したら、外貨預金や米国債などの人気が高まります。この場合は、ドルの需要が高まり、ドル高・円安の中期的な要因になります。

プラスα　為替相場の下落要因

リスク回避のために、その国の通貨が売られることがあります。たとえば内紛、戦争などが起きた場合を想像するとわかりやすいでしょう。

ほかにも、貿易赤字、景気悪化といった、その国の経済成長に陰りが見えたときは、通貨は売られて通貨安になり、通貨安がインフレを招く、といった悪い循環に入ってしまいます。

短期為替レートの決定要因

A国

・貿易赤字　・景気が悪い
・金利が低い　・政情不安定
・インフレ

↓ **為替レート下落**

→ **資金移動**

B国

・貿易黒字　・景気がいい
・金利が高い　・政情安定
・デフレ

↓ **為替レート上昇**

為替と株の関係はどうなっている？

これまで見てきたように、**財やサービスの輸出といった外需でビジネスを行う業種の会社にとっては円安がメリット**になります。**内需や輸入が多い会社の場合は、円高のほうが有利**です。

では、日本株の売買代金のうち約７割を占めるといわれる外国人投資家にとっては、円高、円安のどちらが有利なのでしょうか。

(1) 円高が続けば為替差益が狙える→日本株を買いたい

外国人投資家は、原則として、保有する外貨を円に換えてから日本株を買い、日本株を売ったときは売却代金を外貨に換えます。円建て資産に投資をする場合、自国通貨ベースで有利になるので、基本的には円高を好む傾向があります。

(2) 円安が続けば為替差損が生じる→日本株を売りたい

日本株を買ってから円高が進むと、外国人投資家は為替差益を得られます。

逆に円安が進むと、為替差損が発生します。

ちなみに外国人投資家とは、日本に居住していない外国籍の法人・個人を指し、海外の機関投資家や年金基金、ヘッジファンドなどが代表的です。東京証券取引所が発表する「投資部門別売買状況」を見れば、その動向がわかります。

外国人投資家にとって日本株は投資先の一つであり、もっと有望な投資先があれば、日本株から資金を引き揚げます。また、巨額の資金を扱う機関投資家のなかには、リスクヘッジのために投資先の比率を下げなければならない場合もあります。上記(1)(2)は基本的な動きですが、この原則から外れた売買が行われることも考えられるでしょう。

為替介入とはなんだろう

為替相場の急激な変動を抑えて安定化を図るために、いわゆる為替介入（外国為替市場介入、正式名称は「外国為替平衡操作」）が行われることがあります。日本の場合は**財務省が日銀に対して具体的な指示を行い、日銀が実務を担っています。**

たとえば、急激な円高に対応するときは、外国為替市場で円を売ってドルを買う**「ドル買い・円売り介入」**を行います。このときは政府短期証券を発行して円資金を調達し、これを売却してドルを買い入れます。

反対に、急激な円安に対応するために**「ドル売り・円買い介入」**を行うときは、財務省所管の外国為替資金特別会計（外為特会）が保有するドル資金を売却して、円を買い入れます。

為替介入とは

円安の場合	円高の場合
円買い介入	円売り介入
ドルを売って、円を買う	円を売って、ドルを買う
↓	↓
円の価値を上げようとする	円の価値を下げようとする

COLUMN

「安全資産の円」とはどういうこと？

経済ニュースで、円高の説明として「リスク回避のために、安全資産である円が買われた」と見聞きしたことがある人も多いでしょう。過去にはリーマン・ショック、ギリシャの財政危機、イギリスのEU離脱が決まった後にも一時的に円高が進みました。

しかし、東日本大震災、北朝鮮による核実験の強行やミサイル発射の際にも外国為替市場では円が買われ、「円高ドル安」が進んだことがありました。このようなケースではさすがに、首を傾げた人も多かったのではないでしょうか。

世界経済が不安定になるとなぜか円が買われる、その理由としてよくいわれるのが、「日本は世界最大の対外債権国だから」ということです。しかし、日本が外貨建ての資産を世界で最も保有していることは、決定的な理由にはなりません。

たとえば、円が買われる理由の一つに**「円キャリー取引」**というものがあります。これは、日本の銀行から超低金利通貨の円を借りて、それを外貨に換え、高金利通貨建てで投資するという運用です。しかし金融ショックが起きたときには、リスク回避のために運用していた海外資産を売り、円で返済する動きが起きます。こうした「巻き戻し」と呼ばれる円買いが大量に発生するので、円相場が大幅上昇することがあります。

また有事の際には、日本の投資家は海外の資産をいったん円に戻す**「リパトリエーション」**という行動に出やすくなるため、それを予測して先に円を買っておこうという動きも生まれ、さらに円高が進むという見方もあります。

このように、有事の円買いは、一般的なイメージの「安全資産だから」という以外の理由もあることを知っておきましょう。

インフレ、デフレとはどういうこと？

1990年代末頃から、日本経済は物価の持続的な下落を示す「デフレ」の状況に落ち込みました。政府は「デフレからの脱却」を目指しましたが、そもそもインフレ、デフレとはどういう状態で、デフレが続くとどんな問題があるのでしょうか。

需要曲線と供給曲線

経済学が想定する、すべての人々が合理的に行動する世界を前提にして話を進めます。

需要（demand）とは、買い手が買いたいと思い、かつ買うことができる量のことです。**「価格が下がるのなら買いたい」と思う人が増える関係**をグラフ化したのが、需要曲線（Demand Curve）で、右肩下がりの曲線になります。

一方で供給（supply）とは、売り手が売りたいと思い、かつ売ることができる量のことです。とはいえ、安く売ると損をしてしまうため、**「高い価格で売れるのなら売りたい」と思う人が増える関係**をグラフ化したのが供給曲線（Supply Curve）です。こちらは右肩上がりの曲線になります。

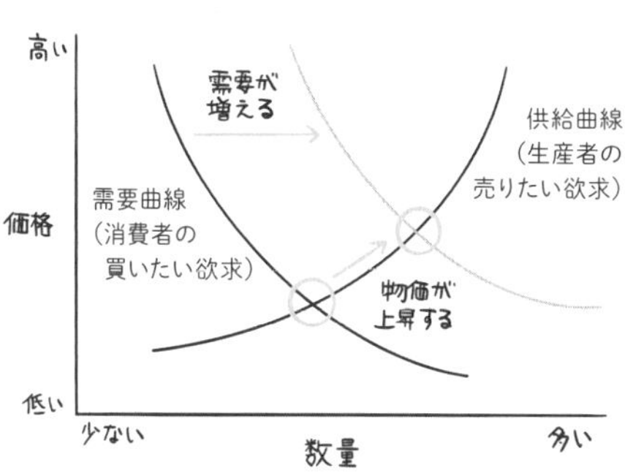

※価格以外の理由で需要が上がった場合

この２つの曲線を１つのグラフに描いたとき、需要曲線と供給曲線が交わる点を**「均衡価格（Equilibrium Price）」**といい、理論的にはそこで価格が決まります。

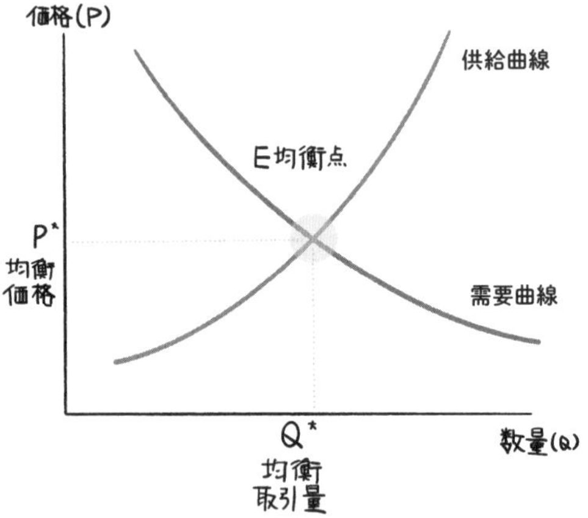

インフレとはなんだろう

物価が上がり、相対的にお金の価値が下がる、それがインフレ（inflation ＝インフレーション）です。インフレを引き起こすのは需要と供給のバランスです。供給されているモノに対して、欲しいという人のほうが多ければ物価は上がっていきます。**物価が急上昇すれば、人々に今のうちに買っておこうという心理が働き、それによって需要がさらに上がるため、さらに物価が上がる**ことになります。この繰り返しで経済が膨張していきます。

モノが売れて企業業績が良くなり、従業員の給与も増えて、物価が上がると同時に景気も拡大していくのが「良いインフレ」です。一方で、景気の拡大をともなわず、物価だけが上昇していくインフレについては、各国が警戒しています。たとえば経済破綻した国では、物価が暴騰するハイパーインフレを引き起こす例もあります。

デフレとはなんだろう

デフレ（deflation ＝デフレーション）はインフレとは逆に、需要に比べて供給のほうが多い状態です。モノが売れなくなると、売り手は値下げせざるを得ません。

物価が安くなるのは一見いいことのようですが、**値下げすれば企業の利益は減り、利益が減れば業績の悪化を招きます。**従業員の収入が減り、やがてリストラによる失業者が増え、人々は節約や買い控えをするので、ますますモノが売れなくなります。

企業は、好景気のときは設備投資をして研究開発を進めることができますが、デフレ下では付加価値の高い新製品を世に送り出すよりも、コストカットで安さ優先のモノをつくることを優先しがちです。そうした悪循環によって、気づくと国全体の経済が縮小し、企業の競争力もなくなっていく、それがデフレの怖さです。

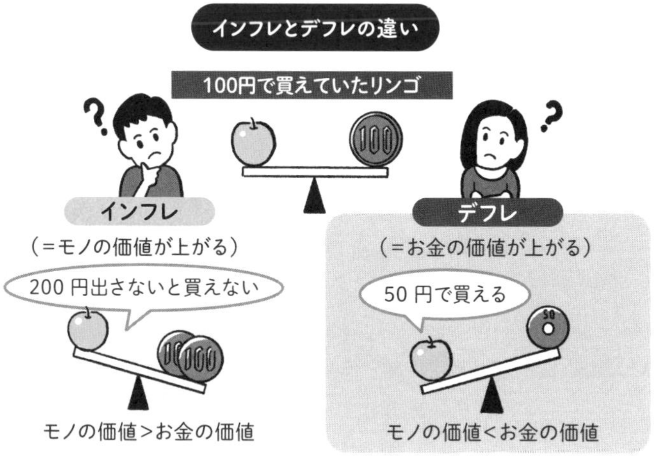

なぜ日本はデフレ脱却を目指すのか

日本経済は 1999 年頃から継続的な物価下落の状態に陥りまし

た。そして2009（平成21）年11月の月例経済報告で「緩やかなデフレ状況にある」という表現で、デフレという言葉が明記されました。

デフレの要因について内閣府は、**①安い輸入品の増大などの供給面の構造要因、②景気の弱さからくる需要要因、③銀行の金融仲介機能低下による金融要因**、の３つを挙げました。さらに、日本企業は過剰債務、銀行は多額の不良債権を抱えているため、たとえ程度が緩やかであっても、①過剰債務を抱えた企業の債務負担の増加、②実質金利や実質賃金の上昇による企業の収益の圧迫、という２つの経路を通じてデフレが企業の設備投資を抑制し、日本経済を下押ししているとしました。

2013年１月、政府と日銀はデフレ脱却と持続的な経済成長の実現のための政策連携について共同声明を出し、**「物価安定の目標」を消費者物価の前年比上昇率で2%**としました。このように政府や中央銀行が物価上昇率（インフレ率）に一定の数値目標を掲げ、通貨量を調節することで緩やかなインフレを誘導し、安定した経済成長につなげようとする金融政策を**「インフレターゲット（Inflation Targeting）」**といいます。以来、政府と日銀は大規模な金融緩和政策や景気刺激策を行っています。

デフレは物価が持続的に下落してモノの価値が下がり、相対的にお金の価値が上がる現象です。つまり、デフレ下ではお金は使わずにもっているほうがいい、ということになってしまいます。そこで、まずインフレターゲットによっていずれ物価が上がることをアナウンスし、消費を先送りしている状態から、人々を適切な経済活動に戻そうと動きます。消費が増えれば、企業の業績も回復していくことから、その先には、個人や企業からの税収が元に戻っていき、政府も適切な公共サービスの提供を行うことができるようになる――。このように、できるだけ早く経済の循環の正常化を実現するべく「デフレからの脱却」が目標とされたのです。

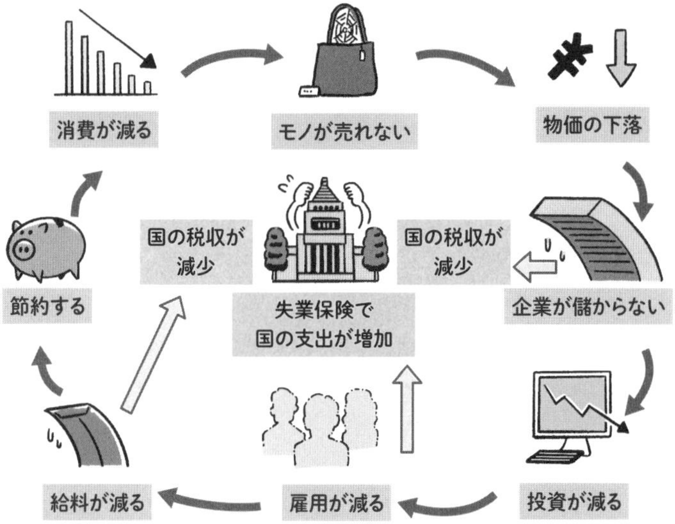

インフレ・デフレと企業利益の関係

商品やサービスの単価が上がれば、それを販売する会社の利益は上がり、下がれば利益は減退します。インフレは物価上昇ですから、モノの単価が上がれば、会社の利益も上がりやすいです。

逆にデフレの特徴は物価下落ですから、モノの単価が下がり、利益を圧迫します。株価はその会社の収益を反映するので、基本的には**モノの値段が上がっているときには株価が上がりやすく、モノの値段が下がれば株価も下がります。**

さらに、デフレで急速に物価下落が進んでも、企業が金融機関から融資を受けている金利はマイナスにはなりません。また、デフレだからといって従業員の給与を下げることも現実的に難しいでしょう。そうしたことから、デフレは会社経営にとっても、非常に厳しい環境になります。

デフレの影響を受けにくい企業とはなんだろう

長いデフレ下では、高品質・低価格の商品を提供する会社が節約志向の消費者から支持され、業績を伸ばしました。たとえば、デフレ時代の外食の代表ともいえる、牛丼をはじめとする低価格の外食チェーン、ディスカウントストアや100円ショップです。

また、企画・計画・生産・物流・販売までのプロセスを一貫して行うSPA（Specialty store retailer of Private label Apparel＝製造小売業）の代表ともいえる、「ユニクロ」などを展開するファーストリテイリング、「製造物流小売業」を名乗り、商品企画から製造・物流・販売に至るまでの一連の過程をグループ全体でプロデュースし、家具・インテリア用品を手がけるニトリホールディングスといった企業が注目されています。

これらのビジネスモデルは、卸売業者や小売業者を必要としないためコストが削減でき、市場のニーズに合った商品を速いサイクルで出し、改良にも迅速に対応できます。浮いたコストを品質向上に回すこともできるので、競争力が高い商品をつくることも可能です。業績を伸ばしたこれらの会社は、**安さと品質が両立している点が強み**になりました。

消費者が「価格」重視でモノを選ぶようになると、クオリティは高くても値段もそれなりに高い高級品にとっては逆風です。デフレに強い企業が、低価格で品質にも満足できる商品を販売しているため、消費者は高級品に対して「それだけのお金を払う価値があるか」という厳しい目を向けます。買うときも、正規店やデパートの定価販売ではなく、安さを求めてアウトレットモールやディスカウントストアで探すという消費行動も生まれます。現在は、高級品小売業やデパートのように、定価販売をする小売業にとっては厳しい経済環境といえます。

第4章

国際貿易を読み解けるようになろう

なぜ、ほかの国々と貿易をするのか

貿易は GDP（国内総生産）に影響を及ぼし、GDP は株価に影響します。そのため基本的には、障壁のない自由貿易は株価へのプラス要因になるとされています。ここではその理由を、経済理論を紹介しながら確認していきます。

保護貿易とはどんなもの？

まず、保護貿易について簡単に整理しておきます。貿易に対する国家の介入の代表的なものが**「関税」**です。海外から商品を輸入する際には通関という手続きがあり、そこで関税が課されます。その大きな目的は、**安価な外国産製品との競争で国内商品が売れなくなり、産業の衰退を招くことを防ぐため**で、輸入品に対する価格調整を意味しています。

輸入品の数量を制限する、高い関税をかけるといった「保護貿易」には、自国の産業を保護し、雇用を守るなどの目的がありますが、保護をしすぎると自国の産業が成長する機会を奪ってしまうという留意点もあります。

外国との貿易に何ら制限を設けることなく自由に貿易すること

外国との貿易に国が介入し、自国の産業を保護・育成すること。保護の方法には、関税、輸入数量制限（一定数量以上の輸入を禁止する）、非関税障壁（輸入する際の手続きや検査の基準を厳しくする）などがある

行きすぎた保護貿易が過去の大戦を生んだ

世界史を振り返ったとき、20世紀初頭の世界は保護貿易主義をとり、外国からの輸入を制限し、高い関税をかけ、自国と植民地の間だけで貿易を行う排他的な**ブロック経済**を築きました。植民地をもつ国ともたざる国が衝突し、やがて2度の世界大戦に突入したのは歴史が語る通りです。

戦後、世界は自由貿易へと舵を切りますが、2017年にトランプ大統領が登場し、**環太平洋パートナーシップ（TPP）協定からの離脱**や北米自由貿易協定（NAFTA）再交渉といった、過去のアメリカの大統領では考えられない交渉を進めました。さらに米中貿易摩擦により、貿易戦争とまでいわれる関税のかけあいの応酬を引き起こしました。

さらに近年では、新型コロナウイルス感染症拡大によって国境が封鎖され、世界中に広がったサプライチェーン（供給網）が分断されるという、これも例のないことが起きています。自由貿易が本当にいいことなのか、リスク回避のために自国産業をもっと育てたほうがいいのかといった、難しい問題も浮き彫りになりました。

そうした最近の出来事も踏まえつつ、国際貿易について改めて考えてみましょう。

絶対優位、比較優位とはどういうこと？

国家間の貿易は、国家が干渉をしない自由な貿易、「自由貿易」が望ましい――。その根拠となっているのが、19世紀のイギリスの経済学者、**デヴィッド・リカードの「比較優位」**（comparative advantage）という考え方です。

まず、比較優位以前には、18世紀のイギリスの経済学者、**アダム・スミスが提唱した「絶対優位」**の考え方が主流でした。これは、自由貿易を前提としたとき、最も効率的に生産できる自国の得意な分野に集中して生産し、その生産物を他国に輸出することで、貿易を行った国それぞれが利益を得ることができる、というものです。**生産に必要な投下労働量が他国に比べて小さいことを、「絶対優位をもつ」といいます。**

しかし絶対優位の考え方では、生産性が絶対的に優れていることが重視されるので、もし、その国のすべてのモノの生産性が他国より劣っていたら、その国は生産性の高い国に対して輸出することに意味をもたなくなってしまいます。

そこで絶対優位の理論を掘り下げ、修正する形で出されたのが、「比較優位」です。この考え方では、他国に比べて絶対的に優位でなくても、自国のなかで相対的に優位であるかが基準になります。**大国でも小国でも、自国で最も優位な分野のモノを輸出すれば、世界のトータルでは生産量が拡大して、利益も増える。**それが貿易のメリットということになります。

自由貿易は株価にプラスの要因

投資という視点で見たとき、自由貿易は株価へのプラス材料です。貿易が活性化される環境にあるか否かで、その国のGDP（国内総生産）は変化します。

(1) 日経平均株価は貿易動向に左右されやすい

GDPに対する輸出入額の比率を「貿易依存度」といい、日本の場合は2019年時点で27.31％（世界185位）で、そのうち輸出依存度はGDP比18％と、主要先進国のなかでも低めです。

しかし、輸出や海外需要により収益を上げている企業の多くは、**上場企業のなかでも時価総額割合が多い製造業**です。そのため、日経平均株価は貿易動向に左右されやすくなっています。

(2) 保護主義が株価にプラスに働く？

（1）で見た理由から、日々のニュースで自由貿易を推進するような動きが出てきた場合、基本的には企業の経済活動を後押しすると捉えることができます。たとえば、**世界各地で進んでいる地域的経済統合と関税撤廃のためのステップは、株価に対してプラス**になるでしょう。

さらに、そこで報じられた国が、どの国への貿易依存度が高いかを確認してみます。多くの場合、アメリカか中国という結果になるので、米中とその国の関係、外交、自由貿易を妨げるような要素があるか調べてみても興味深いでしょう。

反対に、保護貿易の促進は基本的にマイナス要因ですが、時には例外もあります。たとえば、トランプ政権下でアメリカと中国がお互いに追加関税をかけあっていた時期、トランプ大統領は財政出動など貿易とは別の手段で自国経済の活発化を促したため、アメリカ株は上昇。世界中の株価がむしろ上昇したのです。

(3) 政策の判断には長期的な目線が必要

政策が株価に与える判断には、長期的な目線も必要です。たとえば、自由貿易を加速させれば自国の産業が停滞してしまう、という意見がある一方で、競争にさらされるのは良いことだという、相反する考え方もあります。

日本は国内産業保護の観点から農産品の関税を重視しており、TPPなどの貿易交渉では特に農作物の重要5品目（コメ、麦、牛肉・豚肉、乳製品、サトウキビなどの甘味資源作物）の保護に重点を置いています。これに対して、保護するばかりではなく、1次産業としての農林漁業と、2次産業としての製造業、3次産業としての小売業等を掛け合わせた、いわゆる**「農林漁業の6次産業化」**で新たな付加価値を生み出し、所得の向上や雇用の確保を目指す動きもあります。日々のニュースを追いながら、日本の産業がどう変化していくかを長いスパンで考える必要があります。

COLUMN

幼稚産業を守ることも大切

発展途上にある企業にとって、自由貿易の下、海外企業との競争が死活問題となることがあります。そのため、**必要な期間だけ政府が競争に耐えられない未発達の産業（幼稚産業）への保護政策をとることがあります。**

たとえば日本には、自動車産業を手厚く保護してきた時期があります。自動車メーカー各社が1950年代半ばに生産台数を増やしはじめたのに合わせて、政府も自動車産業の育成を目指し、乗用車の輸入を制限し、輸入車に関税を課しました。ただ外国からの圧力もあって、これは貿易自由化を前にした一時的な保護政策でした。

国が国際的に競争できない幼稚産業を保護することは、自由貿易で得られるはずの利益を失うため、短期的には損失になります。保護を受けている産業にとってはプラスになりますが、**GDP、株式指数といったマクロで見れば、マイナスと考えたほうが無難**です。

しかし、もしその産業がうまく育てば、将来の利益を生むでしょう。つまり、もし保護するのであれば、保護することで被る損失を上回るだけの成長を期待できる産業かどうかを見極める必要があるということです。

自由貿易促進の取り組みはどうなっている？

世界各地で、大きな自由市場を形成し地域内で経済的な結びつきを強めるための「地域的経済統合」の流れが加速しています。域内での関税を撤廃し、より自由な貿易を目指す動きはどのように進展し、どのような影響をもたらすのでしょうか。

自由な貿易協定締結の広がり

貿易自由化のニュースは基本的に株価にはプラスで、さらには、ニュースに出てきた国の主要な貿易相手（たいていの場合、アメリカか中国）との外交や、自由貿易を妨げる要素の有無を確認しておくと今後の動きが読みやすい、ということを説明してきました。**関税は貿易にとって文字通り「障壁」**となり、関税が導入されれば滞り、免除される分野にはお金が流れ込みます。最近の事例を確認しておきましょう。

（1）WTOから地域間交渉へ

1995年に設立された国際機関、WTO（World Trade Organization＝世界貿易機関）は161の国と地域の「全会一致」を原則としていたため、先進国と発展途上国が対立し、やがて交渉停滞に陥ります。それを受けて2000年代、世界では関税の撤廃・削減を定める**FTA（Free Trade Agreement＝自由貿易協定）**や、関税だけでなく知的財産の保護や投資ルールの整備なども含めた**EPA（Economic Partnership Agreement＝経済連携協定）**といった、2国間交渉が主流になりました。

しかし、2国間交渉は煩雑なこともあってか、その後は、2018年に発効した**TPP（Trans-Pacific Partnership＝環太平**

洋パートナーシップ協定)、2019年に発効した日EU・EPA、2022年に発効する予定の**RCEP《アールセップ》(Regional Comprehensive Economic Partnership＝東アジア地域包括的経済連携)**のように、地域間交渉が主流になり、現在に至っています。

(2) 日本が取り組む地域的経済統合

次に、代表的な地域的経済統合がもたらす影響を整理しておきます。

①日本はどの国とEPAを結んでいるの?

日本は2001年に、まずシンガポールとのEPAの交渉を開始し、翌02年に署名、発効。その後、メキシコ、マレーシア、チリ、タイ、インドネシア、ブルネイ、ASEAN全体、フィリピン、スイス、ベトナム、インド、ペルー、オーストラリア、モンゴルと締結し、最近では2018年末にTPP11協定、19年にはEU(欧州連合)、20年にはアメリカ、21年にはイギリスとのEPAが発効しています。

WTOには、最も有利な条件の国と同じ待遇を他のすべての加盟国に対しても与えなければならないという**「最恵国待遇」の原則**があるため、一部の例外を除き、基本的には加盟国は一律の関税率となります。しかし、EPAはそれよりもフレキシブルです。

また、貿易交渉といえば製品や農作物の輸出入に関するものが思い浮かびますが、EPAでは**サービスや人の移動なども含まれ**、たとえば、インドネシア、フィリピン、ベトナムからの外国人看護師・介護福祉士候補者受け入れなども対象になります。

ところでEPAに参加するにあたり、日本国内で大きな議論となるのは**農業と医療**の分野です。

まず農業では、輸出先国の関税が撤廃されることで、政府は日本の高品質な農林水産物の輸出拡大を実現しようとしています。

ただし輸入に関しては、国内農業保護のため、**農産物の重要5品目では関税を維持する**方針をとっています。

医療で議論になるのは、**公的医療保険の自由化問題**です。この制度が参入障壁となって、進出機会を逸したことを理由に損害賠償を請求される可能性も指摘されています。

また、日本では原則禁止とされている「混合診療」（健康保険の範囲内については健康保険で、範囲外については自費［自由診療］で支払う）が解禁になると、国民皆保険制度の崩壊につながると懸念する声もあります。

プラスα　日EU・EPAとはなんだろう

2018年7月に日本とEUはEPAに署名しました。この協定は、日本とEU双方にとって最大のFTAで、**人口6億人超、世界GDPの約3割をカバーする規模**です。

日EU・EPAがもたらす効果

日EU･EPAによって、EU側の関税撤廃率は約99%となり、工業製品は100%、乗用車は8年目に撤廃、自動車部品は貿易額で9割以上が即時撤廃、農林水産品等はほとんどが即時撤廃、酒類は日本ワインの自由な流通が可能、「神戸ビーフ」「夕張メロン」などの地理的表示の保護を確保、という結果になりました。

一方で、日本側撤廃率は約94%となり、その内訳は農林水産品約82%、工業品等は100%で、コメは関税削減・撤廃等の対象から除外されました。

当時はアメリカのトランプ政権が保護主義的貿易政策を打ち出し、FTA交渉の場でも他国に対して保護主義的主張を繰り返していました。しかしその方法では、話はなかなかまとまりません。お互いの意見を尊重して妥協点を見つけ、国際貿易体制を築く日EU・EPAが発効した意義は大きかったといえます。

②アメリカが離脱したTPP11

TPPとは、アジア太平洋地域において、モノの関税だけでなく、**サービス、投資の自由化を進め、さらには知的財産、金融サービス、電子商取引、国有企業の規律など、幅広い分野でルールを構築する経済連携協定**です。日本は2013年に当時の安倍首相が交渉に参加することを表明し、同年7月から正式に参加しました。2015年10月のアトランタ閣僚会合で大筋合意に至り、翌16年2月、ニュージーランドで署名されました。

2017年1月にアメリカがTPPからの離脱を表明したことを受けて、アメリカを除く11か国の間で協定の早期発効を目指して協議を行いました。そのなかで、アメリカが主張していた、**知的財産分野、投資家と政府間の紛争解決の項目などについては、11か国の合意で一部凍結**することが決まりました。

同年11月、オーストラリア、ブルネイ、カナダ、チリ、日本、マレーシア、メキシコ、ニュージーランド、ペルー、シンガポール、ベトナムの11か国による大筋合意に至り、2018年3月、チリで「環太平洋パートナーシップに関する包括的及び先進的な協定」が署名され、2018年12月30日に発効しました。

交渉の結果、日本以外の11か国で工業製品の99.9%の関税が撤廃されることになり、さらに、投資ルールの強化、通関手続きの迅速化、知的財産保護、オンライン取引での詐欺的な行為等を禁止する法令を制定・維持することなどのルールが定められました。またTPP協定には、民間医療保険の拡大や混合診療の解禁といった公的医療保険制度のあり方そのものについて、変更を求める内容は含まれていません。

日本を取り巻く自由貿易圏

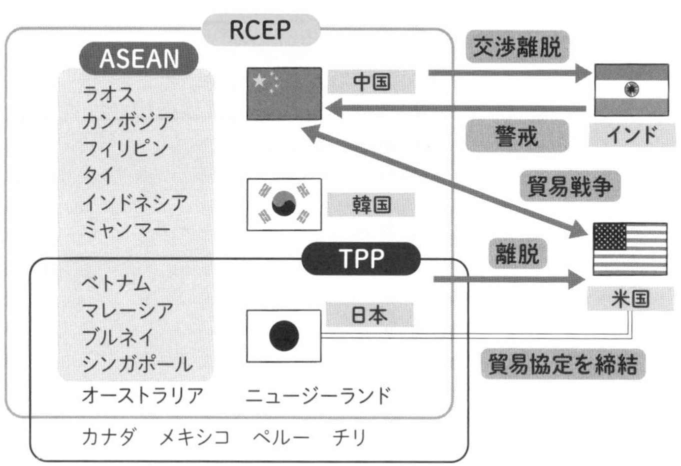

③ RCEPとはどんなもの？

2012年に交渉が始まり、2020年11月15日に署名された

RCEPは、**ASEAN加盟10か国とそのFTAパートナー国の15か国からなる経済連携協定**です。参加国は、日本、中国、韓国、オーストラリア、ニュージーランドと、ブルネイ、カンボジア、インドネシア、ラオス、マレーシア、ミャンマー、フィリピン、シンガポール、タイ、ベトナムのASEAN10か国となり、インドは参加見送りとなりました。

RCEPでは農林水産品や工業製品などへの関税の減免、輸出入の手続きの簡素化、サービスの貿易や投資のルールが多くの分野で定められています。

日本企業へのメリットとしては、たとえば、これからも成長が期待される電気自動車用のモーター、リチウムイオン蓄電池の素材、鉄鋼関連の製品などの関税が今後撤廃されることなどがあります。

また日本にとっては、**貿易額1位の中国、3位の韓国と結ぶ初めての経済連携協定**で、中国、韓国向けの輸出品では、日本酒や焼酎の関税も段階的に撤廃されます。ただし、輸入では、国産品への影響が大きい農産物の重要5品目の関税は維持されるため、それらについての影響は限定的だろうと予測できます。

プラスα デジタル分野の通商ルール

RCEPでは、企業が自由に活動できる環境を整えるための電子商取引に関するルールも定められました。

たとえば、これまでは自国に進出する外国企業に対して、自国内へコンピュータ関連設備を設置することや、技術情報の提供を要求する国がありました。RCEPでは、こうした技術移転を求めること**（データ・ローカライゼーション）**を禁止する規定が盛り込まれ、また、公共の政策上及び安全保障上の理由での制限を課すことを防げないという条件付きで、工場や機器の稼働状況などのデジタル情報について、国境を越えて自由に流通できるようにすること**（データ・フリーフロー）**も義務づけられました。

特に中国はRCEPで投資や知的財産権などに関する規定を初めて受け入れたため、**中国を含む地域でデータ移転の障壁がなくなったことは、ビジネスに欠かせない各種データの収集等にとっても追い風**です。

国境をまたぐデータについては、誰が管理・運営するのかという課題が常にあり、データガバナンスの視点から各国共通のルールづくりが待たれていました。データを国境に関係なく流通させた理由は、そのメリットの大きさです。たとえば、A国からの観光客がB地域で強い経済効果を生んでいる、といったことがわかれば、マーケティングにも利用できますし、新型コロナウイルス感染症拡大のような疫学の視点から、感染防止のための各国共通ルールをつくることにも役立つかもしれません。

デジタル経済が急速に拡大するなか、世界中のデータを安全に活用できる環境整備は、今後の産業創出にもつながるでしょう。

（3）米中貿易摩擦はどうなっている？

アメリカと中国の貿易摩擦は1990年代からありましたが、2018年3月に当時のトランプ大統領が鉄鋼・アルミ製品に対して関税を上乗せする大統領令に署名したことで、貿易摩擦から「貿易戦争」といわれる事態となりました。

その後は両国の追加関税の応酬となり、JETROの統計によると、中国の2019年上半期のアメリカへの輸出額は、前年同期比8.1％減の1993億5946万ドルとなり、アメリカからの輸入額は、前年同期比28.5％減の589億9014万ドルとなりました。減少幅は、2018年下半期（20.8％減）から7.7ポイント拡大し、**中**

国の輸入額上位20か国で最も大きな落ち込みとなりました。

アメリカの中国に対する強硬な姿勢の背景には、貿易赤字の削減、トランプ氏の大統領選での公約の実現、支持率上昇のほかに、経済成長を遂げた中国への脅威も指摘されています。

米中貿易の不均衡をもたらす原因は、**中国政府が国内企業を支援して輸出を促進する不公正な政策**にある、というのがアメリカの主張でした。しかし中国にとっては国のシステムの根幹に関わる部分が批判されたため、問題がさらに複雑になったという見方もあります。

バイデン政権に移行した現在も、発表された措置等から見ると、方法は異なってもトランプ前大統領の対中強硬姿勢を今のところ踏襲するつもりのようです。ただ、トランプ政権によって課された対中関税を、中国から製品を輸入するアメリカ企業が負担しているケースもあり、対処しなければならない問題は多くあります。

ところでアメリカと中国による関税の応酬の影響は、両国間だけにとどまりません。ビジネスがグローバル化した現代では、第三国の会社であっても、中国に拠点がある、中国と取引があるというように、その影響を受ける場合が少なくないからです。

企業への影響としては、追加関税引き上げぶんに該当する取引では、その負担は取引相手と折半することも、また自社ですべて負わなければならない場合もあります。**関税ぶんを価格に転嫁して値上げ**せざるを得ない場合、取引先からの受注減や解約につながるケースも考えられます。関税を避けて中国から他国に生産を移管する場合には、そのための調査や手続きに人員や時間が必要となり、いずれもコスト増が避けられません。

企業が制裁を受けることの影響もあります。たとえばアメリカ商務省は中国の通信機器メーカー、**ファーウェイ（HUAWEI＝華為技術）向けのハイテク輸出規制を強化**しており、またアメリカは安全保障の観点から、ファーウェイの製品を使用しないよう、同盟国に呼びかけました。

同社はスマートフォンだけでなく、通信事業者向けネットワーク事業も手がけています。次世代高速通信「5G」関連の事業からのファーウェイの締め出しは業界に大きく影響します。ファーウェイの技術に依存している、製品の大口調達先である、などの場合は、それに代わるサービスを他社から探さなければならず、打撃を受けることになります。

他方で、中国からの移管先として選ばれる国や会社にとってはチャンスということになるでしょう。

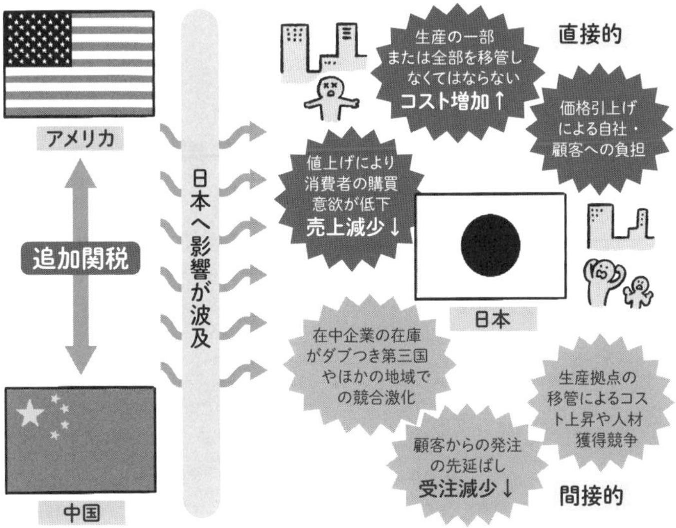

外国とのお金のやりとりの収支を知っておきたい

海外と取引しているモノやサービス、投資の状況を示す経常収支。これを見れば、一国の対外経済取引状況がわかります。日本の場合、長い間貿易黒字を牽引してきた製品の輸出に代わり、投資や観光収入、ロイヤリティが経常黒字を生み出しているようです。

国際収支とはどんなもの？

まず、「国家の家計簿」のような存在である国際収支の話から始めましょう。

国際収支を示した「国際収支表」の大項目は**「経常収支」「資本移転等収支」「金融収支」**の３つから構成されます。経常収支には、輸出と輸入の差を示す「貿易収支」、海外との間で生じた所得や利払いなどをまとめた「所得収支」などがあります。

国際収支	経常収支	居住者と非居住者の間で行われた債権・債務の移動を伴う、すべての取引の収支状況を示したもの	貿易収支：財貨（モノ）の取引（輸出入）の収支を示したもの
			サービス収支：輸送や旅行通信、金融、情報など、サービス取引の収支を示したもの
			第一次所得収支：対外金融債権・債務から生じる利子や配当など
			第二次所得収支：官民の無償資金協力、寄付、贈与の受払など
	金融収支	居住者と非居住者の間で行われた金融資産にかかる債権・債務の移動を伴う、取引の収支状況を示したもの	直接投資：親会社、子会社間での配当金や利子などの受払
			証券投資：株式配当金及び債券利子の受払
			金融派生商品：金や原油など、指数や商品に連動する金融商品
			その他の投資：寄付、借入、預金などに関わる利子の受払
			外貨準備：日銀などが保有する外貨量の増減
	資本移転等収支：対価の受領を伴わない固定資産の提供、債権免除ほか、非生産・非金融資産の取得処分など		
	誤差脱漏：統計をした過程で生じる技術的な計算のずれを調整するための項目		

これらの項目のなかで特に重要なのは、経常収支の項目の一つである「貿易収支」と「第一次所得収支」、そして「金融収支」になります。

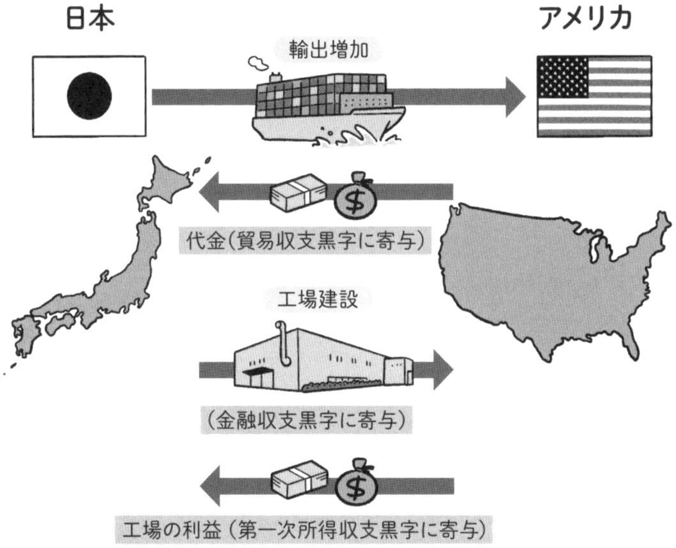

(1) 貿易収支

国際収支のなかで、国内居住者と非居住者の間の輸出入を計上する勘定です。

輸出が輸入を上回る状況を「貿易黒字」、輸入が輸出を上回る状況を「貿易赤字」といいます。**貿易黒字が増えるとGDPが押し上げられ、貿易赤字が増えると逆に押し下げられます。**

また一般的には、貿易黒字が増えると受け取る外貨が増え、それを日本円に替えるときに外貨を売って円を買うことになるため、円高圧力が高まります。

（2）第一次所得収支

居住者と非居住者との間の生産要素（労働、資本）の提供に対する報酬の収支であり、対外金融債権・債務から生じる利子・配当金等の収支状況を示しています。

第一次所得収支は、**日本にとっては過去に貿易で得た巨額の資金を海外投資した成果**であり、この黒字は、いわば不労所得といえるものです。

（3）金融収支

国際収支のうち金融資産の収支状況を指します。**海外で事業を行うための直接投資、海外との株式、債券の取引を含む証券投資、金融派生商品、これら３つの収支以外のその他の投資、及び外貨準備を足した合計**です。

日本の経常黒字の牽引役は「投資」

経常収支を見れば、その国の対外経済取引状況がわかります。日本の経常黒字の牽引役は長年、自動車などに代表される機械製品の輸出でしたが、近年は、活発な海外投資や訪日外客数の増加にともない、投資や観光・ロイヤリティ収入が経常黒字を押し上げてきています。

近年の貿易構造は、石油などを中心に輸入数量が減少しづらい一方、製造業の生産拠点の海外移転が進んだことなどから輸出数量も伸びにくく、結果として貿易黒字が抑制される傾向にあります。その一方で、**海外との配当や利子の受払いを示す「第一次所得収支」の黒字が増加**しています。これは、長年の経常黒字を背景として日本が対外投資を行ってきた結果です。第一次所得収支の黒字は、貿易収支の変動を吸収できる規模の金額になってきています。

経常収支の赤字･黒字で為替はどうなる？

一般的には、経常赤字は通貨安の、経常黒字は通貨高の要因になるといわれます。たとえば対アメリカで経常赤字の場合は、ドルで支払いを行うために円をドルに交換する**「円売り・ドル買い」**が優勢となり円安の要因に、経常黒字の場合には、受け取ったドルを日本国内で使えるように**「ドル売り・円買い」**が多くなるため円高の要因となります。

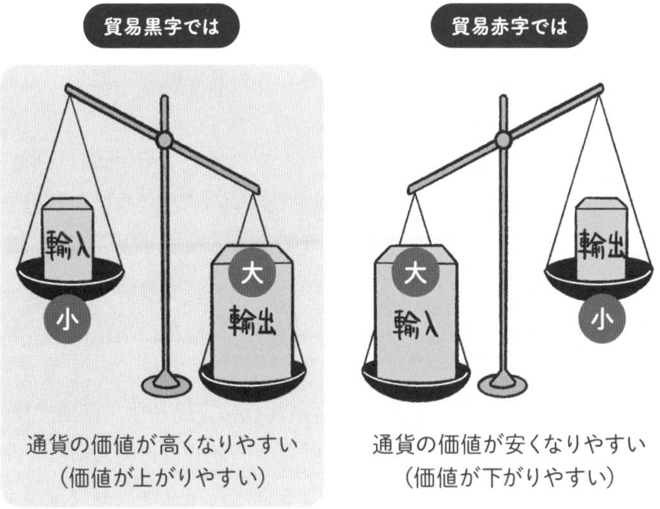

しかし近年は、たとえば円安局面でも輸出量が伸びないなど、**為替が動いても輸出量にほとんど影響を与えていません。**その背景にあるのは、日本企業が海外に工場を建設するなどの生産移管が進んだことで現地調達率が上がっている、市場環境が為替変動に合わせて現地価格を簡単に変更できる状況にない、競争力を失った製品の生産自体が減少している、といった要因が考えられます。

日米関係はどうなっている？

アメリカは国民の購買力が高いこと、世界経済の中心国であるために通貨高になりやすいなど、構造的に貿易赤字を招きやすい国といえます。1980年代には日本、90年代以降は中国に対する巨額の貿易赤字を抱え、最近では「米中貿易戦争」に発展しました。これら3国の関係を整理しておきます。

日米貿易の歴史をおさらいする

日本とアメリカ、そして中国をめぐる貿易を戦後の歴史から簡単に振り返ってみましょう。

1945年の第二次世界大戦の終戦、その後の占領期間ののち、1951年の**サンフランシスコ講和条約締結**を経て日本は国際社会に復帰しました。アメリカは、敗戦国である西ドイツ（当時）や日本に対して経済支援を行うようになります。その背景には、米ソ対立の深刻化、中華人民共和国の建国といった、東西冷戦の影響があったといわれています。

日本は農村から都市部への労働力の供給、官民一体の産業政策、割安な輸出品とその買い手である巨大なアメリカ市場といった環境に恵まれ、自由主義陣営の国として急成長を遂げ、高度経済成長を迎えました。

一方でアメリカは、1960年に始まったベトナム戦争の長期化で戦費がかさみ、莫大な貿易赤字と財政赤字の双子の赤字を抱えることになります。1970年代には「対敵通商法」によって日本に繊維製品の輸出自主規制を要求し、やがてその対象は鉄鋼、カラーテレビにも及びました。80年代に入ると自動車が標的とされ、**日本政府と自動車業界は輸出自主規制を受け入れます。**アメリカの対日貿易赤字はさらに増加し、日本の金融を含めた市場の閉鎖性が指摘され、いわゆる**「ジャパンバッシング」**が激化します。

しかし1990年代、日本ではバブル経済が崩壊し、その後は工場の海外移転、国民の可処分所得の減少、労働者人口のピークアウトなどによって国内市場の弱体化が顕著になります。そしてアメリカの関心は、新たに台頭してきた中国に移り、今度は日本叩き（バッシング）ではなく、日本を素通りする**「ジャパンパッシング」**という現象が起きるようになってきました。

日本の対米、対中貿易を知っておきたい

2019年の、金額ベースで見た日本の**輸出先は1位がアメリカ、2位が中国、3位が韓国**で、日本の**輸入先は1位が中国、2位がアメリカ、3位がオーストラリア**です。

アメリカへの輸出は、自動車、原動機、自動車部品がトップ3で、これだけで全体の約40%を占めています。アメリカからの輸入を品目別に見ると、多い順に、原動機、航空機類、医薬品ですが、これらを合わせても約18%で、多くの製品をバランスよく輸入していることがわかります。

JETROのレポートによると、2019年の中国への輸出は1715億1465万ドル（前年比マイナス4.8%）、構成比で最大品目の電気機器は集積回路が増加したものの、全体では減少しました。

中国からの輸入は1692億1830万ドル（前年比マイナス2.5%）で、多い順に、電気機器、機械類、衣類・同付属品となり、合わせて51%を占めています。このうち電気機器はスマートフォンなどの携帯電話端末が大幅減となりました。また、衣類・同付属品についても、**中国からASEANへのシフトがよりいっそう進み、減少**が目立ちました。

日米の貿易相手国（2019年、金額ベース）

日本の輸入トップ5
総輸入額：78兆5995億円

1位	中国	23.5%	18.45 兆円
2位	アメリカ	11%	8.64 兆円
3位	オーストラリア	6.3%	4.96 兆円
4位	韓国	4.1%	3.23 兆円
5位	サウジアラビア	3.8%	3.02 兆円

日本の輸出トップ5
総輸出額：76兆9317億円

1位	アメリカ	19.8%	15.25 兆円
2位	中国	19.1%	14.68 兆円
3位	韓国	6.6%	5.04 兆円
4位	台湾	6.1%	4.69 兆円
5位	香港	4.8%	3.67 兆円

出典：財務省「貿易統計」（年データ）

アメリカの輸入トップ5
総輸入額：2兆5190億ドル

1位	中国	18%	4527億ドル
2位	メキシコ	15%	3645億ドル
3位	カナダ	13%	3258億ドル
4位	日本	6%	1455億ドル
5位	ドイツ	5%	1278億ドル

アメリカの輸出トップ5
総輸出額：1兆6528億ドル

1位	カナダ	18%	2933億ドル
2位	メキシコ	16%	2569億ドル
3位	中国	6%	1072億ドル
4位	日本	5%	753億ドル
5位	イギリス	4%	697億ドル

出典：米国商務省国勢調査局（年データ）

プラスα　日米貿易協定とはなんだろう

2019 年に最終合意が確認された日米貿易協定が 2020 年 1 月、発効しました。日本からアメリカへの輸出では幅広い工業品の関税撤廃・削減が決まりましたが、**自動車・同部品の関税撤廃は見送られ、今後の交渉対象**となりました。

アメリカから日本への輸入では、TPP の自由化水準内で農産物市場を開放し、たとえば米国産牛肉の関税は 38.5%から段階的に下がり、**2033 年度には 9%**となります。関税撤廃率は貿易額ベースでアメリカが約 92%、日本が約 84%になりました。

日米貿易協定（2020年1月1日発効）の主な内容

輸入品　米→日本		
コメ	無関税輸入枠設けず	関税撤廃せず
小麦	最大15トンの輸入枠新設	関税撤廃、削減など
牛肉	関税38.5%→最終的に9%に	関税撤廃、削減など
豚肉	高価格帯肉は関税撤廃、低価格帯肉は引き下げ	関税撤廃、削減など
乳製品	粉チーズ、チェダーチーズなど最終的に撤廃	関税撤廃、削減など
ワイン	最終的に関税撤廃	関税撤廃、削減など

輸出品　日本→米		
自動車と部品	交渉先送り	関税撤廃せず
エアコン部品	関税撤廃	関税撤廃、削減など
メガネ、サングラス	関税撤廃	関税撤廃、削減など
牛肉	低関税枠を拡大	関税撤廃、削減など

貿易赤字が減らないアメリカ

アメリカの貿易収支（輸出額－輸入額）は1970年代に赤字化して以来、拡大を続けています。その背景に、アメリカは個人消費がGDPの約7割を占める消費大国であり、**①消費財の輸入規模が大きい**、それに加え、**②国際的な信用力が高いためドルが買われることで通貨高になりやすい、③賃金を含む生産コストが上がるために製造業の競争力が低下する**、といった理由が指摘されていました。つまり､体質的に貿易赤字になりやすいといえます。

さらに、③については、低コストで製造された日本製品、後には中国の製品が大量に入り込むことで、貿易赤字が拡大していきました。そして前述のように1980年代には日本と、90年代以降は主に中国との間で貿易摩擦が起きました（ただし､近年では､

アメリカの製造コストの低下が報じられています)。

そんなアメリカは何を輸出しているのでしょう。「ジェトロ世界貿易投資報告2019年版」(2018年の統計)では、民間航空機、半導体、電気機器、医療機器などの資本財が33.8%、工業用原材料32.5%、消費財12.4%といった割合になっています。

ところで、輸入増で日本や中国など他国に流出したお金の一部が、米国株や米国債への投資となってアメリカに還流しているのであれば、貿易赤字でも特に問題はないようにも感じられます。トランプ前大統領のみならず、日米貿易摩擦の時代からなぜアメリカは貿易赤字をそれほど問題視するのでしょうか。

そもそもアメリカは1980年代、莫大な財政赤字と貿易収支(経常収支)の赤字という双子の赤字に悩まされてきました。原因となったのは、レーガン政権下の「レーガノミクス」による、財政赤字を防ぐための大量の国債発行と金利引き上げです。これによって海外からの資金がアメリカに集中し、短期間でドル高となって輸出の増加と輸入の減少を招き、貿易赤字拡大へとつながっていきました。やがてドルの信用力が低下して急激な通貨安を招き、対円では円高を引き起こしました。

双子の赤字を放置した場合、**通貨への信頼が失墜し、金利上昇、インフレ、あるいは景気後退と物価上昇が同時に起きるスタグフレーション**など、経済活動が立ちゆかなくなるリスクがあるといわれています。実際、過去のアメリカではそれに近いことが起きています。

たしかに今は、海外からの投資もあり、アメリカ国内にお金が巡っている状態です。しかし、いつ何が起こるかはわからない。そのため、やはり貿易赤字は放置しておきたくない、というのがアメリカの本音なのではないでしょうか。

中国の貿易戦略で何がどう変わる？

ポストコロナ時代の中国の対外政策「一帯一路」は、IT網といった新しいタイプのインフラ構築にまで拡大しつつあります。経済力を背景に対外的な影響力を強める中国と、それを阻止したいアメリカ。今に至るまでの流れを振り返ってみましょう。

そもそもインフラとはなんだろう

インフラとはインフラストラクチャー(infrastructure)の略で、そもそもは「下部構造」を意味します。これが転じて、公共施設や電気、ガス、水道、電話、道路や線路など、**産業や生活の基盤として整備される施設**で、それなくしては生活が成り立たないものの総称となりました。経済インフラ、社内インフラ、といった使われ方をすることもあります。

インフラは経済の成長の基盤であり、そこに住む人の生活の質を高めます。**インフラ整備が不十分であることが社会サービスへのアクセスを妨げ、地域格差を拡大させたり、社会の安定を阻害したりすることもあります。**そして、直接投資を呼び込んで経済発展を進めるためには、その国に最低限のインフラが整っていることが必要不可欠です。

日本も高度経済成長期には、日本列島を縦断する高速道路網や新幹線などの整備を進めてきました。また経済成長を遂げてからは、ODA（Official Development Assistance＝政府開発援助）等によって、主にアジアの国々に対して、道路、港湾、空港、運輸、通信といったインフラ整備を支援してきました。

ところで、陸続きの国々にとっては、近接した国々が域内で生産ネットワークを築くことによって、より発展しやすくなる面もあります。国境を越えてインフラ整備ができれば、広く強化された生産ネットワークを武器により多くの投資を呼び込むことができ、その地域全体の投資、貿易、経済成長が期待できるでしょう。実際に、国境をまたぐインフラ整備計画は数多く行われています。

「一帯一路」とはどんなもの？

中国の習近平国家主席が2013年に打ち出した「一帯一路」とは、**アジアとヨーロッパをつなぐ陸路と海上航路での物流ルートを築き、貿易を活発化させ、中国からヨーロッパに至る広域の経済圏をつくる構想**です。

このルートのイメージは、古代の中国とヨーロッパを結び、中国特産の絹が運ばれた交易路、「シルクロード（絹の道）」です。一帯一路はこの交易路をイメージし、「シルクロード経済ベルト（一帯）」と、「21世紀海上シルクロード（一路）」で構成されています。ただ、実際は6本のルートがあるため、近年は「回廊」という表現も使われるようになりました。

アジアインフラ投資銀行はどんなことをしている？

中国は2021年1月時点で140か国と「一帯一路」構想に関わる協力文書を交わしたと報道されています。しかしインフラへの投資は巨額となり、建設には時間を要し、リターンが回収されるまでには時間もかかります。「一帯一路」構想を進めるためには、まとまった資金が必要です。

習近平国家主席は2013年10月のAPEC首脳会談で、中国が中心となるAIIB（Asian Infrastructure Investment Bank＝アジアインフラ投資銀行）の設立を提唱しました。これは**アジアのインフラ開発を目的として複数国が出資し、事業などに融資を行**

う機関です。

AIIBは2015年12月に57の加盟国で発足し、2020年末時点で103か国・地域が参加しています。しかし、中国はAIIBで30％近い議決権を保有しており、**重要案件への拒否権をもつのは事実上中国だけ**であるといった、その影響力の大きさが指摘されています。

また中国は2014年に、アジア地域のインフラ整備を目的とした「シルクロード基金」を設立しました。こちらは中国独自の判断で投資先を決定しています。

中国の「一帯一路」構想

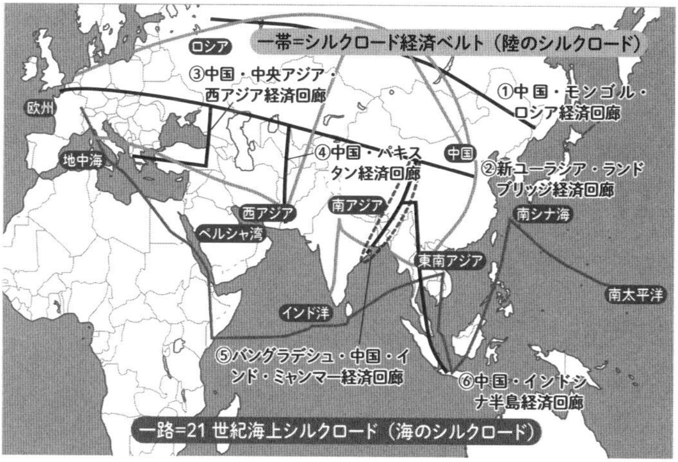

プラスα　「債務のわな」問題

一帯一路のエリアにある国々は、巨額のチャイナマネーを歓迎しながらも、その影響力が増すことを懸念しています。しばしば指摘されるのが、インフラ整備のための多額の貸し付けが、「債務のわな」を引き起こしているという問題です。たとえばスリランカは、中国からの多額の債務で南部ハンバントタ港を建設、その使用料で債務を返済する予定でしたが、投資資金を回収することが難しくなりました。結局、2017年に、99年間にわたる**港の運営権を中国に引き渡す**ことになりました。これについてアメリカをはじめとした国々からの批判を受け、習氏は翌年、一帯一路の関係部局に対して、協力手法の見直しを指示しています。

COLUMN

米中がしのぎを削る海上交通の拠点獲得

中国の一帯一路構想では**「六廊六路多国多港」**という枠組みが発表されています。「六廊」は6つの国際的な経済回廊、「六路」は鉄道や道路などの陸路、海運、航空に加えてパイプラインや通信網ルート、「多国」は協力する国々、「多港」は海上輸送の主要ルートに協力する港です。

なかでも港は特に重要です。どの国の港であっても、その使用権があれば気兼ねなく利用できます。ビジネス面では、海路で運んだ物資を陸路で内陸に輸送することもできますし、補給拠点をもつことは、有事の際には軍事上も有利です。

中国政府は一帯一路の経済的、文化的な利点を強調していますが、建設された港、鉄道が有事の際に軍事目的で利用されることへの疑念をもつ国もあります。たとえば中国と領土問題を抱えるインドは、中国の原子力潜水艦がスリランカのコロンボ港へ寄港したことや、モルディブで外国人に土地所有を認める憲法改正が行われたことに警戒感を強めるとともに、一帯一路によって敵対関係にあるパキスタンの国力が増強されることも懸念しています。

2019年秋、アメリカのトランプ政権が一帯一路への対抗策として、インド太平洋地域の港湾へのインフラ整備支援を日米で協力して実施する構想**「戦略港湾イニシアチブ」**を、水面下で日本に打診していたことが明らかになりました。その内容は、約30か所の重要港湾の開発を、日米が手分けして行うというものでした。

アメリカも経済的結びつきの強化を前面に出しながら、港湾などのインフラ、整備事業に資金、技術を供与することで影響力を強めようとしています。そこからは、中国による太平洋への拠点拡大の動きを警戒する姿勢が見てとれます。

米中がしのぎを削る海上交通の拠点獲得

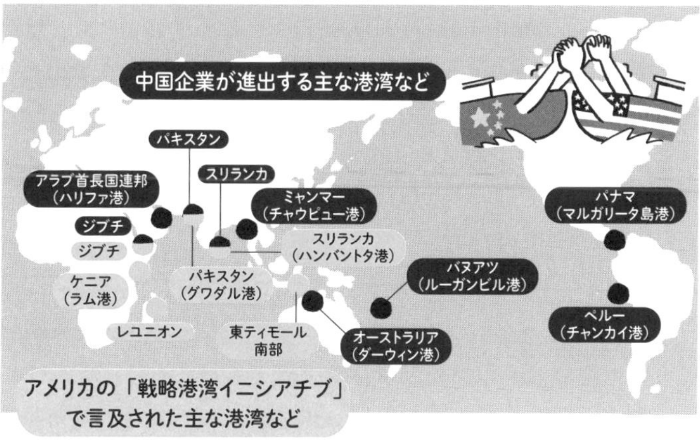

出典：毎日新聞

ポストコロナの中国は「新型インフラ重視」

一帯一路構想では、実際のインフラの整備に加えて、デジタル分野への投資も活発に行われています。2020年5月、中国の国会にあたる全国人民代表大会（全人代）で習近平国家主席は、第5世代移動通信システム（5G）、人工知能（AI）、IoT、ブロックチェーンなど7分野の、新しいタイプのインフラ建設を強化する方針を発表しました。

こうした動きには、いくつかの背景があります。まず、新型コロナウイルス感染症拡大の影響で、開発、建設など多くのプロジェクトが中断を余儀なくされたこと。さらに各国ともパンデミックで打撃を受けた国内経済の立て直しのため、その再開に時間がかかると予測されること。そして、アメリカによる中国通信機器大手ファーウェイ（HUAWEI＝華為技術）に対する事実上の輸出禁止措置といった、中国系IT製品の市場からの締め出しです。

一帯一路の沿岸国の多くは、すでに中国製の4G基地局をもっており、今後5G化へのシフトが不可欠になっていますし、**中国で生まれたサービスを他国に拡大させたいという中国企業のニーズ**もあります。

また新型コロナに関して中国は、いわゆる「ワクチン外交」を進め、中国産のワクチン供給を受けている国々もあります。そうしたさまざまな背景から、中国の新型インフラは今後各地域に普及していくことが予測されます。

一方、2021年4月、アメリカのバイデン大統領は、第二次世界大戦以降で最大規模のインフラ投資を行うことを表明しました。そのなかで、米国製品や技術を守るために**「中国による不公正な貿易慣行に立ち向かう」**と強調し、アメリカが国際ルールの形成を主導する考えも示しています。

今後は、デジタル分野においても米中対立が深刻化する可能性があります。アメリカで活動する中国のデジタル企業が制裁を受けるだけでなく、その逆のケースもあるかもしれません。両国のデジタル企業の株価に強い影響を及ぼすことも考えられるため、投資の視点からも米中対立の行方を注視するべきでしょう。

第5章

ビジネスニュースと株価の関係をおさえよう

平均株価は何を表しているのだろう？

ここではまず、株式投資の基本となる、株価が上下する理由を確認します。また、株式投資には個別の会社の株式だけでなく、市場全体に投資する方法もあります。そこで、日米の代表的な株価指数についても押さえておきましょう。

株価はどうして上下するのか？

株式市場に上場されている株の値段（株価）は、何によって決まるのでしょうか。株価そのものは買い手（需要）と売り手（供給）のバランスで決まりますが、その背景には多くの要素が影響し合っています。

(1) **需要と供給**　市場で野菜や果物の値段が決まるように、**買い手が多ければ株価は上昇し、売り手が多ければ株価は下落**します。

(2) **企業業績、将来性**　株価は将来への期待を表すものですから、その会社の売上げや利益の額などの業績が株価に最も大きな影響を与えるといわれています。企業の決算発表が注目される理由もここにあって、**その会社の将来性への期待が高まれば株が買われ、株価も上昇**することになります。

(3) **景気動向、社会情勢**　株価は世の中の景気や社会情勢も反映します。たとえば、**国内の景気動向が良ければ業績がさらに伸びるのではないかという期待から、株が買われる**ことがあります。首相や財務大臣の政策に関する発言などに反応することもあります。世界の紛争、貿易摩擦、海外市場、外国為替や金利水準、外国人投資家の動向に左右されることもありますし、自然災害や天候に影響されることもあります。

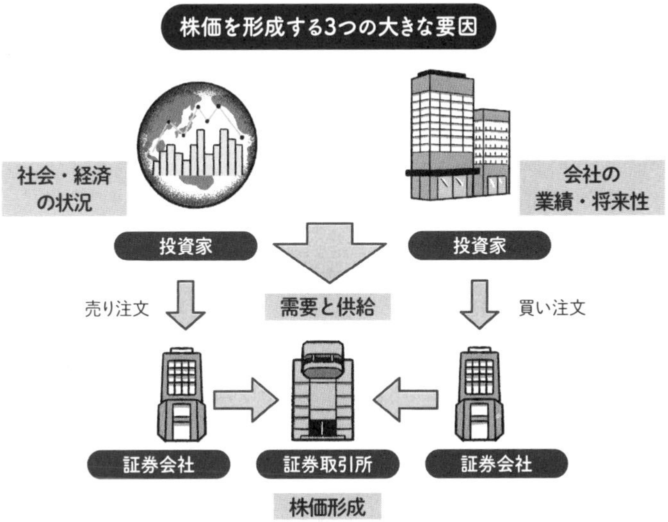

売買高、売買代金とはどんなもの？

投資関連のニュースでは、その日の株式市場の終値《おわりね》とともに、売買高（出来高）、売買代金が報じられます。この２つの需給指標にはどのような意味があるのでしょう。

売買高とは**発行済み株式のうち売買が成立した株式数**のことで、市場が活況になればなるほど増えることになります。たとえば、ある会社の株式の売買高が増えていくのは、その株に注目が集まってきたということです。

原則的には、売買高が増えれば注目が集まるので株価は上昇していくことが多くなり、反対に減れば、その上昇が停滞したと見ることができます。こうしたことから、売買高は株価予測の判断材料に用いられることもあります。

売買代金とは**売買が成立した株式の売買額の合計**で、需給指標として用いられています。たとえば株式市場の売買代金が増えているときは、市場全体が強気になっているということなので、今後、株価が上昇トレンドになるサインとして見ることができます。

一方で、企業の不祥事などが起きると、一気に売りが出る「狼《ろう》狽《ばい》売り」といわれる現象が見られることもあります。この場合も売買代金や売買高が一時的に増えますが、通常は短期間で落ち着きを取り戻します。

株価指数とはなんだろう

株式投資を行うときは、現在保持している株や、これから買おうとしている株（個別銘柄）と同時に、株式市場の大きな動きを把握することも大切です。

株式市場全体や、代表的な銘柄群の値動きを表す指標（インデックス）が「株価指数」で、市場全体の値動きを表しています。指数として見ることで、産業や業種、そして国全体の株式市場変動を評価することができます。

また投資家の立場からすると、**株価指数への投資は個別株への投資に比べてリスクが分散しやすい**といえます。たとえば、日経平均株価（日経 225）に連動した投資信託や ETF への投資は、日経平均に採用されている 225 社に分散投資をしているというイメージです。

ところで経営側の立場からいえば、自社が株価指数の採用銘柄になることは、株の需要増になるだけでなく、**ステークホルダー（株主、顧客、取引先、地域、従業員といった利害関係者）からの信頼感も高まります。**たとえば 2014 年には、社外取締役の選任、ROE（自己資本利益率）といった投資家重視の経営指標の基準を満たした株価指数として、後述する「JPX 日経インデックス400」（JPX日経400）の算出が開始されました。この指数の採用銘柄になるということは、投資家にとって魅力的な上場企業であるとのお墨付きを得ることを意味します。経営陣にとっては、JPX日経400に採用されることを目指して株主還元に力を入れるといったインセンティブにもなります。実際、この指数が経営者の行動を変えた例を明らかにした研究もあります。

プラスα 株価平均型と時価総額加重型

株価指数には大きく分けて、株価平均型と時価総額加重型があります。まず株価平均型とは、その名前の通り、**計算の対象となっている銘柄（構成銘柄）の株価を足し合わせて、それを一定の数で割ることで算出**します。日経平均株価であれば、基本的には指数を構成する225社の株価の平均値が指数となるイメージです。日経平均株価のほか、アメリカのNYダウ工業株30種平均もこのタイプです。

時価総額加重型は、基準となる一定時点に比べて計算時点の時価総額がどれくらい増えたか／減ったかを表し、**構成銘柄の時価総額（株価×発行済み株式数）の合計額を、基準となる一定時点の時価総額の合計額で割って算出**します。たとえば、TOPIX《トピックス》（東証株価指数）は、1968年1月4日の東証1部全体の時価総額を基準（100）として、現在の東証一部全体の時価総額の増減を表したものです。

（1）日本の株価指数はどんなもの？

日本の代表的な株式指数は、日々のニュースでその終値が報じられる、**日経平均株価（日経225）**と**TOPIX（Tokyo Stock Price Index＝東証株価指数）**です。前述の通り、2014年には企業のROE（自己資本利益率）や営業利益などを基準とした新しい株価指数、JPX 日経インデックス 400 も登場しています。

①日経平均株価（日経 225）

東京証券取引所第一部に上場している企業を「技術」「金融」「消費」「素材」「資本財・その他」「運輸・公共」の６つのカテゴリーに分け、このなかから**代表的な 225 社を日本経済新聞社が選び、株価の平均を毎日計算して公表したもの**です。株価の平均値なので親しみやすい一方で、225 社のなかで株価の高い、いわゆる「値がさ株」の動きに影響されます。また、年に 1 度、銘柄の入れ替えが行われます。

$$\text{日経平均株価} = \frac{\text{225 銘柄の指数採用株価合計}}{\text{除数}}$$

※除数とは、株価平均を算出する際に、市況変動によらない価格変動を調整し、連続性を維持するための数字のこと

② TOPIX（東証株価指数）

日経平均株価と並ぶ日本の代表的な株価指数で、**東京証券取引所第一部に上場しているすべての企業の株価の時価総額（各企業の株価×発行済み株式数）を指数で表しています。**市場全体の動きをおおまかにつかむのに便利ですが、時価総額の大きな銘柄、いわゆる「大型株」の動きに影響されます。

$$\text{TOPIX（ポイント）} = \frac{\text{算出時点の全構成銘柄の時価総額}}{\text{基準日の時価総額}} \times 100$$

※1968 年 1 月 4 日を基準日とし、当時の時価総額（8 兆 6020 億 5695 万 1154 円）を 100 ポイントとした場合、現在の時価総額がどの程度かを表す

③ JPX 日経インデックス 400（JPX 日経 400）

東証一部、二部、マザーズ、JASDAQ を主市場とする普通株式から、**企業の ROE や営業利益などを基準に 400 社の銘柄選別を行う、加重平均型の株価指数。**資本の効率的活用、投資者を意識した経営観点など、グローバルな投資基準に求められる諸要件を満たした会社を選出している点が特徴です。「投資者にとって投資魅力の高い会社」で構成される新しい株価指数として、2014 年 1 月に算出が開始されました。

④ TOPIX Core30

TOPIX 構成銘柄のなかから、流動性と時価総額の高い 30 銘柄を算出対象として選定した、大型株の株価指数です。東証はこのほかにも、TOPIX をベースとした TOPIX ニューインデックスシリーズとして、TOPIX Large70、TOPIX100、TOPIX Mid400、TOPIX500、TOPIX1000、TOPIX Small、TOPIX Small500 を公表しています。毎年 10 月に算出対象の定期入れ替えを行っています。

⑤ラッセル野村小型コア・インデックス

米コンサルタント会社のラッセル・インベストメント社と野村證券金融工学研究センターが共同開発した日本の小型株式を対象とする、加重平均型の株価指数です。日本の全上場銘柄の時価総額上位 98%をカバーする「Russell/Nomura 日本株 Total Market インデックス」の時価総額の下位 15%の銘柄で構成される「ラッセル野村小型インデックス」のなかから、下位約 5%の銘柄を除いたコアの部分の銘柄で構成されています。この指数は、**日本の小型株（時価総額と流動性が低い銘柄）を投資対象とする投資信託の多くが、ベンチマーク（指標）として採用**しています。

(2) アメリカの株価指数はどんなもの?

アメリカの主要な株価指数は、市場の代表選手的な存在の「ダウ平均」市場の動きを示す「S&P500」、ハイテク系の「ナスダック総合指数」、小型株の「ラッセル2000」です。イメージとしては、ダウ平均とS&P500の関係は、日経平均株価とTOPIXの関係に似ていると把握すると、整理しやすいかもしれません。

①ダウ平均(ダウ工業株30種)

アメリカ経済を代表する30銘柄で構成され、日経平均株価と同じように平均株価を指数化したものです。株価の平均値のため、株価の高い「値がさ株」の影響を受けやすいのは日経平均株価と同じですが、採用銘柄が30と少ないため、さらに個別銘柄の影響を受けやすい特徴もあります。銘柄の入れ替えもあります。

② S&P500

流動性がある大型株から選ばれた米国企業500銘柄で構成されています。TOPIXと同じように時価総額を指数化したものですが、S&P500はニューヨーク証券取引所、ナスダック(NASDAQ:National Association of Securities Dealers Automated Quotations)といった複数の取引所から銘柄が選ばれています。時価総額がベースとなるため、時価総額が大きい大型株の動きに影響されます。銘柄の入れ替えもあります。

③ナスダック総合指数(NASDAQ Composite Index)

ナスダックは1971年に開設された世界初の電子株式市場であり、世界最大のベンチャー企業やハイテク企業向け株式市場です。ナスダック総合指数は、TOPIXと同じように、ナスダックに上場している全銘柄を指数で表したもので、時価総額が大きい企業の値動きに影響されやすい性質があります。前述の通り、ハイテク企業やネット関連ベンチャーが多く値動きが大きいため、ナスダック総合指数も大きく動く場合があります。

④ラッセル2000

米コンサルタント会社のラッセル・インベストメント社が開発した、アメリカの代表的な小型株指数。ニューヨーク証券取引所、ナスダックへの上場企業のうち、**時価総額が上位1001位から3000位までを対象とした加重平均型の株価指数**です。中小企業の株価動向を追ううえで欠かせない指数とされ、アメリカの小型株ファンド（投資信託）のほとんどがベンチマークとして採用しています。

プラスα　中国やドイツの株価指数も知っておきたい

世界のマーケットは、時差があるのでリレーのように次々と開いていきます。日本時間を基準にして見ると、**最も早いのが朝9時の日本と韓国、オーストラリア**（オーストラリアは夏時間〈サマータイム〉期間は朝8時）で、中国、インド、ヨーロッパ（ドイツ、フランス、イギリスなど）と続き、**ニューヨーク取引所が開くのは23時半**（夏時間の期間は22時半）です。特に、金曜日のニューヨークの株式市場の流れが、月曜の東証にどう影響するかが注目されます。

アメリカ以外で、日本経済に関わりの深い国の株価指数には次のようなものがあります。これらの指数の終値は、経済番組等で紹介される場合もあります。世界の株式市場を一覧して世界経済の流れを把握するとともに、それに反応して日本の株価がどのように動くのか、自分なりに考えてみるのも相場観を養うのに役立ちます。

①上海総合指数（中国）

上海総合指数（SSEC:SSE Composite Index）は、時価総額加重平均指数で、上海証券取引所上場株のなかの、人民元で取引される「A 株」及び、米ドルで取引される「B 株」全体の日中価格パフォーマンスを表します。1990 年 12 月 19 日を基準日とし、その日の時価総額を 100 として算出されています。

ちなみに中国の株式市場（上海と深圳《しんせん》）は、かつて中国本土の投資家しか投資できない市場でした。その後、同じ中国企業の同一権利、同一額面の株式「A 株」（人民元、国内投資家向け）と「B 株」（上海市場は米ドル、深圳市場では香港ドル。海外投資家向け）が発行されました。

現在、A 株市場は中国国内の投資家と条件を満たした海外の機関投資家、一部の銘柄については海外の個人投資家にも開放されています。B 株市場は、中国の国内投資家と海外の投資家が取引することができます。

②ハンセン指数（香港）

香港証券取引所のメインボードに上場している銘柄のうち、時価総額や流動性の観点から選定された主要な 33 銘柄を対象に、1964 年 7 月 31 日を 100 として時価総額の加重平均で算出した、香港市場全体の動きを表す代表的な株価指数です。ハンセン（恒生）銀行傘下のハンセン指数サービス社が算出・公表しています。

ちなみに香港証券取引所は、2000 年に香港聯合交易所、香港期貨交易所、香港中央結算有限公司が合併して設立された、香港唯一の証券取引所です。同取引所には、ハンセン指数が採用されるメインボードのほか、将来的にメインボード上場を目指す企業向けの GEM（Growth Enterprise Market）があります。

③ BSE SENSEX（インド）

インド最大のボンベイ証券取引所（BSE）に上場する銘柄のうち、流動性、取引規模、業種などを代表する30銘柄で構成される時価総額加重平均指数で、SENSEX30とも呼ばれています。1979年4月3日の時価総額を基準値100として算出されます。業種では金融と情報通信の比重が大きく、また財閥系の企業が多いのも特徴です。

④ FTSE100（イギリス）

FTSE100はイギリスを代表する株価指数で、ロンドン証券取引所（LSE）に上場されている株式のうち、LSEの100%出資会社であるFTSE社が時価総額の大きい100社を対象として算出し、公表。1983年12月31日の株価を基準値1000とした、時価総額加重平均型の指数です。

⑤ DAX《ダックス》（ドイツ）

ドイツのDAX指数（Deutscher Aktienindex、German Stock Index）は、フランクフルト証券取引所（FSE）で取引されるドイツの主要30銘柄を対象とした株価指数です。1987年12月31日の株価を基準値1000とした、時価総額加重型指数として算出されています。

有望な投資先を見つけるキホン

株価は未来を先取りして動いていくため、その動向を知るためには日々のニュースに敏感になる必要があります。どんなニュースがどのような影響を及ぼすことが多いのか、まず、基本のパターンを知っておきましょう。

どこに注目して見るべきか？

以下のニュースは、株価に影響を与えることが多いとされています。その理由と注意点を見ていきます。

（1）決算予測記事

上場企業は四半期ごとに業績を開示することを義務づけられており、事業年度のはじめの３か月を**第１四半期決算**、次の３か月までの合計半年間を**中間決算**（第２四半期決算）、その次の３か月までの合計９か月を**第３四半期決算**、１年間の決算を**本決算**（第４四半期決算）といいます。最も重要なのは本決算ですが、あらかじめ出された業績予想に対して、３か月ごとに発表される数字がどのくらいの進捗《しんちょく》率なのかも重視されます。

ところで、業績に対しては、会社が発表する業績予想のほかにもアナリストやシンクタンク、日本経済新聞社の記者が発表するものがあります。決算の予測記事を読むときは、まず、誰の予測なのかを確認しましょう。

基本的に、**決算予測が良い場合は株価にとってプラス**です。しかし、実際に発表された決算が予想の範囲内だったときは、株価はそれほど上がらない、あるいは「このあたりで利益を確定しておこう」という投資家の思惑によって売られて株価が下がることもあります。逆に、悪い予想に反して良い結果だった場合、株価が上がることもあります。

情報は日々更新されています。特に、企業が発表する業績予想の上方修正は、株価にプラスの影響を与えることが多いので、身近な情報源を見る際には**「業績見通し」「上方修正」**のキーワードに敏感になっておきましょう。

（2）新製品・新技術、新規事業

新製品や新技術、新規事業のニュースは、基本的には株価にとってプラスですが、**発表された内容が会社の事業全体に対してどのくらい影響を与えそうなのかによって、市場の反応も違ってきます。**上場企業のウェブサイトの「IR」のページには「事業構成比率」「業績・財務ハイライト」といった項目が設けられているので、その発表がどの事業部のものなのか、確認しておきます。

（3）海外からの出資

外国人投資家、外国籍企業の国内投資を制限する政府の取り組みを「外資規制」といい、アメリカ、中国等でもそれぞれ行われています。外資規制を盛り込んだ日本の「改正外国為替及び外国貿易法（外為法）」は2020年6月から全面適用されています。

たとえば、**外国人投資家が指定業種に定められた日本の上場企業の株を買う場合、1％以上の保有から事前届け出が必要**になります（金融機関は除く）。グローバル化が進み、海外企業との間の出資や買収が多くなるなかで、こうした規制に抵触した場合はネガティブなニュースになりやすいといえます。投資を検討している会社の海外との資本関係等を確認しておきましょう。

(4) 取締役の不祥事、粉飾決算、製品不良

会社の不祥事や製品不良は、もちろん株価にとってはマイナスです。さらに、**事後にその会社がどんな対応をとるかで、株価がさらに下がるか、下げ止まるかが変わってきます。**深刻な問題の場合、事実関係の明確化、責任の所在を明らかにすること、経営陣の刷新などが、株主や顧客へのメッセージになります。

(5) リストラ、経営者交代

企業が大規模な人員削減、いわゆるリストラを発表するときは、かなり追い込まれた状態だといえます。通常、経営が厳しくなればまず昇給賞与の削減、管理職手当や役員報酬のカット、残業規制、中途採用停止、非正規社員の雇い止め、希望退職……といったステップを踏んだ後で、最後の手段として解雇に行きつく場合が多いからです。大規模リストラで人件費が抑制できれば、短期的には株価にプラスですが、**その場しのぎの人員削減にとどまって新しい経営方針などが打ち出せなければ、投資家は失望し、株はまた売られる**ことになるでしょう。

経営者の交代が株価にもたらす影響は、どのような背景で交代するのかによります。**業績が上げられない経営者の交代は好感される**場合がありますし、カリスマ経営者が引退するケースであれば、その後の不確実性から、投資家が株を手放すという動きになるかもしれません。

(6) 資本政策

株式会社が事業を行う資金の源泉は、銀行からの借り入れや社債など返済の必要がある負債と、株式等の発行による返す必要のない

資本の合計です。会社の資本政策とは、狭義では株式等の発行や消却、利益剰余金の株主への配当などを指しますが、広義には、**経営者が行う財務政策の全般**を指します。株主の立場からは、自社株買い、公募増資、株式分割をどのタイミングで行うか、ROE 向上のためにどんな取り組みをしているのかということも注目されます。

（7）外国人投資家の動向

日本株の約７割が、海外のファンドなどの「外国人投資家」によって売買されています。その割合の大きさから、時には外国人投資家の目線になって日本国内の動きを見ることも大切です。

また、外国人投資家の投資先は日本だけではないので、もし今、世界に投資するとしたらどこが有望か、という視点で市場の動きを見ることも必要でしょう。「Bloomberg」「Financial Times」といった海外の経済メディアにアクセスし、時間がないときは翻訳機能も利用しながら、日本に関する記事を中心にヘッドラインを読む習慣をつけるのも役立ちます。海外の英語記事でチェックしたいのは、**日本企業に対して、どのような評価がされ、報道されているか**です。外国人投資家、特に欧米の投資家のすべてがアジアや日本の企業の株価に注目しているわけではないものの、記事に取り上げられることで一気に人気化することもあります。

外国人投資家は、知名度も国際競争力も高く、高い ROE を保ち、業績が安定して成長している銘柄を好みます。**海外から注目が集まりやすい会社ほど外国人投資家比率が高い**ので、投資先として考えている企業があれば外国人投資家比率を確認しましょう。外国人投資家比率は、ネット証券などのツール内の「株主構成」でも確認できます。

企業の合併・買収がやっぱりわからない

株式投資をしていると、自分が投資している会社、投資を検討している会社がM&Aを行う、TOBの対象になる、といったこともあるでしょう。その場合、どんなことに留意して判断すればいいのか、基本の考え方をおさえておきましょう。

M&Aとはなんだろう

M&A（Mergers and Acquisitions）とは、資本の移動をともなう企業の合併と買収のことです。事業の多角化などを目的とした資本提携を含む、企業の経営戦略を指す場合もありますが、具体的には、**2つ以上の企業が1つの企業に統合される「合併」と、株式譲渡、新株引受、第三者割当増資、株式交換などの手段を通じた会社や事業の「買収」**を意味します。

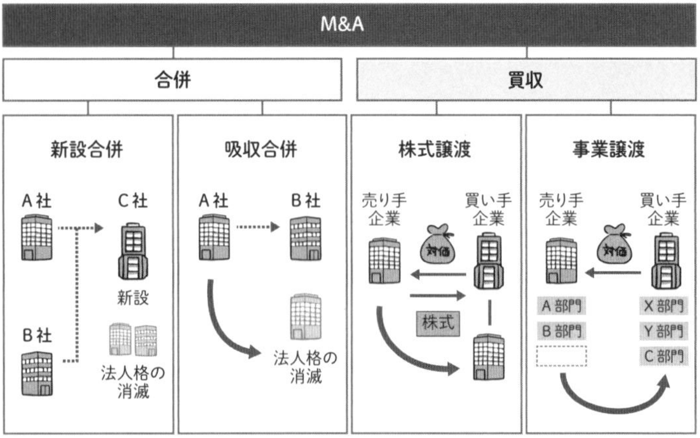

M&Aと株価の関係

M&Aの影響で、株価は上昇するケースと下落するケースがあります。買収する側、される側の相乗効果、いわゆる**「シナジー効果」があると判断する投資家が多ければ、株が買われる**ので株価は上がります。

株価が下がりやすいのは、**買収金額が高すぎると投資家が判断したとき**です。財務の視点から見ると、買収先の会社のもつ純資産の金額と、実際の買収金額の差額は「のれん」という無形資産（ブランド価値）として計上され、日本の場合、「のれん」は最長20年間で償却されます。のれんの償却期間が短いと、償却費が大きくなり、損益計算書がマイナスの影響を受け、業績を圧迫してしまうからです。

たとえ買収額が高くても、買収した会社の業績が伸びていくならM&Aは成功ということになります。しかしM&Aと株価の関係に関する最近の研究によれば、M&Aは一概に株高につながるとはいえないと報告されています。また別の研究でも、日本企業が海外企業を買収する際は、平均的に割高に購入してしまい、その結果、財務負担が増すという検証結果が出ています。

これらの研究結果が意味するのは、それだけ会社の値付けは難しいということなのでしょう。では、自分が投資している、あるいはこれから投資しようと思っている会社がM&Aを発表したら、どう行動したらいいでしょうか。その際には、**公開されている「有価証券報告書」で買収先の会社の事業について知る**とともに、「事業等のリスク」という、その会社自身が分析している事業のリスク事項を確認して、投資判断することが大切です。

M&Aのさまざまな手法をおさらいする

M&Aにはどのような手法があるのでしょうか。アルファベット3文字の略語が多く、迷いやすいですが、要は**「誰が」買収するのか、がポイント**です。ニュースにも登場する、代表的なものを確認しておきます。

(1) TOB

TOB (Take Over Bid) は、**「株式公開買付」**のことです。市場で取引されている対象企業の発行済株式を、その会社の株主から買い付けるもので、**買付期間や価格 (TOB価格)、買付予定株数などを公表して、株主に呼びかけます。**

TOBには、買収される側の会社の経営陣の同意を得たうえで行う友好的買収もあれば、その逆の敵対的買収もあります。前者の場合は、双方の企業が合意しているためTOB価格が低く抑えられてしまい、株主が不満をもつこともあります。後者の場合、経営陣は買収防衛策を講じ、TOBに応じないよう株主に求める動きに出ることなどから、買い手側は、TOB価格を吊り上げようとすることがあります。

TOB価格の公開とともに、株式市場ではだいたい同じ水準まで株価が動くことになり、その価格が上がっていけば、同じように株価も上がります。

TOBに応じる場合は、**TOBの公開買付代理人となっている証券会社へ保有株式を移管する**必要があります。また、売却益が目的であれば、株価が上がったタイミングで、通常の売り注文で売却する方法もあります。

(2) MBO

MBO (Management Buyout) は**経営陣が自社の株式を、決めた期間に決めた価格で株主から買い取り、上場を廃止すること**です。経営側にとっては、経営再構築などをトップの意思で行いやすくなるメリットがあります。買い取り価格の公開とともに、株式市場ではだいたい同じ水準まで株価が動くことになります。

書類のやりとりなどの煩雑さを避けたい株主は、TOBと同様、発表後に市場で保有株式を売却することも可能です。

（3）EBO

EBO（Employee Buyout）は、**その会社の従業員が株式を取得することで買収する手法**です。たとえば後継者がいない非上場の中小企業などで、社内の人材を登用する際に利用され、現在の経営陣から従業員が経営を引き継ぐため、事業継承もスムーズになります。株式の取得にまとまった資金が必要となる場合は、金融機関などの第三者が出資することになります。

（4）LBO

LBO（Leveraged Buyout）とは、**買い手側の会社が金融機関などから資金調達を行って買収する方法**です。その際には、買収される企業の資産、今後期待されるキャッシュフローが担保となり、借入金の返済は買収された企業が行います。買い手にとっては、少ない自己資金での買収が可能です。

（5）MBI

企業を買収した投資家や投資ファンドが、買収先の企業に外部から経営陣を送り込むことをMBI（Management Buy-In）といいます。送り込まれた経営陣は、事業や経営を立て直して、その企業の価値を高めることを目指します。

コーポレートガバナンスとはなんだろう

相次ぐ企業の不祥事を教訓に、近年、コンプライアンス（法令順守）への注目が高まっています。それを実現するため、外部から会社を統治する仕組みがコーポレートガバナンス（Corporate Governance＝企業統治）です。コーポレートガバナンスの強化で経営の効率化を促せば、業績改善にもつながります。

どんな役割をはたしている？

コーポレートガバナンスとは、企業の組織ぐるみの不祥事を防ぐために、社外取締役や社外監査役といった社外の管理者が経営を監視する仕組みのことです。

日本でも2015年6月に金融庁と東京証券取引所が、ガイドラインとなる**「コーポレートガバナンス・コード」**を公表して以降、上場会社にとって欠かせない取り組みになっています。

コーポレートガバナンスの強化は、**経営者のマインドを変革し、中長期的な収益性・生産性を健全に高める、攻めの経営判断を後押しする**のが目的です。それによって得られるのは「稼ぐ力」、具体的にはグローバル水準である、ROE（Return on Equity＝自己資本利益率）8％の達成が、一つの目安とされています。

ただし、ここでの注意点は、**ROE8％目標という具体的な数字が示されているのは、世界でも日本くらい**だという事実です。ROEはあくまで目安であり、数字にとらわれすぎると、前向きな設備投資のため結果的に赤字経営になったことへのマイナス評価が生まれたり、ROEを気にするあまり前向きな投資を避ける経営判断が行われたりといった弊害も考えられます。

世界ではすでにROEだけを重視するのでなく、キャッシュフ

ロー や設備投資金額など、さまざまな財務指標を軸にガバナンスすることの重要性が再認識されはじめているのです。

コーポレートガバナンスとは

株主や利害関係者（ステークホルダー）の利益を最大化するため、社外取締役・社外監査役および委員会の設置、取締役と執行役の分離など経営者のモニタリングを行うこと

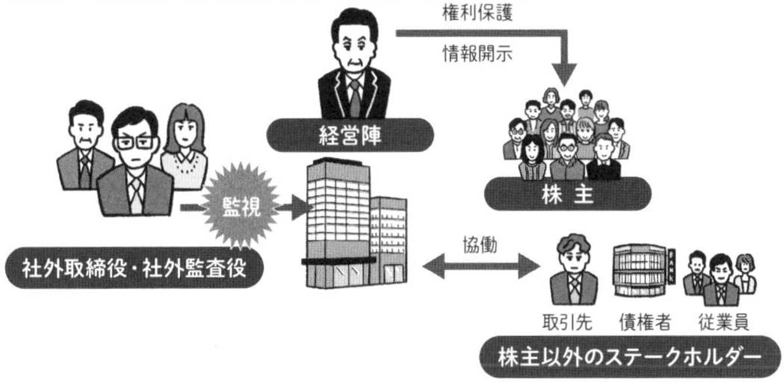

チェックしたいポイントは？

洗練された企業メッセージを発信する会社が多いなかで、その会社が本当にコーポレートガバナンスに力を入れているかどうかを見るには、おさえておきたいポイントがあります。

上場している会社は、自社のコーポレートガバナンス体制を構築し、「コーポレートガバナンスに関する報告書」を東京証券取引所に提出する必要があります。**企業のウェブサイトのIR情報などでも公開されている**ので、今投資している会社、これから投資しようとする会社の開示内容を確認しましょう。チェックポイントは次の通りです。

(1) 社外取締役の有無と人数

コーポレートガバナンス・コードでは、持続的成長と中長期的な企業価値向上に寄与するために、**上場会社は少なくとも2名以上の独立社外取締役を選任すべき**とされています。これを契機に、上場企業では社外取締役の導入が広がりました。ただ、1人で複数の会社の社外取締役を兼任するケースも少なくありません。どんな経歴をもつ人が選ばれているか、また年齢や性別などに偏りがないかといったことも重視します。

（2）社長、役員の報酬と業績が見合っているか

会社の業績が低迷しているにもかかわらず、社長や役員が法外な報酬を得ているということはないでしょうか。改訂コーポレートガバナンス・コードでは、報酬面での改革も行われ、業績連動報酬など単年度の業績に連動する報酬である「**短期インセンティブ**」や、株式報酬など複数年度の業績に連動する報酬である「**長期インセンティブ**」といった、業績に応じた報酬制度が導入しやすくなっています。

（3）社長と取締役の人事

代表取締役社長や取締役は、透明性のあるプロセスで決まっているでしょうか。また、社長だけに権限が集中していませんか。同じく改訂コーポレートガバナンス・コードの内容を受け、役員人事や報酬水準について客観的視点から審議を行い、その結果を取締役会に報告する**「指名委員会」「報酬委員会」を設置する会社も増えてきています。**

（4）取締役会の多様性

近年、海外の機関投資家が日本企業に対し、女性取締役を起用するよう促しています。**取締役メンバーに1人も女性がいない場合、株主総会でCEOの選任に反対することを宣言する投資家**

もいます。たとえば、資産運用会社のゴールドマン・サックス・アセット・マネジメントは2020年4月、議決権行使の基準として、取締役会に女性がいない会社の取締役選任議案への反対を表明、実際に同年夏の株主総会では、約400の企業で反対票を投じました。こうした動きの背景として、**取締役会の多様性はイノベーションを生み、より良い職場環境をつくるとともに、人材採用でも有利になる**といった点が挙げられます。

この分野の研究では、多様性が足りない企業は、後々に無理をして女性を経営陣に入れる必要が出てくることで経営が混乱する可能性が指摘されています。また、“オールド・ボーイズ・クラブ（オールド・ボーイズ・ネットワーク）”と揶《や》揄《ゆ》される、高齢男性ばかりの取締役会では議論が積極的にならず、その結果、CEOの独裁を許すことになる、といった弊害も指摘されています。

COLUMN

社外取締役とはどういうもの？

2001年から翌02年にかけて、アメリカではエネルギー企業のエンロン、電気通信系企業のワールドコムによる大規模な粉飾決算事件が起きました。これらの企業の経営破綻を受けて内部統制やガバナンスに関する制度の大幅な見直しが行われ、新しくできたシステムは、日本のコーポレートガバナンスの考え方にも影響を与えています。エンロン事件やワールドコム事件が衝撃的だったのは、従来の米国企業のガバナンスシステムである「社外の取締役による経営者の監視」が機能しなかったこと、さらに会計をチェックする側の監査法人が不正に関わっていたことです。

これに対する見直しが、2002年に制定された**SOX法（Sarbanes-Oxley Act＝米国企業改革法）**です。企業のガバナンスに関する部分では、たとえば、取締役会によって設置される監査委員会の権限を強化するため、「その会社や子会社の関係者ではなく、経営者から独立した取締役から構成され、取締役の報酬以外のコンサルティング料や顧問料等を受けていない者」だけで構成され、「監査法人の任命、報酬の決定、作業の監督について、直接の責任と権限をもつ」、「企業の制度や会計に対する従業員の不満や疑問を収集する権限をもつ」、「外部の弁護士など助言を依頼する権限をもつ」、「監査法人や依頼した弁護士など助言者に対する報酬を支払うことができる」といった要件を満たす「監査委員会」をもたない会社は、証券取引所への上場が認められないことになりました（このアメリカ型の仕組みを「委員会等設置会社」といいます）。

アメリカでは、投資家が株主利益の代表として独立取締役の選任を推奨したことや、上場ルールの改革などから、独立取締役設置の割合が高まっています。一般的な日本企業の場合、取締役とは社内で出世して得るポストというイメージがあるかもしれません。しかしアメリカ企業の取締役会とは、**業務執行を行う経営陣を監督する**という、その名前の通りの意味合いをもっています。これが日米の企業の大きな違いで、取締役会という牽制・監視機能と、業務執行機能が明確に分離されているのがアメリカの特徴です。

取締役会は業務執行に関する基本的事項を決議し、それらは取締役会が選任した会社の執行機関である「オフィサー」に引き継がれます。ちなみに、オフィサーは取締役と兼務することもできますが、取締役である必要はありません。また先にも少し述べましたが、取締役会は下部機関として、社外取締役のみで構成される監査委員会と、指名委員会、報酬委員会を設置します。

では、実際はどうなっているかといえば、アメリカでは**最高経営責任者（CEO）と最高財務責任者（CFO）という社内取締役2人に対して、社外取締役が3人以上**という形式をとる企業が非常に多く、人数的にも社外取締役が社内取締役を牽制できる仕組みが備わっています。

株価に影響を与える企業の活動とはどんなもの？

株式会社、特に上場企業にとっては、広く株主を集め、安定株主になってもらうことが経営の安定をもたらします。いわゆる自社株買いや配当政策、公募増資などに、その会社の経営方針が表れます。各企業は投資家にどんなメッセージを発しているのでしょうか？

自社株買い、株式分割……何のためにやっているのか

次のような発表があったとき、そこには会社側のどんな意図があるのでしょう。

(1) 自己株式の取得

自己株式の取得、いわゆる「自社株買い」とは、**上場企業が発行済みの自社株を市場から買い戻すこと**です。自社株買い発表の後は株価が上がることが多いのですが、その理由としては、会社側が自社株を買い支えるというアナウンスにもなるため、需要が約束され、株価が下がりづらいという投資家の臆測を呼ぶことがあるからです。

しかし理論的には、自社株買いは株価には影響しないはずです。というのも、余裕資金を用いて自社株買いを行えば、企業の流通株式は減りますが、自社株買いに用いた現預金ぶんだけ資産の価値も減って、企業価値が目減りして株価は変化しないという理屈になるからです。ただ会社側が、自社の株を理論株価よりも割安に購入しているのなら、話は別です。自社の株価は割安だと考えるからこそ自社の株を買う、つまり**今後は株価が上がるという自**

信をアピールするために自社株買いを行っているとも考えられます。最近の研究でも、それを実証する結果が示されています。

自社株買いは通常、株価にとってプラスの材料です。市場に発行された株式の数が減るということは、利益が大幅に減らずに企業が成長を続ければ、1株当たりの価値が上がります。これは株主利益につながるため、株主還元の意味合いもあるわけです。

ただし、留意点もあります。会社側が取得する株式数や取得額の上限を発表していても、**実際にはそれよりかなり少ない株数の取得にとどまる、あるいは取得しない場合もある**ことです。その場合、会社側が納得できる理由を発表しているかを確認しなければなりません。また、自社株買いで発行済み株式数が減れば、仮にその会社の成長が鈍化していても、1株当たりの利益の成長率は伸びることもあります。投資家としてはその会社の業績を確認し、何を意図した自社株買いか考えるべきでしょう。

自社株買いのメカニズム例

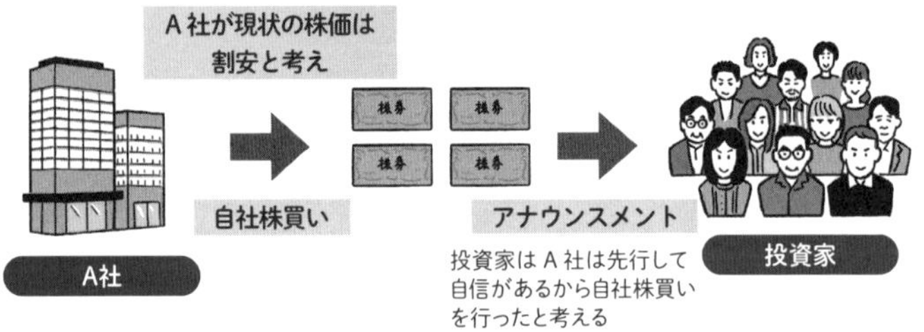

※自社株買いのメカニズムの例は多数ある

(2) 株式分割

資本金は変えずに、1株を複数に分割するのが株式分割。たとえば、ホールケーキでは大きすぎるので、カットケーキとして販売するようなイメージです。

仮に、「株価1万円、1単元(100株)100万円」の株を100株もっている投資家がいて、その株式が1：5で株式分割されたら、理論的には「株価2000円、1単元（100株）20万円」の株式を500株もつことになります。つまり、**株主の資産は変化しません。**

では、実際はどうでしょうか。実は、分割後に株価が上がる場合と、下がる場合があります。先ほどの例でいえば、今まで100万円ないと買えなかった株が20万円で買えれば、投資のハードルが下がります。買いの需要が増すことを見込んで買う投資家が増えて株価が上がり、分割実施後にはその予想通り、多くの買いが入って実際に株価が上がるケースがあります。

株式分割のイメージ

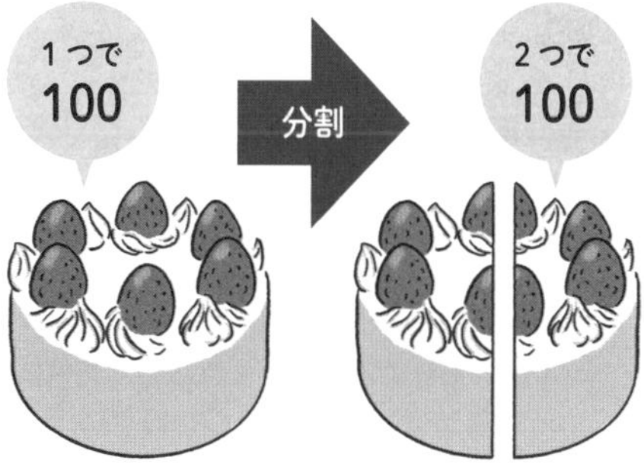

分割してもケーキ全体の価値は変わらない

最近の研究では、株式分割により株主数が増えて知名度が向上することの効果や、流動性が増すことで取引コストが下がる効果が株価上昇に影響しているのではないかと報告されています。しかし、その効果がどれほど大きいかは会社によります。急成長し、株価がどんどん上がっている企業であれば、もともとニーズがあるので株式分割は歓迎されますが、**特に需要がないのに株式分割を行っても、期待ほど流動性は高まらず、株価も上がらない**でしょう。

ところで、株式分割を実施すると注目を集め、短期的に株価の変動が大きくなり、投機的な投資家を集めやすくなり、そのことがデメリットになる場合もあります。分割後、流動性が高まるのは良いことでも、**投機的な株主が増えて株価変動が激しくなり、安定株主が減ってしまうのは、株価にマイナスに働く**場合もあるのです。

(3) 配当政策

会社が上げた利益は配当金としてすぐ還元してほしいという株主もいれば、内部留保として将来の投資に回し、株価を上げてほしいという株主もいます。株主の利益を第一に考えたとき、実は、**配当が多ければいいというものでもありません。**

当期純利益（税引後利益）のうち、配当の支払いに充てられた比率を**「配当性向」**といい、投資を行う際に企業を評価する指標の一つです。また最近は、配当性向に自社株買いも加味した**「総還元性向」**という指標も注目されるようになっています。

配当性向と総還元性向

配当性向（%）= 1株当たりの配当額 ÷1株当たりの当期純利益 ×100

総還元性向 =（配当支払総額＋自社株買い総額）÷ 純利益 ×100

※総還元性向が高い=株主還元に力を入れている会社。しかし総還元性向が高い企業は、そのぶん内部留保が少なくなるため、設備投資などの資金が限られることになる

しかし、配当性向や総還元性向が100％を超えてしまっている会社もあります。このことの意味合いは、その年の収益以上に配当等を出している、つまり**財務的なダメージを負ってまで株主還元をしている可能性がある**ということです。本業がうまくいっていないケースも多く、手厚い株主還元もいつまで続けられるかわ

かりません。このような会社には要注意です。

（4）公募増資

一般の投資家を対象に、新しく株主を募るのが「公募増資」です。会社の資金調達手段の一つで、株主層の拡大や株式の流通量の増加という効果もあります。資金を借りる方法でなく返済不要な資金の調達ができることで、**会社にとっては自己資本比率が高まり、財務基盤の強化ができる**メリットも。また、それに応じる投資家がいるということは、資金を貸し付けるよりも出資したほうが多いリターンが期待できる、つまり**その会社の成長が期待されていることの表れ**と捉えることができます。

そして、市場に流通する株数が増えれば、1株当たりの価値が下がる（希薄化する）ので株価が下がりやすい、という解説記事やニュースが散見されます。しかし、その解釈には誤解があります。というのも、株価はその企業が将来稼ぐ利益への期待が反映されたものであり、**公募増資により設備投資等ができたことで、業績が拡大する可能性が高まれば、株価が上昇する**ことも考えられるからです。

実際、日本の1990年代の公募増資の発表は、イコール株高と捉えられており、学術研究でもそのことが示されています。2000年代に入ってからも、公募増資を発表することで、株高の反応を見せた上場企業も存在します。

一方で、財務的に困窮して負債を返済するためなど、後ろ向きな公募増資などは株安につながるケースが多いといえます。このように増資の理由によって好材料にも株安になることもあるので、「何のための」増資なのかを改めて確認しましょう。

ニュースに出てくる「企業倒産」を知る

ニュースで「事実上の倒産」という言葉を聞いて、違和感を覚えたことはありませんか。ここでは事実上の倒産と法律上の倒産との違い、法的整理の主な種類と、「黒字倒産」が起きる理由について確認します。

どうなると「会社がつぶれる」のか

一般的な意味での倒産とは、会社や個人が経済的に破綻し、**返す義務のある債務が支払えなくなること**です。その「倒産」には、事実上の倒産と法律上の倒産があります。

事実上の倒産とは、まだ法的倒産手続きはとられていないものの、手形不渡りで銀行から取引停止処分を受けた場合など、支払い不能や債務超過に陥る恐れのある、財務的な破綻状態です。そしてその後に、法的な手続きが進んで倒産状態にあると認められれば、法律上の倒産となります。

倒産手続きの仕組みを知っておきたい

倒産手続きには債務者の財産をすべて清算して、残った金銭を債権者に弁済、配当する**「清算型」**と、一定範囲で財産を残すことを認めて債務者を存続させ、債務を圧縮して債務者の支払い能力を回復させていく**「再建型」**があります。

(1) 清算型：破産手続き（破産法による）

裁判所が破産管財人を選任し、残った財産の調査・管理と換価処分を行い、それを債権者に弁済または配当するという裁判手続きです。**会社の財産はすべて処分・清算されて会社そのものも消**

滅し、負債や債務も消滅します。

(2) 清算型：特別清算手続き（会社法による）

株式会社に特化した破産手続きで、基本的には破産手続きと同じプロセスを経ますが、**清算人が手続きを進め、債権者の意向を聞きながら進める**点が異なっています。

(3) 再建型：民事再生手続き（民事再生法による）

名前の通り、再生債務者が存続することを前提としているところが前の２つとの大きな違いで、それなりの規模がある会社を想定した法的手続きです。**一定の財産の保有を認めながら債務を圧縮し、再生債務者の経済的な更生を図る**裁判手続きが進められます。手続きの進行を監督する役割として裁判所から監督委員が選任されますが、実際に手続きを行うのは再生債務者自身です。また、経営陣の刷新も必須とはされません。

(4) 再建型：会社更生手続き（会社更生法による）

大規模な株式会社を想定し、民事再生と同様に会社の存続を前提として債務を圧縮し、更生債務者の経済的な更生を図る裁判手続きです。手続きは裁判所が選任した更生管財人が遂行し、**原則として経営陣の刷新が必要**とされます。

黒字倒産とはなんだろう

新型コロナウイルス感染症拡大による影響で、業績が激しく落ち込む企業が増えるさなか、決算が大幅な赤字でも倒産せず、なかには配当を出している会社さえありました。なぜそれが可能なのかといえば、キャッシュを豊富にもっている、不動産をはじめとした潤沢な資産があり銀行から融資を受けられる、増資など資金調達の方法がある……とさまざまです。その一方、黒字なのに倒産してしまう企業があります。いわゆる「黒字倒産」は、どうして起きるのでしょうか。

黒字倒産とは、「勘定合って銭足らず」という言葉があるように、**会計上は黒字なのに手元資金の不足によって会社が支払い不能に陥り、倒産してしまうこと**です。会計基準に基づく損益は「発生主義」のため、取引が成立した時点で売上げを立てます。利益は損益計算書に計上されるので会計上は儲かっていても、実際の決済は1か月後、3か月後、というようにキャッシュを受け取るまでにはタイムラグがあります。仮に、そのタイムラグの間に大きな額を支払う必要があって、そのための新規の借り入れもできない場合、支払いができずに信用を失い、銀行から取引を停止されるといったことも起きます。そうした連鎖が、黒字にもかかわらず倒産という状態を引き起こすのです。

投資したい会社の安全性を判断するには？

黒字倒産の兆候は、上場企業の場合はインターネット等でも公開され誰でも見ることができる財務諸表、なかでも**貸借対照表（バランスシート、BS）**、**損益計算書（PL）**、**キャッシュフロー計算書（CF）**の**「財務三表」**の数字に表れることがあります。どこをチェックすればいいのか、ポイントを見ていきます。

（1）営業キャッシュフローの赤字

黒字倒産を財務諸表で説明すれば、会社の利益を知ることができる損益計算書の収益が黒字にもかかわらず、キャッシュフロー計算書のほうでは、営業キャッシュフロー（本業に関わる資金収支）が赤字のために支払いが困難になり、倒産してしまうということです。倒産の前兆を調べるためには、**営業キャッシュフローの赤字が一時**

的なものなのか、構造的なものなのかを確認する必要があります。

そして特に注目すべきは、**何によって営業キャッシュフローが赤字になっているか**です。もし、キャッシュフロー計算書で在庫（棚卸資産）のキャッシュフローが赤字になっていれば、在庫の現金化が遅れているということですし、売掛金のキャッシュフローが赤字ならば、売上高は稼げていても現金化が遅れていることを示します。たとえば、かつて発覚したカネボウのケースではこの2か所が明確に赤字であり、それが原因で売上高の架空計上が疑われました。ここは企業不祥事を見抜くうえでも、重要な指標です。

ちなみに、倒産の危機がどの程度深刻かについては、**貸借対照表で総資産に対する純資産の比率である自己資本比率を見て、財務余力があるかどうかを確認**します。

（2）債務超過

貸借対照表で**資産の合計よりも負債の合計のほうが大きくなり、純資産の部がマイナスとなった状態**のことを「債務超過」といいます。たとえば、キャッシュフロー計算書で営業キャッシュフローが大きな赤字、設備投資のための投資キャッシュフローも大きな赤字、資金調達を示す財務キャッシュフローが大きなプラスとなっているような状態で、ここからはその会社のビジネスがうまくいかず、資金繰りで苦しんでいる状態がうかがえます。

ちなみに、営業キャッシュフローがずっとマイナスなのに、損益計算書では売上高、利益とも成長しているという、通常は起こらないケースを見つけたら、そこには（不正など）何か理由があるはずだと思ってください。

（3）セグメント売上高のそれぞれの割合

今まで見てきたように、財務諸表をはじめとする公開情報で、その会社の経営の流れはおよそつかめるものです。売上高については月次で発表している会社もあります。

それぞれの会社には、事業、部門といったセグメントがあり、セグメントごとの売上高を開示している場合もあります。投資家はそれぞれの売上高を定期的に閲覧し、**その会社のメインとなる事業の売上げに突然陰りが見えはじめる**といった、何か気になる変化がないかを見ておくことも大切です。

(4) 自己資本比率

一般に、経営効率の面から見れば、企業は現預金をもちすぎるべきではなく、また、利益から税金や配当などを差し引き、社内に蓄積された内部留保（利益剰余金）についても、貯めこむべきではないといわれてきました。しかし、パンデミックなど予期しない影響で経営が厳しくなった場合、現預金や内部留保はその会社の体力となり、経営を続けることが可能になります。

こうした、返す必要がない資本の合計を**「自己資本」**といいます。景気のいいときや会社の成長時には積極的な借り入れをして効率的に経営することも大切ですが、リスク管理の面からは、投資家は**その会社の自己資本比率が低すぎないか**も見ておく必要があります。

自己資本比率とは、自己資本（返済不要の資産）が全体の資本調達の何%を占めるかを示す数値

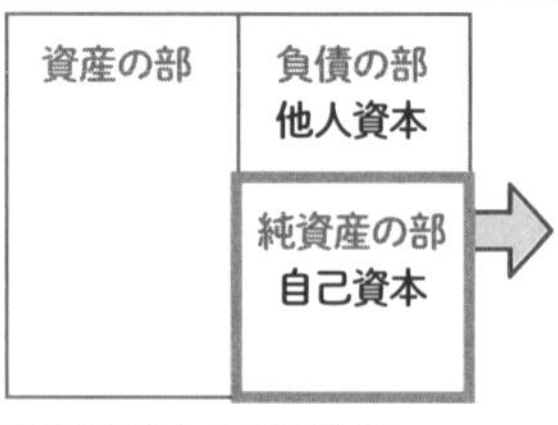

$$\text{自己資本比率} = \frac{\text{純資産}}{\text{総資本（=負債+純資産）}} \times 100$$

・自己資本比率が高いほど経営は安定し、倒産しにくい会社となる
・自己資本比率が小さいほど、他人資本の影響を受けやすい不安定な会社経営の可能性がある

※業種平均との比較が重要

多くの人が米国株を買っているワケ

ネット証券などでは、オンラインで米国株取引ができる場合があります。また円建ての投資信託やETFを通じて、アメリカの株価指数に投資することも可能です。ここでは米国株投資の特徴と、そのためにどんな情報が必要かを確認します。

米国株式投資の魅力とはどんなもの？

世界最大の経済国であるアメリカには、各国から投資資金が集まります。アメリカの株式に投資することには、どんなメリットがあるのでしょうか。

(1) 少額投資が可能

日本の上場企業の株は、通常、売買の最低単元（100株）が決まっています。それに対して米国株は**1株から売買できる**ため、比較的少額での投資が可能です。

(2) 世界最大規模の株式市場

金融情報大手のQUICK・ファクトセットによると、2021年7月23日時点でのアメリカの株式時価総額は世界の43.8%。ちなみに中国は9.3%、日本は5.9%、欧州は16.8%でした。

ニュースに出てくるアメリカの代表的な株式市場は、**ニューヨーク証券取引所、ナスダック**の2つです。ニューヨーク証券取引所は時価総額で世界最大の取引所であるとともに、その上場審査の厳しさでも知られています。ここにはアリババ・グループ・ホールディング、JPモルガン・チェース・アンド・カンパニー、ジョンソン&ジョンソンといった世界を代表する企業が上場しています。ナスダックのほうは、前述のようにコンピュータシステムのみで運営される電子株式市場です。アップル、マイクロソフト、アマゾン・ドット・コムといった、こちらも世界の有名IT企業が名を連ねています。

これまで見てきたように、アメリカの重要指数の発表がアメリカ株に影響を与え、それがさらに世界経済に波及します。

米国市場には世界中から資金が集まるのに加えて、すべての銘柄を1株から購入でき、また、**「ストップ高」と「ストップ安」といった制限がない**という特徴があります（株式市場や先物取引で一定以上の価格下落が起きた際に、取引所が一時的に取引を停止させる等の措置を行う、「サーキットブレーカー制度」はあります）。

（3）成長企業が多い

アメリカでは、いわゆるGAFAM（Google、Amazon、Facebook、Apple、Microsoft）のような新興企業が急成長を遂げてきました。

その理由の一つが、高いリスクをとってスタートアップ企業に投資をする**ベンチャーキャピタル**や**未上場株市場**などの存在です。世界中から集まった優秀な人材が起業し、有望なアイデアがベンチャーキャピタルの資金を足掛かりに、成長企業へと駆け上がっていくシステムが築かれてきたのです。

アメリカの上場企業は常に世界との激しい競争にさらされ、企業経営も、業績を上げて株価上昇をめざすというプレッシャー下にあります。そうした背景から、成長がともなわない企業が非上場化するなど、**上場企業の新陳代謝**が促されています。その結果、伝統的な企業であっても、上場し続ける企業は成長を続けることができるのです。

(4) 時価総額が大きい

上場企業の「株価×発行済み株数」で表される「時価総額」は、文字通り、その会社の「時価」を表しますが、アメリカ株には時価総額が大きい企業が多いという特徴があります。**成長し、株価が上がるからこそ、時価総額も上がる**わけです。

その会社がどれだけの収益を上げられるかという将来への期待を反映したものが株価ですから、時価総額は、会社の規模を示すとともに、将来の成長力も表しています。

GAFAMの株価上昇率

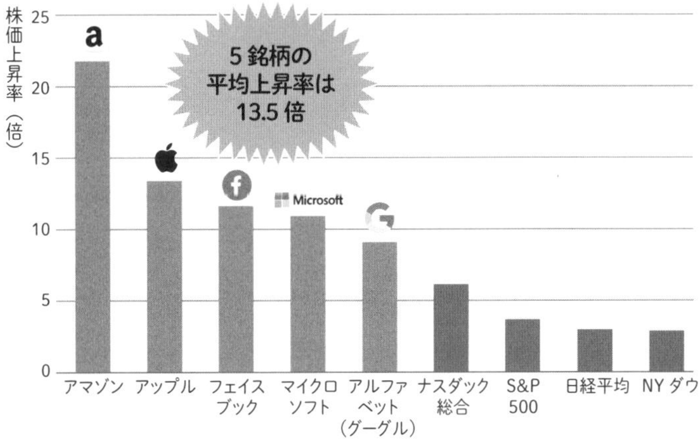

※2020年9月から2021年6月、フェイスブックは2012年5月から、アルファベットは議決権付き株

(5) 活況を呈するIPO市場

IPO（Initial Public Offering＝新規株式公開）とは**企業が新規に株式市場に参入し、市場の一般投資家に対して初めて保有株式の売出しを行うこと**です。アメリカでは近年、数多くのベンチャー企業が生まれ、IPOを目指して、国内の経済を牽引する存在に成長しています。

アメリカでは1960年代からシリコンバレーを中心に起業家が生まれ、成功者が創業から間もない企業に投資を行う「エンジェル投資家」となって、移民を含む有望な起業家に出資する歴史が築かれてきました。スタートアップ企業に投資するベンチャーキャピタルの層も厚く、成長を支えるためのさまざまな経営資源を提供します。

熾烈な競争で多くの企業が脱落するなか、成功した一握りのベンチャー企業は、M&Aによる他社への売却を選ぶ場合もあればIPOを選ぶ場合もあり、ベンチャーキャピタルはそこでエグジット（EXIT＝投資回収）します。このように、アメリカ国内に会社の成長に貢献するサイクルができており、さらに、こうした流れを妨げないように、さまざまな規制緩和も行われています。

プラスα SPACとはなんだろう

最近、アメリカのIPO市場では、SPAC（Special Purpose Acquisition Company＝特別買収目的会社）の上場も急増しました。SPACは買収を目的に設立された会社であり、それ自体では事業を行いません。そのためブランクチェック（白紙小切手）、**「空箱」上場**などといわれることもあります。

まずSPACがIPOを行って株主から資金を集め、そののち買収する会社を探し、買収を行います。そしてSPACと買収された会社が合併することで、存続会社となって上場会社となります。

ちなみに、SPACでは調達資金を2年以内に未上場企業の買収に使わなければなりません。SPACに合併された会社は、通常よりも簡単な手続きでIPOができるため、買収される側にもメリットがあります。

(6) 株価の長期パフォーマンス

長期的に見て株価が上昇し続けている、それがアメリカ株の強みです。ニューヨーク証券取引所は1817年に開設されました。1930年代の世界大恐慌、2度の世界大戦、9・11アメリカ同時多発テロ、リーマン・ショック等による大暴落を経験しながらも、そのたびに株価は回復し、**NYダウをはじめとした株価指数は高値を更新し続けています。**

その一方、日経平均は1989年12月29日、大納会で付けた3万8957円44銭が最高で、その後は下落し、2009年3月10日にはバブル崩壊後の最安値7054円98銭を付けました。2021年2月15日、1990年8月のバブル経済期以来、約30年6か月ぶりの高値となる3万84円15銭を付けましたが、**90年代からの日経平均株価の推移は横ばいです。**

NYダウと日経平均の比較

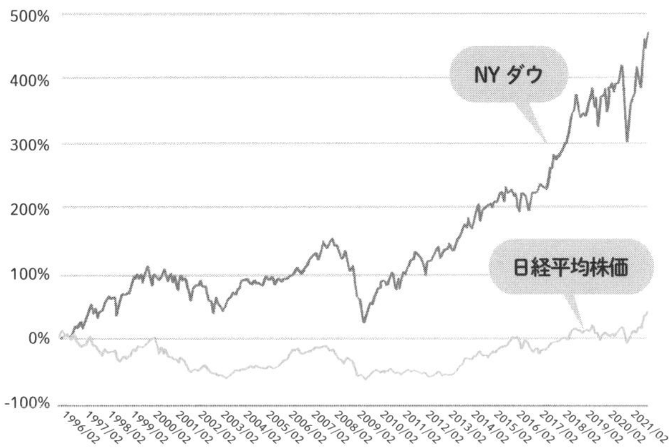

(7) ソフト産業のイノベーション力

アメリカは常にイノベーションの中心にあり、新しい分野で他国に先んじています。もちろん、そのぶん競争は熾烈ですが、ビジネスを最初から世界展開できる環境にあることから、ソフト産業において、**そのビジネスモデルが世界標準になるための素地ができている**というメリットがあります。

たとえば、スマートフォンのように革新的な製品を送り出すだけでなく、そうした製品で使われるサービスの要となる技術を自社のもので固めて、他社はそこに乗らざるを得ないような状況をつくる。その普及を推し進め、やがて世界標準となる流れができれば、得られる利益は絶大です。GAFAMのような再先端を行く企業は、このように自社技術を標準化させていくことで拡大してきました。

こうした企業が育つ背景には、投資家の存在があります。企業が大規模な赤字であっても、**投資家がそれを前向きな設備投資や研究開発費と認識すれば、その企業の株を手放すことはありません。**これを如実に示すのが、直近では電気自動車などの電動輸送機器やクリーンエネルギー関連のビジネスを手がける米国企業、テスラでしょう。

どのサイトに「有益な情報」がある？

アメリカの情報は日本のニュースサイトなどからも収集することができますが、少し手間暇をかけて、アメリカのウェブサイトを利用することをおすすめします。翻訳ソフトなどを臨機応変に利用しながら、情報を集めてみてください。**Yahoo! Finance、Investing.com、CNBC: Stock Market & Business**が特におすすめです。

Yahoo! Financeならば、その企業のチャートや、関連ニュースをまとめて見るのに適しています。また、掲示板に書かれているコメントで、自分が注目するアメリカ企業に投資をしている個人投資家の考えなどを知ることもできます。ちなみに最近では、アメリカの「Reddit《レディット》」の掲示板「WallStreetBets」内で話題となって上昇した株も存在し、社会問題になっています。

Investing.com ならば、マクロな為替や株価指数を見るのに便利です。CNBC は機関投資家にも影響のあるメディアなので、ここでどんなアメリカ上場企業が注目されているか、また株高が期待されるのか、あるいはその逆かなど、どのような論調で批評されているのかを確認しましょう。

プラスα Non-GAAP指標による情報開示

業績発表時に財務諸表に含まれる情報など、公開される「一般に公正妥当と認められる会計原則」（GAAP《ギャープ》、Generally Accepted Accounting Principles）に加えて、欧米の会社の多くは、そこに含まれない情報、「Non-GAAP 指標」も自主的に開示しています。

アメリカ企業では S&P500 構成銘柄企業の 97%が Non-GAAP 指標を開示しているという調査結果もあり、日本でも米国会計基準を採用している会社の多くはこの指標を公表するなど、企業独自の情報開示の流れが広がっています。これは簡単にいえば、原則的な GAAP の数字から、たとえば一時的な損益などの要素を取り除くといったことを行って、**その会社自身が、自社の実力をわかりやすく投資家に示す参考となる数字**といえます。

Non-GAAP 指標に対しては、財務業績の実態把握に有用な利益指標が開示されることは投資判断の助けになり、投資家にとって有益だ、というポジティブな見方と、経営者に都合のいい利益指標を開示して投資判断をミスリードするものだ、という慎重な見方があります。あくまでも会社側からの参考意見ではあるものの、どのような Non-GAAP 指標を開示するかにその会社の独自性が示されるので、投資家にとっては参考になります。

GAFAMはなぜ問題になるのか

巨大化を続ける、アメリカのグローバルIT企業、GAFAM（Google、Amazon、Facebook、Apple、Microsoft）。「ニューモノポリー（新独占）」と揶揄されながらも、世界のIT化、自動化の波を止めることができないのが現実です。

日本の税収を超えるGAFAMの売上げ

GAFAMの2020年の通年の売上高は、**Google**（持ち株会社Alphabet）が1825億2700万ドル（19兆円）、**Apple**が2745億1500万ドル（約29兆円）、**Facebook**が859億6500万ドル（約8兆9000億円）、**Amazon**が3860億6400万ドル（約40兆円）、**Microsoft**が1430億1500万ドル（約15兆円）。日本の2020年度の国の収入（一般会計歳入、当初予算）は年間102兆6580億円なので、すべて合わせればそれを上回ることになります（※2020年12月、1ドル＝104円で換算）。株価の時価総額も、アメリカのトップランキングを独占しています。

積極的なM&Aと研究開発費で成長

GAFAMも、はじめから巨大企業だったわけではありません。たとえば、インターネットの検索には数多くの競合サービスがあったにもかかわらず、検索結果の「順位」に注目し、広告最適化に成功していったGoogleのように、競合から抜きんでて、優秀な人材や研究開発費に資金をつぎ込み、スピード感のある成長を遂げてきたのです。

規模を拡大しながら、Facebookが Instagramを買収するなど、**将来の競合になるような有望なスタートアップに対してM&Aを**

行い、取り込んでいくのも特徴です。GAFAMは、巨大化し「ビッグテック」と呼ばれるようになった現在でもM&Aを積極的に行っていますが、最近では幅広い業種のスタートアップに対して、完全買収でなく投資するケースが増えてきたといわれています。

GAFAを警戒する各国政府の動き

世界の情報と知識が吸い上げられ、GAFAを代表とする一握りのIT（情報技術）をもった巨大企業に集中する**ニューモノポリーの状態**には、各国政府も警戒を強めています。

欧州委員会（EC）が2020年12月15日、EUで運営されているSNSやオンラインマーケットプレイスを含むすべてのデジタルサービスに対して、新たな規則Digital Services Act（デジタルサービス法案）を公表しました。これは、**すべてのプラットフォーム事業者等に対して、違法コンテンツの流通に関する責任を規定し、その事業者の規模に応じたユーザー保護のための義務を規定**したものです。EU域内に4500万人以上のユーザーをもつ企業は「デジタル・ゲートキーパー（情報伝達の仲介者）」に指定され、より厳しい規制の対象となります。そのなかには、年間売上高の最大10%の罰金を科される可能性、事業の一つまたは一部（権利やブランドを含む）の売却を要求されたり、サービスの一時的な停止を求められたりする措置も含まれます。

アメリカでは2020年10月、米司法省がGoogleを**反トラスト法（日本の独占禁止法にあたる）違反**で提訴しました。その理由は、検索エンジンや検索ブラウザ及び検索広告市場での反競争的、排他的慣行で市場独占を不法に維持しているというものです。1998年5月にMicrosoftが反トラスト法違反で提訴された際は、両者が和解案に合意して訴訟が終了するまでに約12年かかりました。Googleの訴訟にも時間がかかりそうですが、もし敗訴した場合は、事業分割の可能性も否めません。

ところで2021年6月にイギリスで開かれたG7財務大臣会合で、グローバル企業に対する課税強化については、その対象となるのは利益率の高い企業とし、**利益の一部に課税して各国が公平に配分するルールの導入を目指す**ことで一致しました。課税対象となる企業は100社程度となり、アメリカの企業が多くを占める見通しとされています。

		グーグル	アマゾン	フェイスブック	アップル
市場シェア		世界の検索シェア 92.47%	米国 eコマースシェア 50%(2021年7月)	SNSシェア 71.53%	スマートフォンシェア 26.35% 世界第2位（1位はサムスン電子）
		アンドロイド搭載シェア 72.83%	AWSシェア 32%（2021年第1四半期）	SNS月間ユーザー28億5000万人（2021年第1四半期）	タブレットシェア 56.38%
批判、弊害		アプリ開発業者への手数料が高額。ニュース記事を無料で利用して広告収入を稼いでいる。検索履歴などの個人情報を収集し、利用している	高温の倉庫内で意識を失う従業員の救急搬送が日常化するなど劣悪な労働環境。アマゾンに出品する出店業者に、アマゾンのマーケットプレイスでの出品価格が、他の通販サイトの出品価格より高くならないよう要求。2019年には「Amazonポイント」還元の原資を出品者に負担するよう求めた	2012年のインスタグラムの買収は、競合つぶしであるという資料が2020年7月のアメリカ議会公聴会に提出され、反トラスト法の反競争的買収に抵触するとして批判される。2016年の大統領選で、SNS上のフェイクニュースの拡散が選挙結果に影響を与えたといわれる	アップルストアで販売する競合他社のアプリの審査を厳しくし、競争を阻害している

※注記のあるもの以外は2021年7月20日時点。批判、弊害などは各種報道を参照

日本の産業への影響はどんなもの？

2021年5月、アメリカで短距離無線通信の規格を策定する団体による、スマートホームの共通接続規格、「Matter《マター》」が発表されました。これは、異なるメーカーやプラットフォームのデバイ

ス間の相互接続性を保証するものです。

対象となる製品は、照明器具、空調機器（HVAC)、ドアロックなどのアクセス機器、セキュリティ機器などで、**Googleアシスタント、Amazon Alexa、Apple Homekit with Siri、SmartThingsといった既存スマートホームやスマートアシスタントとの互換性が確保できる**、とされています。

近い未来、IoT（Internet of Things＝モノのインターネット）によってすべてのモノがインターネットにつながれば、GAFAMはますます事業の幅を広げることになります。家電はもちろん、外を走る自動運転車、もっといえば街自体もインターネットでつながります。使えば使うほど、データが収集され改良に役立てられるので、私たちの生活はさらに便利で効率的になっていくでしょう。

Appleが独自開発中といわれている、いわゆる「Apple Car」は、2020年末頃から、生産委託先として、日本を含む世界の自動車メーカーの名前が浮かんでは消えています。数えきれないサプライヤーを傘下にもつ自動車メーカー自体が、まるでiPhoneの生産メーカーのようにサプライヤー化するかもしれない、そうした動きにも衝撃が走りました。

こうした流れの一方で、日本企業の動きとしては、たとえば**「クルマをつくる会社」から「モビリティカンパニー」への変化**を図ってきたトヨタは、実験都市「ウーブン・シティ」を着工しました。その目的は、ロボット、AI、自動運転、MaaS（Mobility as a Service)、パーソナルモビリティ、スマートホームといった先端技術をリアルな生活環境のなかに導入・検証できる環境をつくり上げることで、完成後は社員を中心とした人々が移住予定です。単に巨大IT企業が進出してくるということを超えて、従来の産業構造や事業の棲み分けが大きく変わっている今、トヨタのように自社の事業の核そのものを問い直すことが企業に求められつつあります。

中国に進出するメリット・デメリットを知っておきたい

生産拠点としてだけでなく、世界最大規模の市場としても注目されている中国。最近は中国企業による日本企業買収も増えていますが、日本企業が中国に進出する場合、どんなメリット・デメリットがあるのでしょうか。

日本企業の中国進出はどうなっている？

日本は、海外から資源や原料を輸入し、自動車や精密機械といった高品質な工業製品を生産して海外に輸出する方法で経済成長を遂げてきました。しかし人件費の上昇や円高などの理由から、価格競争力を高めるために**生産プロセスの一部を中国に移転し、そこから日本に輸入して完成品を仕上げる**という新しいスタイルへと変化していきました。この流れを裏づけるように、財務省貿易統計によると、1995 年から 2006 年まで日本の貿易相手国の 1 位はアメリカでしたが、2007 年から 19 年までは中国が 1 位となっています。

内閣府の「2009（令和元）年度年次経済財政報告」によると、中国では部品などの中間財の輸入額が、1995 年の約 828 億ドルから 2015 年の約 1.3 兆ドルと約 16 倍に拡大しており、日本その他の国々から供給された部品等を中国が輸入・加工して完成品を生産する**サプライチェーン**が構築され、特に 2000 年代に入って拡大していることが指摘されています。

また、中国経済が日本経済にどの程度影響を与えるかについて、OECD 作成の国際産業連関表を用いて計算した、中国の最終需要に対する日本の依存度（生産したモノやサービスのうち、中国の最終需要によって誘発された生産額が占める割合）は、2005 年の 1.7%

から2015年の**3.6%へと上昇**しています。また、2015年の中国の最終需要に対する日本の製造業の生産についての依存度は、スマートフォンやコンピュータ等を含む情報通信機器14.4%、半導体等の電子部品・デバイスを含む電気機械10.2%、半導体等製造装置などの生産用機械を含む一般機械9.7%となっています。

こうした産業は、グローバルサプライチェーンを通じて中国と密接に関連していることもあり、中国経済の減速が指摘されているなかで、今後の生産や輸出への影響には留意が必要であると、同白書は指摘しています。

日本の主な貿易相手国（2019年）（単位：100億円、カッコ内はシェア）

輸出総額［7693］	輸入総額［7860］
アメリカ 1525（19.8%）	中国 1845（23.5%）
中国 1468（19.1%）	アメリカ 864（11.0%）
韓国 504（6.6%）	オーストラリア 496（6.3%）
台湾 469（6.1%）	韓国 323（4.1%）
香港 367（4.8%）	サウジアラビア 302（3.8%）

出典：財務省貿易統計

中国進出するメリットとはどんなもの？

中国に生産拠点を置いたり、中国の輸出産業への資本参加といった形で中国とビジネスを行う際には、次のようなメリットが考えられます。

（1）豊富な労働力、比較的安価な賃金

以前に比べてコスト面でのメリットは低くなっているものの、

地方では依然として**人件費やオフィス賃料、物価水準が安価**です。

（2）開発区の優遇政策

経済特区や経済技術開発区などの外国企業の誘致に積極的な地域では、**税金の免除、事業支援金の給付**が行われており、多くの日本企業が活用しています。

（3）地理的な近さ

羽田、成田から北京、上海といった大都市までのフライト時間は3時間程度。**短時間で現地に行ける**こともメリットの一つです。

（4）旺盛な越境 EC 市場

市場規模が急速に拡大している EC（電子商取引）ですが、近年、国外の商品をインターネット経由で直接購入する「越境 EC」がさかんになっています。経済産業省の平成 30（2018）年度「我が国におけるデータ駆動型社会に係る基盤整備」（電子商取引に関する市場調査）によると、2018 年に**中国の消費者が日本から購入した合計金額は 1 兆 5345 億円**で、日本の消費者が中国から購入した 261 億円を大きく上回っています。

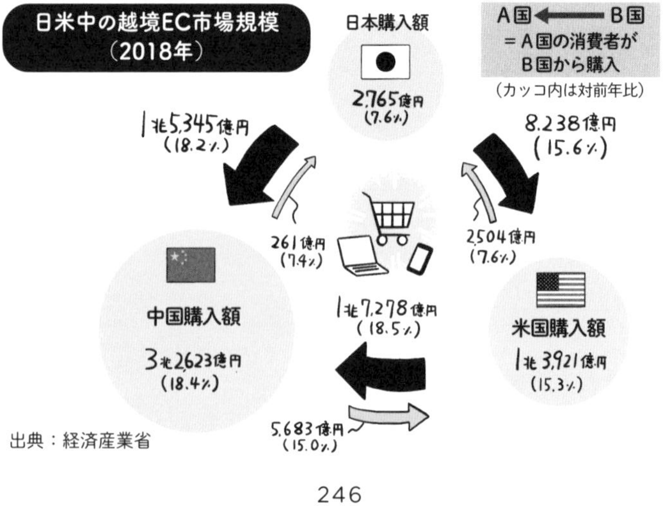

出典：経済産業省

不安材料を知っておきたい

米中貿易戦争、香港の民主化問題、新疆ウイグル自治区での人権侵害など、中国が抱える問題が日本企業にとってもリスク要因になってきています。

(1) 中国製造 2025

2015 年に中国政府が発表した、2025 年までの中国製造業発展のロードマップ、「中国製造 2025（メイド・イン・チャイナ 2025）」では、第 1 段階が 2025 年までの世界の製造強国入り、第 2 段階として 2035 年までに国内製造業のレベルを世界の製造強国陣営の中位に引き上げ、第 3 段階として **2049 年には世界の製造強国のトップになる**というものです。この国策がアメリカへの脅威となり、米中の対立を引き起こしているといわれています。

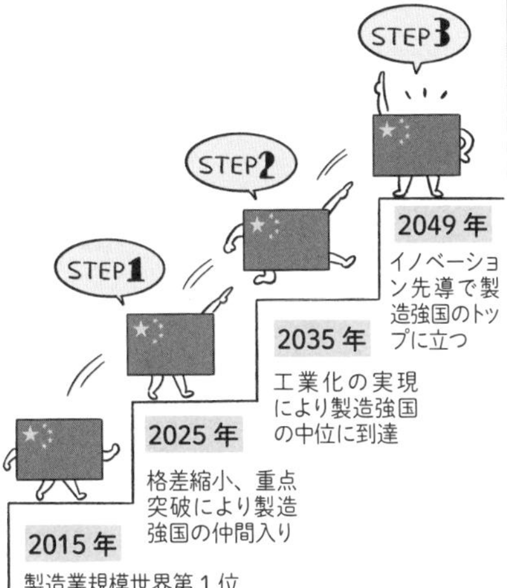

「中国製造2025」の重点分野

- 次世代情報技術（半導体、次世代通信規格「5G」）
- 高度なデジタル制御の工作機械・ロボット
- 航空・宇宙設備（大型航空機、有人宇宙飛行）
- 海洋エンジニアリング・ハイテク船舶
- 先端的鉄道設備
- 省エネ・新エネ自動車
- 電力設備（大型水力発電、原子力発電）
- 農業用機材（大型トラクター）
- 新素材（超電導素材、ナノ素材）
- バイオ医療・高性能医療機械

米中貿易戦争が中国での生産に及ぼすマイナスの影響は、アメリカによる**対中制裁の追加関税**です。該当する会社や、その取引先は、関税引き上げぶんを自社負担する、顧客と折半する、といった形でしのぐほか、なかには中国から別の国に生産拠点を移管する場合もあります。これまでもグローバル企業は、**「チャイナ・プラスワン」**と呼ばれる、中国以外の第三国にも拠点をもつリスクヘッジを行ってきましたが、今は中国企業が自ら海外への生産移管を促す動きも起きています。

(2) 香港、台湾、新疆ウイグル自治区問題の行方

中国は香港の民主化問題、台湾との対立、新疆ウイグル自治区での少数民族の弾圧や強制労働などの問題を抱えています。近年では、ウイグル産綿花を使わないと発表した**欧米企業が中国国内で不買運動を起こされる**例もありました。日本と中国間でも、2005年の小泉首相（当時）による靖国神社参拝、10年の尖閣諸島周辺での中国漁船衝突事件、さらに12年の日本政府による尖閣諸島の国有化宣言といった政治的摩擦が顕在化しました。その際には中国に進出している日本企業が輸出制限や店舗・工場への破壊や放火などの被害を受けています。

(3) 世界の工場としての魅力を失いかけている？

中国では、急速な経済成長や労働者不足などを背景に、賃金上昇が起きています。2021年5月、中国の国家統計局は、日本の国勢調査にあたる「全国人口センサス」の結果として、2020年11月時点の総人口が14億1178万人と、前回2010年調査の13億3972万人と比べて、7206万人増えたと発表しました。しかし**15〜59歳の生産年齢人口は総人口の63.4%と前回の70%超から低下**し、一方で60歳以上の割合は13.3%から18.7%に上昇しました。このように、生産年齢人口の減少が明らかになっています。

（4）現地企業の市場参入

中国では中間所得層や高所得層が増加しており、訪日中国人の急増で日本製品のみならず、「日本式」サービスへの認知も広がりました。製造業だけでなく、現地で中国の消費者を対象とした店舗やサービス展開を行う日本企業もありますが、現地企業の参入により競争にさらされています。実際、その後成長する企業もあり、たとえば、中国国内でも**「無印良品とユニクロとダイソーを足して3で割った」**と揶揄されたといわれる、2013年創業の雑貨チェーン**「メイソウ」**は、2020年10月、ニューヨーク市場に株式上場しました。

「チャイナ・プラスワン」とはなんだろう

コスト等を考えれば、本来、生産拠点は集約するほうが合理的です。しかし中国一国への投資の集中を避ける経営戦略として、中国のほかに生産拠点を設けてリスク分散する、「チャイナ・プラスワン」と呼ばれる動きが2000年代前半から日本でも起きはじめました。その背景には、**中国の国家体制に対する不安や、経済発展で現地の人件費が上昇し続けている**といった事情があります。さらに2010年頃からの対日感情の悪化などを受けて、チャイナ・プラスワンは加速しました。移転先としては、**タイやベトナムなどASEAN加盟国が候補地**になりました。労働者人口が多く、人件費が比較的安価、政治的な安定といった理由が、それらを後押ししています。

JETROの調査結果（2020年2月）によると、中国に進出中の日本企業で米中貿易摩擦の影響を受け生産地を移管すると回答した会社は、移管先としてベトナム（54.2％）、タイ（25.0％）、日本（25.0％）を挙げ、ASEANに進出中の日本企業ではベトナム（34.4％）、タイ（28.1％）、マレーシア（21.9％）となっています。

「SDGs」のこと、これだけは知っておきたい

近年、さまざまな場面でSDGsという言葉を聞くようになりました。企業のウェブサイトやIRレポートなどでも、環境や社会への取り組みがクローズアップされることが多くなっています。一見、企業活動とはあまり関係がなさそうなSDGsですが、実はかなり重要です。その理由を見ていきます。

世界中を巻き込むSDGsとはどんなもの？

SDGsとはSustainable Development Goalsの略で、**「持続可能な開発目標」**を意味しています。これは2015年の国連のサミットで採択された目標で、**17のゴールと、それらを達成するための169のターゲット（具体的な達成基準）から構成**されています。これらに法的な拘束力はありませんが、政府は各国内の具体的な枠組み・仕組みを確立し、目標達成に向かうことが期待されています。

SDGsには、ベースとなった「MDGs（Millennium Development Goals＝ミレニアム開発目標）」があります。MDGsでは、貧困撲滅や教育の普及、環境問題などの8つの目標を掲げ、2015年までに達成することを目指しました。MDGsの目標を引き継ぎ、さらに環境・格差拡大への対応も追加したのが、2030年までの目標達成を目指す取り組み、SDGsなのです。

なぜMDGs、SDGsが採択されたのか。その背景には世界の経済発展の負の側面があります。世界は経済成長に重きを置いて発展し、20世紀には多くの国が経済発展を遂げました。しかし、その一方で**自然環境は破壊され、富める人と貧しい人の格差の拡大など、多くのひずみを生んでしまいました。**そこで、将来の世

代から搾取することなく、しかし現在の世代のニーズも満たす「持続可能な開発」という考え方のもと、国際社会が一丸となって取り組み、世の中の負の状態を正していこうという流れが生まれました。そのためには、世界各国のさまざまなステークホルダーがSDGsを推進していく必要があります。

SDGsの最終目標は、**「誰一人取り残さない」持続可能で多様性と包摂性のある社会の実現**です。世界のすべての国による統合的な努力が不可欠で、各国は目標への取り組みとその進捗状況、達成度合いの提出を求められています。日本においても、政府や自治体、企業にもSDGsへの取り組みが欠かせなくなっています。つまり各企業の個々のビジネスもSDGsの大きな枠組みのなかにあるため、SDGsの視点なしの経営は、もはや成り立ちません。

SDGsの3要素とはなんだろう

「持続可能な開発」とは、今の世代と、将来の世代のニーズの両方を満たせる開発のことです。そこで重視されるのは「経済成長」、「社会的包摂」、「環境保護」の3つの要素です。

まず「経済成長」には、目標8（働きがいも経済成長も）、目標9（産業と技術革新の基盤をつくろう）などが含まれます。現在の地球だけでなく将来の世代に対しても責任のある経済成長に向けた行動が求められているため、企業が率先して取り組まなければならない課題も多く含まれています。

「社会的包摂」は人が社会活動を営むうえで最も基本的な事柄で、世界から飢餓をなくすことや人々の健康、教育を受けることなど幅広い課題があります。目標1（貧困をなくそう）、目標3（すべての人に健康と福祉を）などがここに分類でき、目標5（ジェンダー平等を実現しよう）は先進国のなかで非常に遅れている日本の取り組みが不可欠で、企業が率先して改善していかなければならない分野です。

「環境保護」は、気候変動や生物多様性などグローバルな課題で、目標13（気候変動に具体的な対策を）、目標14（海の豊かさを守ろう）などがあります。企業にとっては原料調達、物流などにも関わる分野といえます。

日本のSDGs達成度・進捗状況

2020年6月公開の、SDGsの達成度・進捗状況に関するSustainable Development Report 2020（持続可能な開発レポート）によれば、ランキング対象の166か国中で日本は17位でした。

2020年までの日本の目標別達成度（進捗度）の特徴として、取り組みが順調に進んでいる目標は、目標4（質の高い教育をみんなに）、目標6（安全な水とトイレを世界中に）、目標8（働きがいも経済成長も)、目標9（産業と技術革新の基盤をつくろう)、達成度は低いものの進捗度が順調な目標は、目標2（飢餓をゼロに)、目標7（エネルギーをみんなに そしてクリーンに)、目標15（陸の豊かさも守ろう)、目標17（パートナーシップで目標を達成しよう）です。

そして達成度と進捗度が低く、取り組みの強化が必要なのは、**目標5（ジェンダー平等を実現しよう)**、**目標10（人や国の不平等をなくそう)**、**目標13（気候変動に具体的な対策を)**、**目標14（海の豊かさを守ろう)**、となっています。

企業がSDGsに取り組むメリット

日本全体で脱炭素に向けた動きが加速するなか、企業はそれをどのように成長に取り入れればいいのでしょう。企業がなぜSDGsに取り組まなければならないかは見てきた通りですが、では取り組むことで生まれるメリットは何かを確認していきます。

(1) CSR、CSV と SDGs の関係

はじめにいくつか整理しておきます。企業は長年、CSR (Corporate Social Responsibility＝企業の社会的責任）に基づいて、ステークホルダーへの利益還元の一つとして**慈善活動や寄付などの社会貢献活動**をしてきました。また近年では、2011年にハーバード大学のマイケル・ポーター教授らが論文でCSV (Creating Shared Value＝共有価値の創造）という考え方を提唱しました。これは、**企業が自社の経営資源や専門性を生かして、ビジネスとして社会課題の解決を追求すれば、経済的価値も得られ、会社の持続的な成長にもつながる**という戦略です。

これらとSDGsの関係ですが、SDGsの最終目標「誰一人取り残さない」持続可能で多様性と包摂性のある社会の実現達成のた

めの方法としてCSRやCSVがあると捉えると、わかりやすいでしょう。

(2) ステークホルダーとの関係性向上

企業がSDGsに取り組むことは、株主、顧客、取引先、地域、従業員といったステークホルダーに配慮した経営を意味します。その結果、ステークホルダーとの関係は向上していくでしょう。世の中の流れに逆行して**SDGsを無視した経営を行えば、将来的に取引先のサプライチェーンから外される、株主や地域の支援を得ることが難しくなる**といったリスクもあります。

(3) 企業ブランディングに有利

SDGsの掲げる目標はいずれも世界全体で取り組む必要のある、大きなものです。そのためSDGsへの取り組みはイメージの向上やブランディングにも非常に効果的であるといえます。特に、若年世代は環境意識が高く、情報発信力ももっているため、SDGsによる企業価値の向上は、**就職、転職で優秀な人材を集めるきっかけにもなる**でしょう。しかしSDGsへの取り組みのアピールと実態が乖離していると、逆に批判にさらされかねないことにも留意する必要があります。

(4) ESG投資の投資対象に

Environment（環境）、Social（社会）、Governance（企業統治）の3つの観点も踏まえて投資先を選別する「ESG投資」。これは2006年に当時の国連事務総長が機関投資家に対し、ESGを投資プロセスに組み入れる「**PRI（Principles for Responsible Investment＝責任投資原則）**」を提唱したことがきっかけで始まったもので、年金基金や運用会社といった機関投資家が署名しています。SDGsに本気で取り組む世界をつくるために、投資家が行うツールとしてESG投資があると捉えてよいでしょう。

ESGとは

環境　Environment

- CO_2排出量の削減
- 生物多様性の保護
- 化学物質管理
- エネルギー使用量の削減

社会　Social

- 人権問題への対応
- 労働者の権利への配慮
- 地域社会との連携と貢献
- 安全性への配慮

企業統治　Governance

- 企業コンプライアンスの強化
- 社外取締役の設置
- 経営の透明性
- 情報開示

注目すべきはその投資額で、2020年8月時点で**運用資産残高の合計は103兆ドル**です。170兆円以上の年金資産を管理・運用する、日本のGPIF（年金積立金管理運用独立行政法人）も署名しています。つまりSDGsへの取り組みは、もし投資家がその会社の株をESG投資にふさわしい銘柄で、有望だと判断すれば買われ、株価上昇につながる可能性も秘めています。反対に、SDGsに取り組まないことは、巨額の資金を動かす投資家から注目される機会を失うということです。

ESGで投資のトレンドはどう変わる？

先に企業の立場からESG投資について触れましたが、ここでは投資家目線で考えてみましょう。

今のご時世、上場企業はSDGsに無関心ではいられないため、さまざまな取り組みを行っているはずです。ただ、どう取り組んでいるかが重要で、矛盾した経営判断をした際には、将来的なブランドイメージの低下による業績悪化、優秀な人材が採用できない、大手の機関投資家の投資対象から外されるなどのリスクがあります。

最近では**ESG 投資関連の銘柄にまとめて投資できる投資信託**や、**「ESG 債」と総称される債券**などの金融商品も登場しています。SDGs に取り組むことが必ずしも短期的な株価上昇につながるわけではないことは、学術研究でも示されていますが、そうした会社は短期利益の追求だけでなく、未来に向けた持続可能な経営を行っていると考えることができます。

また、100 兆ドルを超える巨額の資金が ESG 投資に向かっていることを考えれば、そうした投資家と足並みをそろえた投資行動が、戦略のひとつとなるかもしれません。

しかし、「20XX 年までに CO_2 を○％削減」と目標を掲げるだけの会社や、商品名に ESG と付けただけの金融商品など、**SDGs、ESG 関連の投資では、まがいものに気をつける必要があります。**日本の金融庁を含め、各国の当局も金融商品の規制に動きはじめています。投資家としては、その企業は本当に達成が可能な、そして社会へのインパクトにつながる取り組みをしているのか、その金融商品が本当に ESG 視点に立脚しているのかを確認する必要があるでしょう。

第6章

銘柄選定に使える
数字の読み方を知ろう

時価総額とはいったい何なのか？

時価総額はその会社の現在の規模を表し、株価が上がれば時価総額も上がります。そして今後、株価がどのくらい上がっていくかの予測にも役立ちます。ここでは時価総額と企業価値、事業価値との違いも、あわせて見ていきます。

時価総額の割り出し方

経済ニュースで時価総額という言葉をよく聞きますが、これは**そのときの株価と発行済み株式数を掛け合わせて計算**できます（発行済み株式数と上場株式数が異なる企業では、上場株式数に株価を掛けたものを時価総額とする場合もあります）。市場全体の時価総額なら市場規模を表し、一つの株式会社の時価総額なら、その会社の株式価値、いわば会社の株式の値段を表します。

（1）時価総額で投資家の期待がわかる

株価が上がれば時価総額も上がります。発行済み株式数が同じでも、**時価総額が多ければ株価上昇、つまり投資家の期待が表れている**といえます。時価総額は市場から見たその会社の価値を示しており、会社の規模や経営状態の比較のためにしばしば使われ、M&Aの際の買収総額の一つの目安ともされています。

（2）時価総額が高いとどうなるのか

時価総額の大きさが企業に有利に働く点はいくつかありますが、**買収価格が極めて大きくなるので、企業買収の対象になりにくい**のもメリットの一つです。もちろん株主構成や財務状況で条件は変わりますが、こうした利点を享受しやすいといえます。

(3) 会社同士の比較がしやすい

ある業種のなかでどの会社の株に投資しようか迷ったとき、会社によって発行済株式数が異なるため、株価そのもので比較しようとしてもよくわからないかもしれません。時価総額で比較すると、その業種のシェアが一目でわかるため、**まず時価総額で業種全体をおおまかに把握して、そのうえで個別の株価情報を見ていく**方法もあります。

また、海外企業と日本企業、海外市場と日本市場というように、時価総額の比較で規模を確認するのにも役立ちます。

個人投資家が投資しやすいのは1単元50万円以下

個人投資家の立場で見れば、時価総額が大きな企業は話題になりやすく、情報収集もしやすいといえます。また、東証は個人投資家が投資しやすい環境を整備するために、望ましい投資単位として5万円以上50万円未満という水準を示しています。

これらのことから、1単元が50万円以下で時価総額が高い会社をインターネットやネット証券のツールを利用してスクリーニングし、投資の候補としてウォッチングしていくのも、初心者には入りやすい方法でしょう。

また、**時価総額が高くても、株価が割安なまま放置されている銘柄もあります。**割安株の目安を知る方法は、後で詳しく見ていきます。

時価総額と企業価値、事業価値の違い

時価総額と混同しがちなのが企業価値ですが、企業価値のなかに時価総額が含まれている、とイメージすると理解しやすいでしょう。

（1）企業価値とはなんだろう

企業価値とは、一般的には、**有利子負債＋株式時価総額－現金・預金**で定義されます。負債の時価に株価時価総額を加えたもので、言い換えると、この企業を買い取るといくらになるかを表します。

（2）事業価値とはなんだろう

事業価値とは、**ある事業が生み出す価値を、金額ベースで示したもの**です。その事業がもっている資産と負債、キャッシュを生み出す力はどのくらいかを、計算して導き出します。

たとえばM&Aなどで会社や事業の一部を売買したい際には、その計算結果をもとに交渉していくことになります。一般的な計算方法としては、将来のフリーキャッシュフローをもとに算出するDCF法（Discount Cash Flow ＝割引キャッシュ・フロー法）、類似企業の財務数値を参考に求める株価倍率法が用いられています。

（3）事業価値算出の方法で企業価値を算出することもある

またコーポレートファイナンスの視点では、「会社の目的は、キャッシュを生み出す力を最大化すること」と定義して、事業価値算出の方法で企業価値を算出することもあります。具体的には、**その会社が行う事業に資金を拠出している株主と、債権者の資金によるキャッシュを生み出す力を、DCF法で現在の値に換算して算出**します。その場合は、その会社全体のキャッシュフローを、株式と負債の加重平均コストで現在価値に換算したものとなります。

定義によっては企業価値と事業価値を同様に扱って報道しているケースも多いので、企業価値という言葉を見たら、（1）と（2）のどちらを指しているのか意識してみてください。

DCF法で企業価値を求める場合のイメージ図

企業価値とは、将来キャッシュを生み出す価値のある資産である事業価値と、本業に活かされない資産の価値を示した非事業価値を足したもの。この企業価値は、企業に投資してくれた債権者と株主に帰属する。

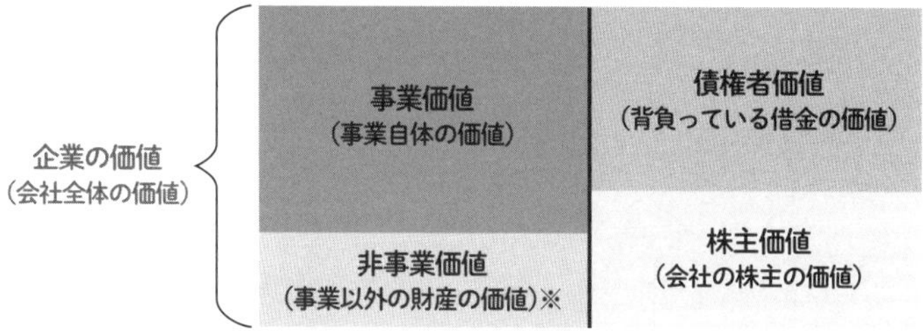

※事業の必要資金を超えて貯めこまれた「余剰資金」、余剰資金の運用である「投資株式」「投資信託」、節税のために買った「生命保険契約」など。これらの財産は事業とは別枠で価値が存在する

時価総額を見るときの注意点

ところで、時価総額については注意点があります。発行済み株式数が変わらずに、時価総額が上がっていれば、その原因は株価上昇ですが、**企業が新株発行などで発行済み株式数を増やしていても時価総額は上がります。**また一時的な株価上昇の原因に、自社株買いなど、業績アップとは直接関係ない事情がある場合もあります。

時価総額が高いから安心なのではなく、何が時価総額を高くしているのか、別の視点からも確認することが大切です。

発行済み株式数の変化でよく見られるのが、新株の発行です。資金調達などの理由から新株を大量に発行していた場合、そのぶんだけ発行済み株式数が増えるので、時価総額を押し上げます。

ある会社の時価総額が急に増えた場合、新株発行が原因かもしれません。気になるときは、その株式会社のコーポレートサイトの IR のページの「株式情報」や、有価証券報告書で確認する必要があります。

決算はどこに注目して見るべきか

決算発表とは、いわばその会社の成績発表。発表前からさまざまな思惑が錯綜し、株価が上下することもあります。決算が株価にどう結びついていくのか、個人投資家は発表された決算書のどこを見るべきか、確認していきましょう。

決算書は「会社の通信簿」

日本の上場企業は、3か月ごとの四半期決算、1年ぶんの通期決算（本決算）の公表が義務づけられています。1年ごとに収入と支出を計算して利益（損失）を算出し、**株主や取引銀行といった利害関係者に対して、会社が経営成績や期末の財政状況を報告します。**

決算書にはその会社の売上げや利益などの経営成績、財務状況などがまとめて報告されており、他社と比較できるように、基本的なフォーマットも決まっています。

本決算の場合は、利益が出た場合は税金を計算し、税務申告書を作成し、株主総会でその承認を受けて税務申告書を提出する流れとなります。

プラスα 四半期決算、中間決算、本決算

個人は1月1日～12月31日を1年として確定申告を行うことが決まっていますが、会社の場合は、期の始まりと終わりをいつにするかは自由です。日本企業の場合、4月1日～3月31日を1期とする3月期決算の会社が最も多く、次いで1月1日～12月31日を1期とする12月期決算の会社となっています。

期の始まりから3か月おきに、第1四半期決算、中間決算（第

2四半期決算)、第3四半期決算、本決算となります。たとえば3月期決算の会社は、4月または5月に決算発表、6月に株主総会、となるのが一般的です。

決算発表は投資家へのアピールの場

四半期ごとの結果を受けて、経営陣は経営の舵取りをします。また投資家はその結果を受けて、投資判断を行います。両者にとって決算は重要であり、会社の代表による決算発表は投資家へのアピールの場でもあります。

決算発表は成績発表でもあるので、過去を振り返ることは当然としても、投資家の注目を集めニュースにもなりやすいのは、今後の予測です。決算発表の場で、**次の期の業績予想を発表し、合わせて人事や経営計画を発表する会社もあります。**

同業種の会社の決算発表はだいたい同じ時期に行われるため、業界の主要企業の決算がすべて発表されるまで、株式市場はなかなか落ち着かないものです。発表を受けてアナリストたちが決算内容を精査し、業績予想の修正を行って市場コンセンサスを形成するうちに、株価は徐々に落ち着いてきます。

決算発表は株主などのステークホルダーとの対話の場でもありますし、本決算を受けての株主総会は、会社が株主とコミュニケーションをとる場です。

(1) 決算発表のポイントは「予想に対してどうだったか」

基本的には、「決算がいい」状態なら、結果が評価されるとともに、今後さらに期待されて株価は上昇しますし、反対に結果が思わしくない場合、株価は下落します。しかし投資家が実際の決算発表で見るべきポイントは、事前の予想に対して結果がどうだったか、ということです。

四半期それぞれの決算に対して、**発表日前にはアナリストや経済記者が決算予測を発表します。**その会社自身も事前に会社予想を出していますので、それを基本としながら、決算が予想通りか、上振れするか下振れするか、投資家の思惑が錯綜します。さらに会社が決算予測を上方、下方修正することもあるため、その影響で株価が乱高下することもあります。

（2）材料出尽くし、織り込み済みとはなんだろう？

そんなふうにして期待から上昇した株価が、いざ決算発表当日になると大きく下落してしまうこともあります。周りから見れば、決算が良かったのに株価が暴落するのは不思議な現象です。しかし投資家としては、株価が上がると期待できる「材料」（ニュースなど）が「出尽くし」たという判断から、株を売って利益確定してしまおうという心理が働き、**売りが売りを呼ぶ**というパターンで暴落するのです。

業績ニュースは、「サプライズなのか、織り込み済みなのか」を考える

「大幅増収増益」「大幅上方修正」といったニュースも、その銘柄をウォッチしている人たちにとって予想の範囲内であれば、サプライズにはならない。すでに株価に反映されてしまっている可能性があるため、株価は上昇するどころか、今後下落に向かう可能性さえある

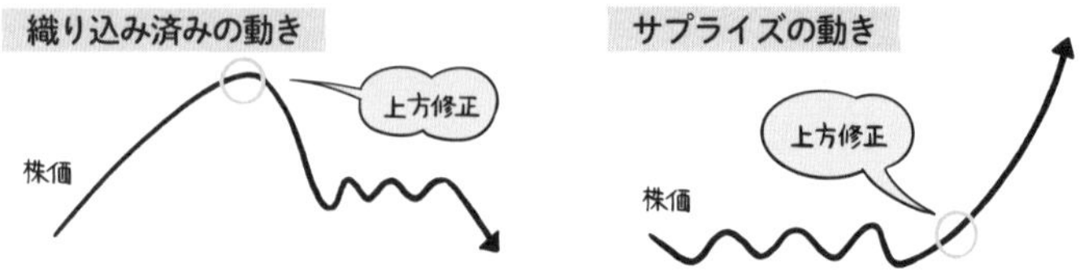

逆に、不祥事による業績低迷といったなかで、今後に明るい兆しが見えはじめたときには、なぜか株が買われて大幅上昇という

こともあります。「材料出尽くし」のうち「悪材料出尽くし」のパターンです（逆のパターンは「好材料出尽くし」）。

また、会社の予測の上方修正で株価が大きく上がったものの、決算発表では株価が「織り込み済み」となってまったく反応しない場合があります。

業種や、そのときの経済状況にもよりますが、企業決算で大切なのは当然ながら1年通しての業績、本決算なので、それを見据えた**第3四半期決算の業績進捗状況がどうであるか**は投資家の注目を集め、株価にも影響します。

決算書は3つに分けられる

決算発表では、わかりやすく文章やグラフによる視覚化などで簡潔にまとめた決算ハイライトなどの資料をあわせて紹介する会社もあります。そのようにしないとなかなか伝わらないということでもあり、細かな数字が羅列された決算書を読むのはハードルが高いと思うかもしれません。

しかし、発表される**「財務三表」**の見方がわかれば、決算書の示す内容もつかめるようになります。財務三表では、決算日のその会社の資産や負債などの財務状況がわかる**「貸借対照表」**、その期トータルでのビジネスが儲かっているのか否かを示す**「損益計算書」**、その期の帳簿上ではない実際のお金まわりの状況を把握できる**「キャッシュフロー計算書」**が連動しており、それぞれの性質を捉えると、より深く決算内容がつかめるようになります。

(1) その会社の財務状況を表す「貸借対照表」

貸借対照表（BS、Balance Sheet）は、決算日時点の財務状態を示し、**資産の部、負債の部、純資産の部**の3つで構成され、「資産の部＝負債の部＋純資産の部」になります。

負債の部は仕入先、取引先、金融機関などへの負債、つまり返さなければならない資金を表します。

純資産の部は株主が出資した資本金、過去からの利益の積み上げである繰越利益の合計を示します。その反対に純資産がマイナスであれば債務超過の状態で、倒産のリスクが高いと判断されます。

一方、資産の部では、負債の部や純資産の部で調達した資金を何に使っているか、その運用方法を示しています。

こうした状況を一目で示す貸借対照表は、企業経営の積み重ねの結果と見ることもできます。

貸借対照表とは

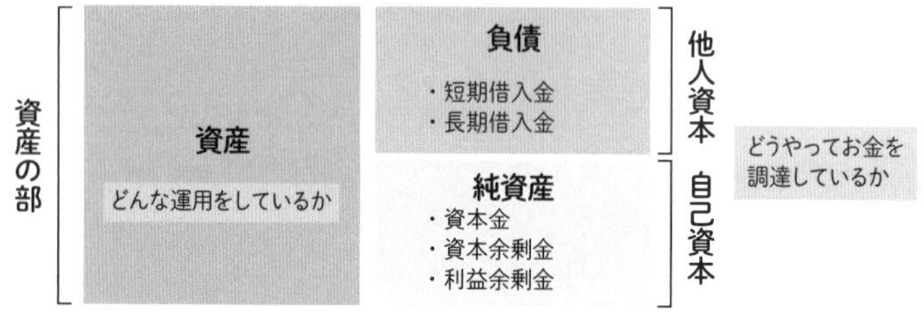

※「資産」には、企業が保有する現金や建物などの情報が記載されている
「負債」には、借金や債務など他人から借り入れた「返す義務のあるお金」の情報について書かれている
「純資産」には経営者が会社の設立時に入れたお金や株主から調達したお金、会社が利益を上げることで獲得したお金について記載されている
「自己資本」とは返済の必要がない資本のこと

（2）一定期間の儲けを表す「損益計算書」

損益計算書（PL、Profit and Loss statement）は、一定期間に、その会社がどのくらい収益を上げ、どれだけの費用を使い、いくら利益があったのかが示されています。売上高にはじまり、売上原価を引いて、売上利益を出し、そこから販売費及び一般管理費（販管費）を引いて営業利益を出すというように、**上から下へ、川上から川下に流れていくように並んでいる**ので、感覚的に理解しやすいといえます。

損益計算書とは

損益計算書では、5種類の利益と5種類のコストを求めることができる

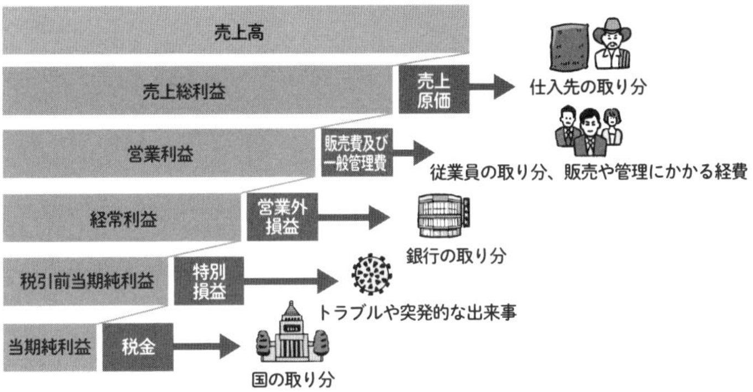

確認したいのは、**それぞれの利益のどこかがマイナスになっていないかどうか**です。もし営業利益がマイナスなら、もちろんその原因は明らかにしなければなりません。そして営業利益だけでなく、企業の経常的な業績を表す経常利益を確認することが大切です。ここには会社の資産運用益、借入金の利息なども加味されることになります。

たとえば、営業利益がマイナスなのに経常利益が黒字ということがあります。この場合、本業が業績悪化しているにもかかわらず、資産運用や受取利息など、本業以外の収益で黒字を保っていることが想像できます。

このように、数字から「本業で稼ぐ力をもっている」、「資産を切り売りしてつじつまを合わせている」といった自分なりのストーリーをつくるのが、財務諸表を読むということです。

最終的に残った純利益から出資者（ステークホルダー）へ配当を出し、
残ったお金が次の年に繰り越される。この繰越利益剰余金が増えると、
貸借対照表の純資産の項目がどんどん増える

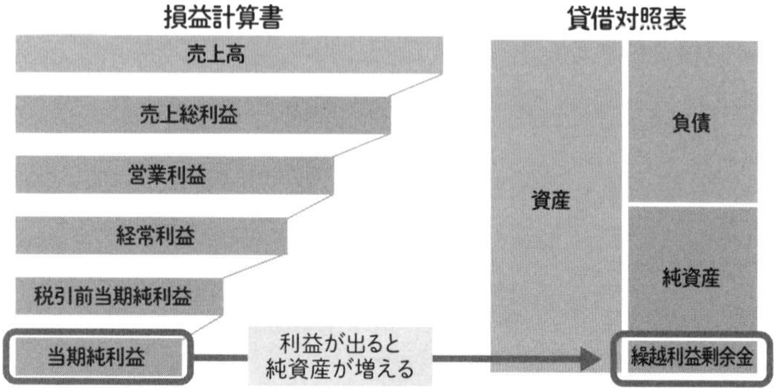

(3) 現金の出入りをチェックする「キャッシュフロー計算書」

投資家が最も注目すべきなのは、一定期間の現金収支の状況を示すキャッシュフロー計算書（CF、Cash Flow Statement）です。投資の世界には“Cash is king, revenue is opinion.”という言葉があります。これは、会計上の売上高や利益は企業の裁量でかさ上げすることが可能なことがある一方、**キャッシュの流れで嘘をつくのは困難だからこそ、キャッシュの流れを見よ**、ということです。

キャッシュフロー計算書は大きく、次の３つに分けられています。

①営業活動によるキャッシュフロー

商品の販売やサービスの提供など、**営業活動による現預金の流れ**がこれに該当します。事業が順調であればプラスになります。

マイナスの場合は、業績の悪化が原因なのか、成長する過程で一時的に赤字なのかを、自分なりに判断してみる必要があります。

その場合、その会社の過去のキャッシュフロー計算書と、過去の損益計算書も同時に確認し、**損益計算書で赤字が続き、営業キャッシュフローもマイナスが続いていれば、業績の低迷が続いている可能性が高い**と考えられます。

一方で、損益計算書で順調に売上げが増加していて、キャッシュフロー計算書では営業キャッシュフローがマイナスの場合は、まず支出が生じているが、やがて営業キャッシュフローが追いついてくるだろう、と予想できます。

②投資活動によるキャッシュフロー

設備投資などに使う現預金の流れを示します。事業の存続には適切なタイミングでの設備投資が必要になるため、**通常の経営の場合はマイナスになります。**たとえば、設備などの固定資産を取得すれば会社から購入代金が出ていくので、投資キャッシュフローはマイナスになるということです。

逆に、**もっている資産を売却したら、売却代金を得るので投資キャッシュフローはプラスとなります。**投資活動によるキャッシュフローであまりに大きなプラスが出ているときは、どんな理由で、どんな資産を売却したのか、確かめておく必要があります。

③財務活動によるキャッシュフロー

資金の借り入れ、借入金の返済、増資や減資、株主への配当金支払いなどを示します。**会社が成長期にあるときは、積極的な借り入れや増資といった方法で資金調達するため、財務キャッシュフローはプラスになる**傾向にあります。この場合、銀行や投資家の評価を得ているから調達ができていると捉えれば、この会社が一定の評価を受けている証と見ることもできます。

そして企業が安定成長に入って以降は、借入金を返済し、また配当や自己株式の取得といった株主還元を行い、余剰資金を還元することになります。そのため、財務活動によるキャッシュフローはマイナスになる傾向があります。

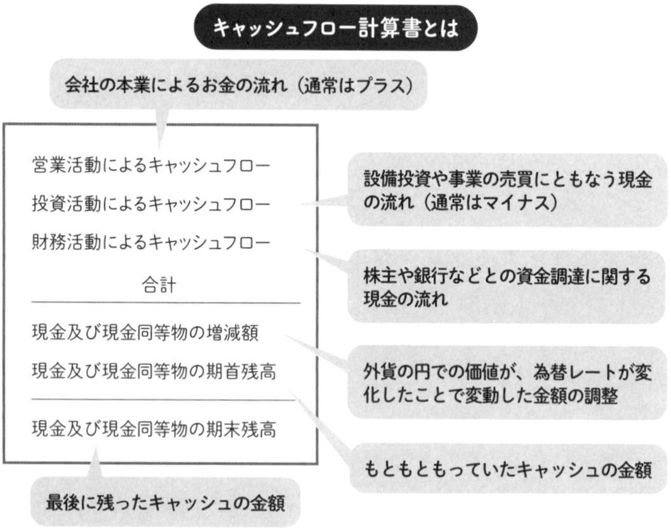

今まで見てきたのは、ごく簡単な財務諸表のチェックポイントです。とはいえ、数字の羅列に圧倒されるばかりでなく、その意味がわかってくると、興味もわいてくるのではないでしょうか。

株式投資はその会社の未来に期待して行うものなので、製品やサービスのファンだから、有名な会社だから、株主優待が魅力的だから、といった視点は投資にとってとても大切です。それに加えて、今まで見てきたような決算の時期前後の株価の動き、発表された財務三表の簡単な見方などを知ると、「理由はわからないけれど株価が乱高下している」というように、株価の動きに振り回されることが減っていくでしょう。

四半期の発表ごとに、自分が投資している会社、これから投資しようとする**会社の決算書を「読む」習慣がついてくると、前回との違いに注意が向くようになります。**この違いに気づくことが、有望な会社と出会う第一歩になるのです。

財務三表のつながり

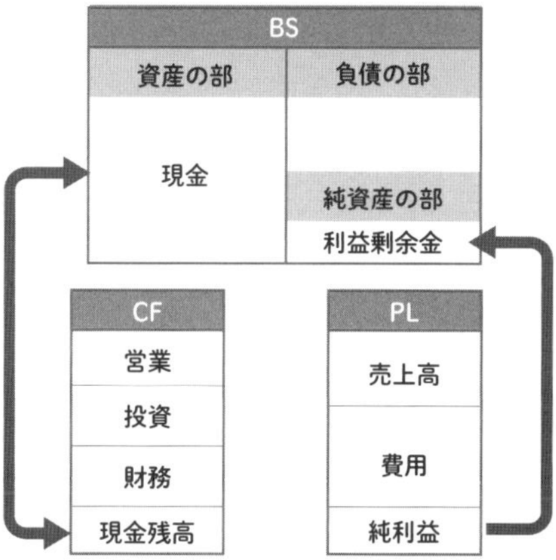

1. 損益計算書の「当期純利益」が貸借対照表の「利益剰余金」となる。ただし、当期純利益は毎年繰り越されるため、翌年度の利益剰余金として計上する
2. 貸借対照表の資産合計と、負債・純資産合計は一致する
3. 貸借対照表に記載する当期末の現金残高と、キャッシュフロー計算書の現金残高は一致する
4. キャッシュフロー計算書の現金残高と、損益計算書の当期純利益は必ずしも一致しない。理由は、たとえば、売上げが増加しても売掛金をすぐに回収できない場合、キャッシュフロー計算書上の現金残高は増えない

割安株・割高株、その判断はどう決まる?

株価の割安、割高は、どのように判断するのでしょうか。ここでは、株式投資に欠かせないPER、PBR、ROEを中心とした指標を確認しながら、何をもって割安、割高とするのかという考え方の基本を解説します。

PER、PBR、ROEとはなんだろう

「PER」「PBR」「ROE」とは発表された過去のデータから導き出される数字であり、この数値に従って売買すれば必ず利益が得られる、といったたぐいのものではありません。しかし、長年マーケットの評価指標として採用され、多くの投資家から注目を浴びていることは確かであり、**指標をもとに割安感や健全性が高いと判断された会社の株への評価が高まる**のもまた、納得のいくことです。

ただ、計算結果はあくまで目安であり、そのときの経済状況等によっては、現実の株価への影響が薄い場合もあります。これまで見てきた知識と同様、投資家としての考えの軸として、自分のなかに備えて、迷ったときの判断基準の一つとする、というスタンスに立つのがいいと思います。

(1) 1株当たりの利益から探る「PER」

まずPER(Price Earnings Ratio =株価収益率)から見ていきましょう。これは株価を1株当たりの当期利益で割ったもの(基準化したもの)になります。**会社の収益力から見て株価がどれくらい安いのか、つまり株価が割安かどうかを類似企業間で判断する**ためによく用いられます。

当期利益（当期純利益）は、経常利益から企業活動以外で発生した特別損益や法人税負担を加味した、最終的な利益の数字です。これを普通株式数で割ったものを1株当たりの当期利益（EPS、Earnings Per Share）といいます。つまり、株価がEPSの何倍まで買われているか、言い換えれば1株当たり純利益の何倍の株価が付いているかを示すのがPERです。

$$\text{1株当たりの当期純利益（円）} = \frac{\text{税引後当期純利益}}{\text{発行済み株式総数}}$$

【EPS(Earnings Per Share)】

$$\text{株価収益率（倍）} = \frac{\text{株価}}{\text{1株当たりの純利益（EPS）}}$$

【PER(Price Earnings Ratio)】

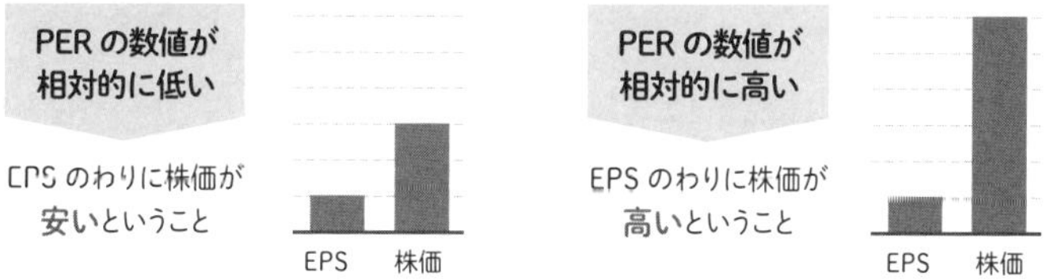

計算式で分母に1株当たり純利益を置くのは、**純利益は最終的には株主に対する利益**であり、分子の株価と整合性をもたせるためです。また、分子の株価に、その日の株価を置くか、過去数か月の平均値を置くかについては、分析者の好みによります。

PERは異なる企業間の株価評価の比較のために基準化しただけの指標ですから、適していると思う株価を使ってかまいません。これは、自分で計算してみる場合も同じです。とはいえ、多くのウェブサイトでは、その日の株価を置いてPERを表示しています。**PERの数字が類似企業間で相対的に小さければ、その株価が割安であること、大きくなれば割高に評価されている**と判断できるでしょう。

ただしこの計算に使う当期利益は、時間が経てば経つほど、現実とは乖離していきます。そこで､期中に今期の最終利益の予想、来期の最終利益の予想が発表されたときには、1株当たりの予想当期利益を使って､自分で「予想PER」を算出するのもいいでしょう。もし数字が下がっているなら、その会社は割安と捉えることもでき、投資判断の一つになると思います。

また、PERは業種や資本政策によって異なるので、他業種との比較は一様にできません。**割安かどうかは、同業種同士、かつ同じような資本政策をとっている企業間で比較する**ことが大切です。日経平均や業界平均、また特に同様の資本政策を行う企業同士で比べてみてください。注目している会社の株のPERが低いとき、「割安感が高まっているんだな」といった具合に自分なりの数値判断基準をもって日々のニュースに接すると、企業業績の見方も変わってきます。

（2）会社がもっている純資産から株価を判断する「PBR」

PBR（Price Book-value Ratio＝株価純資産倍率）は株価を1株当たりの純資産（BPS＝Book-value Per Share）で割って求めた指標です。純資産は、株主が会社に出資した資本金や、企業の利益の蓄積である利益剰余金などからなります。

PBRは、純資産を普通株式数で割ることで、株価がBPSの何倍まで買われているか、つまり**1株当たり純資産の何倍の値段が付けられているか**を示します。純資産の側から見れば、株価がどれくらい割安か示す数字として使われることが多いといえます。

PBRは､「**ROE（自己資本利益率）× PER**」とも書き直すことができます。したがって、A社とB社のPERが同じなのに、PBRが違う場合は、単にROEの違いを示しているに過ぎません。同じ業種間でPBRについて比較する場合は、同時にPERやROEも比較することが大切です。

その他の注意点としては、たとえば新興企業のPBRが高くなりがちなのは、BPSを計算する際に分子となる純資産が少ないという理由もあります。自ら手を動かして計算してみると、そうしたことにも気がつくようになり、より理解が深まっていくと思います。

株価純資産倍率（倍）【PBR(Price Book-value Ratio)】 ＝ 株価 ／ 1株当たり純資産（BPS）

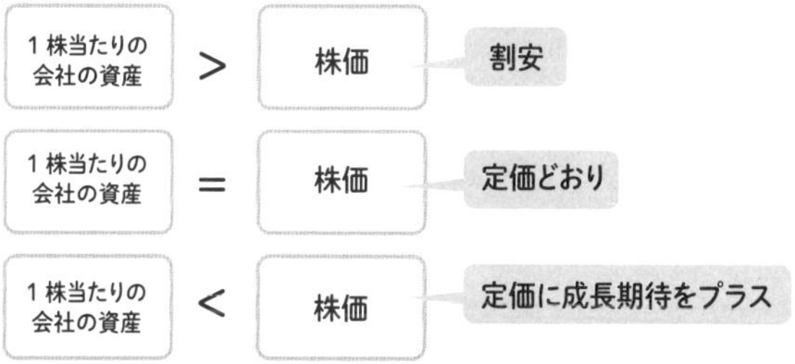

株価 ／ 1株当たり純資産 が1（倍）未満なら割安

COLUMN

「PBR＝1倍は会社の解散価値」とはなんだろう

近年の日本株は、PBR ＝ 1倍を下回っている銘柄も珍しくありません。経済ニュースなどではよく、PBR ＝ 1倍というのは会社が解散価値（企業が倒産などで解散したときに残る資産価値）と同じ水準の株価だと判断されている、また、**1倍以下ならば会社の解散価値を下回って評価されている**と解説されることがあります。しかし、これらの説明に対しては、ある会社が解散したとき、その価値は本当に純資産簿価と同じ価値になるのだろうか、という疑問が出てきます。

実際の倒産事例を見てもわかりますが、会社清算時に、純資産簿価の価値が確保できるケースばかりではありません。たとえば、A社とB社の資産が同じ10億円であっても、資産の中身のほとんどが土地や現金のA社と、商品在庫ばかりのB社では、清算してもその価値は違うはずです。ですから、PBRが1倍を割っている企業については、資産の具体的な中身は何か、また、資産が目減りしていくような経営をしていないか、といった内容を確認することが重要でしょう。

(3) お金をどれだけ効率的に使えているかを見る「ROE」

ROE（Return On Equity＝自己資本利益率）とは、自己資本に対してどれだけの利益が生み出されたかを評価する指標です。

自己資本というのは純資産にかなり近い考え方で、**純資産から「非支配株主に帰属する当期純利益」等を差し引いた額**です。詳細な説明は省きますが、「非支配株主に帰属する当期純利益」とは、子会社をもつ会社のなかには親会社以外の株主が存在するケースがあり、その株主に帰属する利益を計算する項目です。それらを純資産から差し引くと自己資本になる、とイメージしてください。

自己資本は株主から預かったお金にあたるので、ROEは、株主から預かったお金で効率よく利益が出せているかを判断する数値として用いられます。

つまり**ROEには、その会社の稼ぐ力と、株主への利益還元の要素が含まれています。**日本企業のROEは相対的に低いといわれ、欧米基準の8%を目指すとされてきているのは前述の通りです。しかし利益が増えてROEが上がるのはいいとしても、計算式を見れば、分母である自己資本を減らしてもROEは上がります。つまり、配当を増やしたり、自社株買いをするといった株主還元でも、また極端な話をすれば、借入金が多くて自己資本が小さいという状況でもROEは高くなります。

自己資本を削って効率性を高めることを「財務レバレッジ」を利かせるといい、「総資産÷自己資本」で表せますが、効率的な経営を行っている結果なのか、数値だけを上げようとしているのか、しっかり確認しなければなりません。

ROEとは

企業が株主から預かった資本をどのくらい効率的に使って稼いでいるかを示す。より少ない資本で多くの利益を稼げば稼ぐほどROEは高まる

$$\text{ROE}(\%)\ (\text{自己資本利益率}) = \frac{\text{純利益}}{\text{自己資本}} \times 100$$

$$\frac{\text{純利益}}{\text{売上高}} \times \frac{\text{売上高}}{\text{総資産}} \times \frac{\text{総資産}}{\text{自己資本}}$$

（売上高純利益率）　（総資産回転率）　（財務レバレッジ）

〈ある銘柄のPBRが1倍、PERが10倍、ROEが10%のとき〉

稼ぐ力を株価と比較

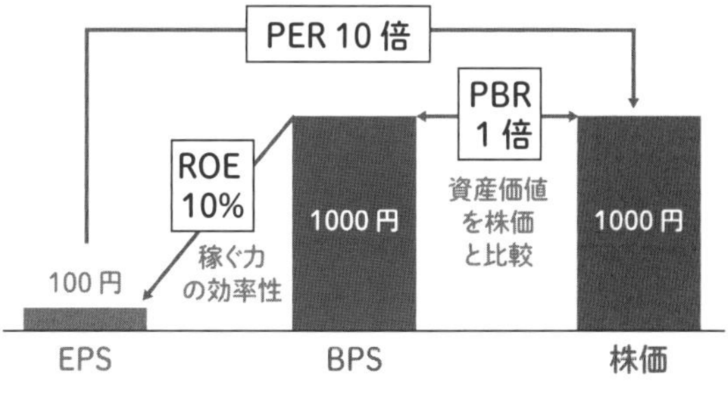

新興成長企業の株価水準を測る「PSR」

PSR（Price to Sales Ratio＝株価売上高倍率）は時価総額を年間売上高で割ったものです。これまで見てきたPER、PBRは、損失が大きい会社や、債務超過の状態の会社には使えません。一方、**PSRは売上高に対して株価が割高か割安かを判断するもの**なので、まだ赤字や債務超過の状態にある新興成長企業の株価水準を測る指標として用いやすいといえます。

$$\mathrm{PSR} = \frac{\text{時価総額}}{\text{売上高}}$$

ただし、この指標を使う際にも注意点があります。PSRは、「売上高×マージン×PER」とも書き直せるのです。つまり、「売上高×マージン」とPERがどちらも負である赤字企業の場合は、計算で打ち消し合って正となっているだけ、とも考えられます。

その他の注意点としては、PSRの比較方法です。たとえば、A社とB社でPERが同じ水準なのにPSRが異なる場合、違っているのは「売上高×マージン」だけです。もちろん、実際にはそうしたケースは少ないでしょうが、PSRだけでなく、他の指標と一緒に見て、何が影響して両社のPSRが違っているのかも考えるようにしましょう。

PSRの使い方としては、たとえば**売上高が同程度の2社を比較した場合に、この倍率が高いほど株価は割高、低いほど割安**と判断できます。ただし、何度も繰り返してきたように、他の指標も考慮しつつ、PSRも同業種で比較することが大切です。

数字に表れにくい企業の強みとはどんなもの？

財務諸表にある数字は過去のものです。株価は未来を先取りしていくので、決算書には表れてこない、その会社の価値を自分なりにつかむことも大切になります。その会社の理念、持続可能な成長ができそうなビジネスモデルかを、整理してみてもいいでしょう。

他社にマネされない特色があるか

ここまで、決算の数字の読み解き方を見てきました。では、決算書に表れないのはどんな要素でしょう。その一つが、その会社のビジネスの特色です。整理の方法として、たとえば、自社の経営目標や経営理念を考える際に活用される分析法**「SWOT分析」**を使ってみます。SWOTとは**「強み（Strength）」、「弱み（Weakness）」、「機会（Opportunity）」、「脅威（Threat）」**の4つのカテゴリーで要因を分析するものです。

トヨタ自動車のSWOT分析

	プラス要因	マイナス要因
内部環境	**S** Strength（強み） ・ブランド力 ・高い原価低減力による利益率 ・AI、自動運転技術への研究開発に積極的な投資 	**W** Weakness（弱み） ・軽自動車、電気自動車市場 
外部環境	**O** Opportunity（機会） ・東南アジア市場の拡大 ・水素自動車 ・「CASE」拡大と関連する法整備 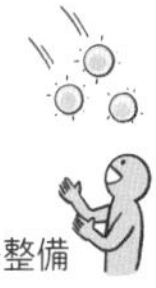	**T** Threat（脅威） ・少子高齢化、人口減少に伴う国内市場の低迷 ・ガソリン車への風当たり 

(1) Strength（強み） なぜその商品、サービスが利用されるのか、その会社の長所。
(2) Weakness（弱み） 競合他社より弱い部分、たとえばマーケティング戦略、リソースなど。
(3) Opportunity（機会） ビジネスチャンスとなるような環境変化があるか。市場変化など。
(4) Threat（脅威） マイナスになる外部の環境変化、競合他社の動きなど。

強みと弱みの分析で内部環境を分析し、それを機会と脅威の分析という外部環境分析と組み合わせて考えれば、強みをより生かすための、次の事業の展開が見えてくるかもしれません。これは投資先の会社の経営者の目線で考えることであり、投資アナリストも分析していることでしょう。自分でも整理しておけば、その会社の次の展開が予想しやすくなります。

参入障壁は高いか

参入障壁の高いビジネスを手がけることは、その会社の強みです。**他社は参入したくてもコストが見合わず、とても参入できないという状態を保つことが一番の防御策**にもなります。

前出のマイケル・ポーター教授によると、参入障壁は次のような７つの視点で語ることができます。

(1) スケールメリット（規模の経済性）

事業の規模が大きくなるほど製品やサービス１つ当たりのコストが小さくなるような業種では、高品質低価格路線が可能になります。小規模の会社は、高級路線を狙うなど、別のビジネスモデルにせざるを得ないでしょう。

(2) 製品差別化

確固たるブランド力を築いている場合は、そのブランド力自体が参入障壁です。ただ、アフターサービスの充実などの顧客満足、新規顧客に対する広告宣伝など、ブランド力維持のための努力も必要です。

(3) 巨額の投資

通信、鉄道といった巨額の設備投資が必要なビジネスの場合、新規参入は難しくなります。

(4) スイッチングコスト(仕入先を変更するコスト)

たとえば、製造業で大手企業向けの部品製造を請け負っている場合、発注元企業にとって他社への切り替えは煩雑になるため、新規参入への実質的な障壁になる場合があります。

(5) 流通チャネルの確保

流通チャネルとは、配送や輸送を賄う物流業者や、問屋、卸売業者、小売業者といった物流網を指します。新規参入企業が既存の流通チャネルを確保するためには労力やコストが必要になります。

(6) 規模とは無関係なコスト面の不利

もし独占的な技術による特許を保持していた場合、後から参入する会社には特許使用料が発生し、これは規模とは無関係のコストとなるため、参入障壁になります。

(7) 政府の政策

医薬品、建築、銀行のように免許制の場合、許認可にはさまざまな条件を満たす必要があるため、参入には労力とコストが必要になります。

成長余地（売上げの拡大余地）があるか

他社との競争が激しければ収益性は下がり、競争が限定的なら収益性は上がります。ではその会社はどのくらいの成長余地があるのか、同じくポーター教授による**5つの競争要因（5フォース分析）**で考えてみましょう。

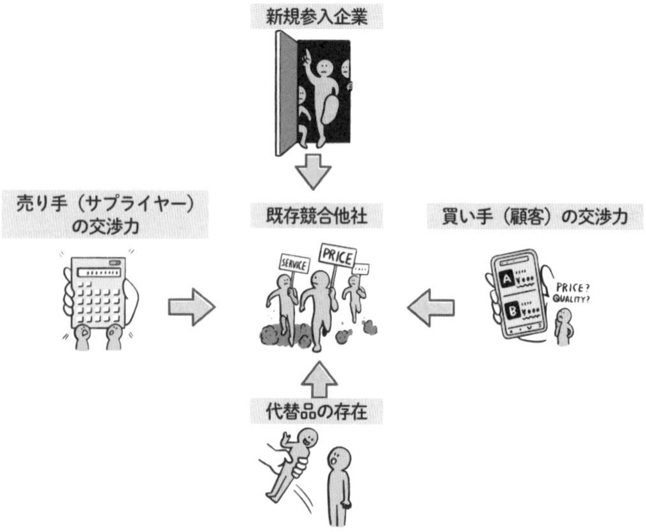

まず、図の縦軸では、市場から自社の取り分がどのくらい得られるかが確認できます。

（1）新規参入

市場の規模と新規参入企業の商品、サービスやブランド力が、自社にどのくらい影響を与えるか分析します。**参入障壁が低い場**

合、次々と新たな参入者が現れ、常に激しい競争にさらされることになります。

(2) 競合他社

競合が増えれば競争は激しくなります。さらに、業界の規模が小さく、低成長といった場合は、ますます競争が激しくなり、収益性が落ちてしまいます。ここでは**自社も含む競合各社の数と、それぞれの知名度やブランド力、資金力を比較**し、業界全体の規模や成長率も分析します。対策としては、M&Aによる規模拡大、他社との棲み分けなどが考えられます。

(3) 代替品や代替サービス

代替品とは、紙の本に対する電子書籍、CDに対する音楽配信のように、**異なる業界からの新たな脅威**のことです。代替品と自社製品との質的な違い、コストの差、代替品へ乗り換える場合の間やコストなどを分析します。

図の横軸では、自社の売り手と買い手との力関係を検証し、その業界での利益の上げやすさを確認できます。

(4) 買い手(顧客)の交渉力

買い手の交渉力とは、**買い手と自社との力関係**です。競合が多く価格競争が激しい場合は値引き競争に陥りがちで、収益性は落ちていきます。ここでは市場規模や競合他社の状況を把握するとともに、自社製品の値下げ幅も含めた価格設定に無理がないかを確認します。

（5）売り手（サプライヤー）の交渉力

メーカーに対する原材料供給のように、取引先である売り手（サプライヤー）と自社との関係は、自社と消費者との関係と同じです。**サプライヤーが少なければ自社が力をもち、逆ならサプライヤーが力をもちます。**サプライヤーを別の会社に変更する際のコストもポイントです。

投資先の会社が、海外市場に軸足を移す、新規顧客層の開拓、新ビジネス創出といった新たな決断をしたとき、そこから逆に、その原因を分析してみる方法もあります。

経営者の良し悪しを見極めるポイント

東証は、機関投資家の行動規範を明文化したガイダンスである**「スチュワードシップ・コード」**、上場企業向けには、上場会社の持続的な成長と中長期的な企業価値の向上のための**「コーポレートガバナンス・コード」**を発表しています。これらは投資家側と会社側双方から企業の持続的な成長を促すよう、投資家と会社それぞれの行動原則を示したものです。

では日本企業に必要なガバナンスとは何か、コーポレートガバナンス・コードの基準を踏まえながら、経営者の良し悪しを見極めるポイントを考えてみます。

（1）ガバナンスが効いているか

英語のgovernanceは統治・管理・支配という意味ですが、ビジネスにおける「ガバナンスの強化」は、社内の管理体制・内部統制を強化することです。大企業による不祥事が相次いだことでも、ガバナンスが注目されるようになりました。これからの企業経営には、経営者の独善的な行動や不正、情報漏洩といった経営リスクを未然に防ぐような仕組みを整えた、ガバナンスの強化が必須です。

「ガバナンスが効く」は、**管理が徹底していて統制がとれている**という意味になりますが、まずそうした仕組みがあり、それを経営者自身が守っているか、不明確な点や忖度が働かず、内部からも外部からも、健全性や透明性が保たれている状態かどうかが重要になります。

（2）経営計画に合理性があるか

経営戦略や経営計画を策定し、公表するにあたっては、まず**自社の資本コストを的確に把握したうえで、収益計画や資本政策の基本的な方針を示す**必要があります。また、収益力、資本効率等に関する目標を提示するとともに、その実現のために、事業ポートフォリオの見直しをはじめ、設備、研究開発、人材といった経営資源の配分や、具体的に何を実行するのかについて、論理的にわかりやすく説明することも欠かせません。また、複数のシナリオを想定しておくことも必要です。

（3）顧客と株主への情報開示をしているか

上場企業にはさまざまな情報開示が義務づけられており、会社の財政状態・経営成績等の財務情報や、経営課題、リスクやガバナンスに関わる情報等の非財務情報についても、法令等に基づいて開示しなければなりません。日本の上場企業は、財務情報についての情報開示は優れているものの、**財政状態、経営戦略、リスク、ガバナンス、社会・環境問題などのESG要素といった非財務情報**については、具体性を欠く記述になりがちだという指摘もあります。

おわりに

本書を読んでくださり、ありがとうございました。

株価や金融市場で取引されている金融商品の価格は、投資家の期待や予想が複雑に絡み合って形成されています。投資家は、限られた人だけが知っている特別な情報のようなものではなく、誰でも見聞きすることのできる日々のニュースや、インターネット等で公開されている情報をもとに、十分に予想を立てることができます。ただ、刻々と流れていく膨大な情報のなかから、どのように取捨選択し、自分なりの相場観といった考えとしてまとめていくかについては、いくつかのコツが必要です。私たちは日々のニュースに触れる機会がこれほど多いのに、それらを投資に活かす方法について書かれた本が少ない、と感じたことが、この本を創るきっかけとなりました。

ただし、個人的な投資経験や成功体験というのは、時代とともに陳腐化しますし、金融市場の状況でたまたま成功しただけというケースも応用がききません。そこで、「考え方の軸となるような理論、データ検証されてきた学術的エビデンスも盛り込みたい！」という強い意思のもと、執筆に取り掛かりました。

投資は､単にお金を稼ぐだけのツールではありません。それは、さまざまな感情､経験､知識が融合する知的な営みでもあります。この本を手に取り、読んでくださったことで､「投資は面白い！」と感じていただいたなら、これほど嬉しいことはありません。

本書が完成に至るまでには、数えきれない方々の支えがありました。投資の科学である、ファイナンス理論、コーポレートファイナンスを学ぶ機会をくださった、一橋大学大学院経営管理研究科金融戦略・経営財務プログラムの先生方、現在も博士後期課程で根気よく指導してくださる鈴木健嗣先生、東京証券取引所の石田慈宏さんをはじめ、研究者や実務家の方々に貴重なアドバイスをいただきました。お礼を申し上げます。

また、この本の制作の機会をくださった編集担当の三輪謙郎さん、丁寧に編集サポートをしてくださった阿部祐子さん、このメンバーで再び本の制作ができることには感謝しかありません。本当にありがとうございます。そして、日々の業務と執筆活動の両立を支えてくれた仕事関係者の皆様、家族に感謝です。

最後に、この本を手に取ってくださった読者の皆様に、さらなる幸せがありますように！

崔真淑

参考文献

Burton A. Abrams and Plamen Iossifov, “Does the Fed Contribute to a Political Business Cycle?,” *Public Choice*, vol.129, 2006, pp249-262／統計数理研究所 モデリング研究系 川崎能典「内閣支持率と株価収益率の因果関係分析」2016, 統計数理研究所 オープンハウス／Shimizu, J., and K. Sato, 2015, “Abenomics, Yen Depreciation, Trade Deficit, and Export Competitiveness,” *RIETI Discussion Papers Series*, 15-E-020. ／ Akash Chattopadhyay, Matthew D.Shaffer and Charles C.Y.Wang, 2020, "Governance through shame and aspiration: Index creation and corporate behavior", *Journal of Financial Economics*, Volume135, Issue3, pp704-724／Kathryn Barraclough, David T. Robinson, Tom Smith, Robert E. Whaley, 2013, "Using Option Prices to Infer Overpayments and Synergies in M&A Transactions", *The Review of Financial Studies*, Volume26, Issue3, pp695-722／Renée Adams and Daniel Ferreira, 2009, "Women in the boardroom and their impact on governance and performance", *Journal of Financial Economics*, , vol.94, issue2, pp.291-309／『コーポレートファイナンス 戦略と実践』田中慎一、保田隆明 著／『マンキュー マクロ経済学Ⅰ 第2版』N・グレゴリー・マンキュー 著／『第7版 投資家のための金融マーケット予測ハンドブック』三井住友信託銀行マーケット事業 著／『日本のエクイティ・ファイナンス』鈴木健嗣 著／『コーポレート・ファイナンス』新井富雄、高橋文郎、芹田敏夫 著／『企業財務論 2010』太田浩司 著／『誤解だらけのアセットアロケーション』ウィリアム・キンロー、マーク・クリッツマン 著／『DIAMOND ハーバード・ビジネス・レビュー』2021年1月号／日本銀行ウェブサイト／東京証券取引所ウェブサイト／内閣府ウェブサイト／厚生労働省ウェブサイト／財務省ウェブサイト／IMF ニュース／JETRO ウェブサイト／全国銀行協会ウェブサイト／投資信託協会ウェブサイト／東海東京証券株式会社ウェブサイト／SBI ボンド・インベストメント・マネジメント株式会社ウェブサイト／みんなの株式／時事ドットコム／NHK オンライン／ブルームバーグウェブサイト／日経電子版／毎日新聞デジタル／東洋経済オンライン／ダイヤモンド・オンライン／財経新聞ウェブサイト

崔 真淑（さい・ますみ）

エコノミスト。Good News and Companies代表取締役。
東京証券取引所特任講師、昭和女子大学現代ビジネス研究所研究員、日本経済新聞社COMEMOキーオピニオンリーダー、カオナビ社外取締役。
1983年生まれ。神戸大学経済学部卒業後、大和証券SMBC金融証券研究所（現：大和証券）に入社。株式アナリストとして資本市場分析に携わり、当時最年少女性アナリストとして、NHKなどの主要メディアで経済解説者に抜擢される。2012年に独立。2016年、一橋大学大学院（MBA in Finance）修了。2018年から一橋大学大学院博士後期課程に在籍し、コーポレート・ファイナンス分野の研究を行う。株主議決権行使の決定要因、デジタル時代のイノベーション策、それに伴う地域活性化策といったテーマに積極的に取り組んでいる。学術論文では、山田和郎博士と“Does Passive Ownership Affect Corporate Governance? Evidence from the Bank of Japan's ETF Purchasing Program”を執筆し、投稿中。
経済学・ファイナンス理論を軸に経済ニュース解説、資本市場分析を得意とするエコノミスト、社外取締役や企業アドバイザーとしても活動。主な出演番組は、テレビ朝日『サンデーステーション』、フジテレビ『Live News α』、テレビ東京『昼サテ』、関西テレビ『報道ランナー』、日経CNBCなど。著書に『30年分の経済ニュースが1時間で学べる』（大和書房）、『ど素人でもわかる経済学の本』（翔泳社）がある。

投《とう》資《し》一《いち》年《ねん》目《め》のための
経《けい》済《ざい》と政《せい》治《じ》のニュースが面《おも》白《しろ》いほどわかる本《ほん》

2021年11月1日　第1刷発行

著　者／崔《さい》 真淑《ますみ》
発行者／佐藤 靖
発行所／大和《だいわ》書房
〒112-0014　東京都文京区関口1-33-4
電話　03（3203）4511

装幀／次葉
イラスト／前田はんきち
編集協力／阿部祐子

本文印刷／光邦
カバー印刷／歩プロセス
製本所／ナショナル製本

ISBN 978-4-479-79751-7
乱丁・落丁本はお取替えいたします
http://www.daiwashobo.co.jp/